企业SDGs优秀案例集

主　编　郎　华

副主编　郭沛源　张洪福

中国环境出版集团·北京

图书在版编目（CIP）数据

企业 SDGs 优秀案例集/朗华主编. —北京： 中国环境出版集团，2019.12
ISBN 978-7-5111-4224-5

Ⅰ. ①企… Ⅱ. ①朗… Ⅲ. ①企业发展—可持续性发展—案例 Ⅳ. ①F272.1

中国版本图书馆 CIP 数据核字（2019）第 282444 号

出 版 人 武德凯
责任编辑 易 萌
责任校对 任 丽
封面设计 彭 杉

出版发行 中国环境出版集团
（100062 北京市东城区广渠门内大街 16 号）
网　　址：http：//www.cesp.com.cn
电子邮箱：bjgl@cesp.com.cn
联系电话：010-67112765（编辑管理部）
010-67112739（第三分社）
发行热线：010-67125803，010-67113405（传真）
印　　刷 北京建宏印刷有限公司
经　　销 各地新华书店
版　　次 2019 年 12 月第 1 版
印　　次 2019 年 12 月第 1 次印刷
开　　本 787×1092 1/16
印　　张 13.5
字　　数 230 千字
定　　价 51.90 元

前　言

这是一个飞速发展的时代。一方面物质生活越来越丰富，科学技术的高速发展让全社会的效率不断提升，世界在向好的方向发展。另一方面，气候变化的威胁越来越显著化，可以明显地感知到气温的提升、越来越频繁的极端天气让人们真实地感受到气候危机迫在眉睫；水、土地、自然物产等资源面临危机，90%的城市居民呼吸着被污染的空气。全球仍有将近 8 亿人每日的生活开销不足 1.9 美元，许多已经脱离贫困的人口，也仍然挣扎在贫困线上，有很大的可能重新身陷贫困的“泥潭”。数百万的儿童仍无法获得优质教育及学习的机会，性别不平等观念仍根深蒂固，年轻人失业的情况十分普遍……

“2030 年可持续发展议程”由联合国 193 个成员国在 2015 年 9 月一致通过，承诺所有人民和机构共同努力以促进可持续和具有包容性的经济增长、社会发展和环境保护。这一新的具有普遍意义的议程的核心特征是以“不丢下任何人”为首要任务。“2030 年可持续发展议程”在联合国千年发展目标所取得的成就上设置了关乎未来全球可持续发展的 17 项优先级目标，包括抵抗饥饿、消除贫困、优质教育、性别平等的社会议题目标；应对气候变化、保护海洋生态及生物多样性、清洁用水、清洁能源的环境议题目标；以及体面工作及经济增长、可持续生产与消费、可持续的城市与社区、工业、创新技术及基础设施建设的经济发展目标等。这些新的目标相互联系并跨越社会发展的各个方面，需要包括政府、私营部门及民间社会在内的各个社会部门参与共同推进目标的实现。

中国政府也高度重视可持续发展，提出了“构建人类命运共同体”的宏伟蓝图，希望与各国携手，共同建设持久和平、普遍安全、共同繁荣、开放包容、清洁美丽的世界。“十三五”以来，创新、协调、绿色、开放、共享五大发展理念成为中国推动可持续发展的重要引擎。而“五位一体”的发展格局也将政治、文化、环境、社会的发展与经济发展提到了同等重要的位置。在消除贫困、环境保护、健康中国等环境、社会议题上，中国政府提出了明确的目标和发展路径。党的十九大更是开启了中国特色社会主义新时代的序幕，我国社会的主要矛盾已经转化为人民日益增长的美好生活需要和不平衡、不充分的发展之间的矛盾，围绕美好生活创建的各项议题，包括环境保护、医疗卫生、食品安全、优质教育、社区融入等将成为所有工作的出发点。在发展方式上，习近平总书记也提出了有质量的增长，过去以 GDP 为导向的单一发展观将逐步扭转，我国要建设人与自然和谐共生的现代化，坚持节约优先、保护优先、自然恢复为主的方针，形成节约资源和保护环境的空间格局、产业结构、生产方式、生活方式，还自然以宁静、和谐、美丽。

企业在推动实现可持续发展目标（SDGs）过程中的角色至关重要，特别是一些领先的跨国企业已经富可敌国，营收超过了多个国家的 GDP，理应利用自身的规模优势，参与应对全球化的挑战。通过负责任的商业运营、新的商业模式、投资、创新、技术与合作、传播与营销，企业可以将 SDGs 融入价值链全程，引导多元利益相关方共同推进目标的实现。而随着 SDGs 更深入地纳入全球社会发展议程，主动以 SDGs 为框架制定企业长期发展战略，还将帮企业识别未来商机，增强企业可持续发展的动力，深化利益相关方关系、紧跟政策步伐，获得良好的外部社会及市场环境，在共同目标及语境下凝聚更多合作伙伴的力量共同应对全球挑战。

我们看到越来越多的领先企业已经开始识别 SDGs 所带来的机遇，并主动将 SDGs 整合于核心业务和企业治理。我们希望可以通过出版这本《企业 SDGs 优秀案例集》，全方位展示 SDGs 为企业带来的价值，并为更多的企业主动将 SDGs 融入战略考量提供参考和借鉴。

郎华　商道纵横合伙人

案例一览

可持续发展目标

本书共收录了 15 个国内外企业应对联合国可持续发展目标的优秀案例。这些案例的共性是，企业在识别可持续发展的挑战和机遇时，都将自身的核心能力及所处的行业属性及挑战纳入战略考量，从而为社会、环境议题的改善带来了更加系统地、有效地解决方案，同时也为推进自身业务的可持续增长提供了创新解决方案。

四川电信——互联网打通精准扶贫“最后一公里”

响应目标：

中国移动——移动改变生活，推进爱“心”行动，成就“蓝色梦想”

响应目标：

中国惠普——爱心点亮希望，志愿者在行动

响应目标：

伊利——“WISH”体系，全面支持可持续消费

响应目标：

联合利华——支持可持续茶产业发展，推进精准扶贫

响应目标：

唯品会——赋能“她”力量，共创美好未来

响应目标：

玫琳凯中国——可持续发展目标融合之道

响应目标：

康宝莱中国——传递营养+运动的健康生活理念，全面推进“健康中国 2030”战略

响应目标：

华西证券——资本市场助力易地扶贫搬迁， 开创金融扶贫新模式

响应目标：

宜信——宜农贷，金融科技助力精准扶贫

响应目标：

牧原——推进产业扶贫，让财富回归本源

响应目标：

捷成——用“晨星计划”照亮贫困基层社区防盲教育之路

响应目标：

沪江——“互+计划”，改善教育公平

响应目标：

波士顿科学——为生命创新

响应目标：

七彩林业——小小彩苗造就金山银山

响应目标：

高管寄语

企业作为最大的商业实体力量，是实现SDGs的重要推动力。唯品会以SDGs为指引，建立了完整的可持续发展战略框架和执行体系。作为实现唯品会可持续发展的重要一环，唯品会公益亦注重与SDGs相结合，聚焦精准扶贫、女性公益、青少年发展三大社会议题，并通过对标与之相关的8个SDG目标找到行之有效的项目落地方法。很高兴通过本书看到众多企业SDGs优秀实践，相信这将有助于可持续发展理念的推广与落地。

——唯品会企业社会责任负责人　王永庄

企业对商业行为与联合国可持续发展目标及中国的国别方案进行对标和连接，有助于形成合力，将有更多的机会把拥有美好意义的想法付诸实践，形成经济效益、社会效益和环境效益的“共赢”。玫琳凯中国长期以来积极审视商业行为与可持续发展的联系，努力发挥自身资源和经验优势，运用商业力量助力社会与环境问题的解决。

——玫琳凯中国对外事务与品牌副总裁　张　晶

健康是全人类的永恒话题和共同追求，与可持续发展密不可分，SDGs为企业履行社会责任提出了明确的目标指引。作为全球知名营养品牌，康宝莱中国积极助力“SDG 2——零饥饿”“SDG 3——良好健康与福祉”目标的实现，并始终把解决与健康相关的社会问题作为自身的企业社会责任，积极传递营养+运动的健康生活理念。这本书通过丰富的实践案例，全面地展示了SDGs能够为企业和社会带来的共享价值，从而为更多的企业更主动地将SDGs纳入公司可持续发展战略提供了参考。我们相信，这本书的出版会为更多中国企业践行可持续发展带来新的思路与启发。

——康宝莱（中国）对外事务部副总裁　董瑞萍

SDGs 作为企业可持续发展的指南，可以为企业提供明确的行动清单，让企业明确自己的目标和差距，这对于推广可持续发展理念很有价值。自成立以来，宜信一直致力于消除贫困；体面工作和经济增长；产业、创新与基础设施等目标的实现。希望通过本书，使 SDGs 成为企业的核心词汇，从而汇聚更大的力量共建可持续发展生态。

——宜信公司高级副总裁、企业社会责任负责人　徐秀玲

SDGs 作为企业可持续发展的方向性工具，为企业在实现自身可持续发展的同时通过解决社会问题来促进社会的可持续发展提供了指引。捷成在 120 余年的经营历史中深刻认识到，企业的基业长青需要可持续的发展方式，而企业的可持续发展离不开与社会的可持续发展相融合。响应 SDGs，有助于捷成开发出更具可持续性的业务线和服务方案，也为捷成与利益相关方取得良性互动、参与解决社会问题提供了一份详细的地标图。希望通过本书使 SDGs 成为企业开展公益项目的核心词汇，更有针对性地设计、开展公益项目。

——捷成集团人力资源总监　何佩珊

目　录

四川电信

互联网打通精准扶贫“最后一公里”

案例点评：王瑾 MIT 新媒体行动实验室主任和教授，NGO2.0 发起人和秘书长

四川电信将继续推进“互联网+精准扶贫”的工作模式，变“输血式”扶贫为“造血式”扶贫，以信息化优势充分发挥网络扶贫基础先导作用，值得各省运营商学习。为贫困地区产业发展和民生改善提供网络基础的同时，也不可忽略信息反向输出，以自媒体的形式将农村特有的文化传导给城市，形成双向联动。面相农村的信息化培训也是不可忽视的工作，增强贫困地区互联网应用、创新能力，为贫困地区全面赋能。

高管的话

中国电信四川公司通过通信与产业发展相结合的方式，大力开展“1+X”综合大扶贫工作，发挥网络扶贫基础先导作用，以通信业务优惠、信息化应用推广、“天虎云商+益农社”平台、结对帮扶、以购代捐等多种形式，帮助贫困地区增强自我发展能力，激发贫困人口的内生动力，持续加大对贫困区的帮扶力度，助力打赢脱贫攻坚战！

一、背景

2015 年 9 月，联合国正式通过了《改变我们的世界——2030 年可持续发展议程》文件，提出了 17 项可持续发展目标（SDG），旨在推动世界在 2030 年内实现消除极端贫穷、战胜不平等和不公正，以及遏制气候变化的三项创举。为促进联合国可持续发展目标在中国的落实，中国政府结合“十三五”战略规划的实施，于2016年9月发布了《中国落实2030年可持续发展议程国别方案》，充分体现了中国的责任意识和责任担当。

在“到2020年，确保现行标准下农村贫困人口实现脱贫”的目标下，党中央、国务院精心部署，社会各界以不同的模式积极参与脱贫攻坚。习近平总书记指出：“发展产业是实现脱贫的根本之策”。产业扶贫一端连着小农户和生产，一端连着消费者和消费。互联网的快速发展，让这样的“消费”和“连接”变得更加顺畅和高效。随着“互联网+”上升为国家战略，互联网推动各类资源向困难群众集结，“互联网+精准扶贫”成为贫困地区发展产业、脱贫致富的重要抓手。

四川是全国6个重点扶贫省份之一，脱贫攻坚形势严峻。一是贫困面宽、量大、程度深。经过几年的努力，截至2017年年底，全省农村贫困人口仍有171万人，贫困发生率2.7%，建档立卡贫困村11 501个，国家和省级贫困县88个。二是区域整体性贫困突出：四川乌蒙山区、秦巴山区、大小凉山彝区和高原藏区四个片区呈整体性贫困，特别是藏区、彝区等民族地区极端贫困现象依然存在，自然条件恶劣，经济基础薄弱，思想观念落后，社会问题交织。三是致贫返贫因素多。贫困人口大多生存环境差，受教育程度低，因病因灾致贫返贫、贫困代际传递问题比较严重。

四川农村贫困区域“面大、量大、程度深”的特点使利用“互联网+”手段消除城乡数字“鸿沟”、推动农村产业转型升级、聚合优质资源投向农村，农村信息服务便捷普惠的需求显得更为迫切。

近年来，中国电信四川公司（以下简称“公司”“四川电信”）先后投资约10.3亿元，实现乡镇光宽和4G通达4 282个，通达率超过99%；行政村光宽通达超过3.8万个，通达率超过80%，家庭IPTV也实现了同步通达；建成农村基站2.4万个，行政村无线覆盖率达到92%。2016年，国务院扶贫办与中国电信集团公司启动精准扶贫合作，建设全国扶贫开发信息系统，构建扶贫大数据平台，共同推进扶贫领域信息与通信的融合，进一步提升扶贫开发信息化的水平，通过搭建国家级扶贫云及社会扶贫信息服务平台，为各行业机构、社会相关方提供便捷高效的信息应用服务，最终带动更多社会力量参与精准扶贫工作。2017年，中国电信发布的提速降费新举措中，“践行信息惠农，进一步开展精准扶贫”是重要内容。

随着四川建设“全光网省”和“网络强省”工作的推进，四川电信充分发挥企业信息化建设主力军作用，积极探索利用互联网手段，扎实推进精准扶贫工作。立足“成为受人尊敬的企业”目标，四川电信成立了以党委书记任组长的扶贫工作领导小组，对定点扶贫工作进行专题研究和重点部署，在党群工作部增配了人员并明确了职责任务，加强了对扶贫工作的统筹管理和组织协调。同时积极选派扶贫工作人员扎根基层开展工作，参加牵头单位召开的定点扶贫工作联席会议和进村入户督查工作。班子成员和扶贫工作人员多次到定点扶贫村调研指导，开展支部结对共建等。

在社会责任体系建设的过程中，四川电信对内服务大局、凝心聚力、提升价值认同，对外提升企业形象、营造良好发展环境、助推公司战略，实现政府、媒体、公众、客户、员工感知良好的发展环境，助力公司规模效益发展。

二、心系“悬崖村”，打通“信息天路”

四川省凉山州昭觉县支尔莫乡阿土勒尔村，坐落在海拔 1 400～1 600 米山坳中，从山底小学到山顶村庄海拔近 1 000 米。村民走向外面世界，需要攀爬落差 800 米的悬崖、越过 13 级 218 步藤（钢）梯，是备受瞩目的“悬崖村”。200 年前，因为特殊的地理位置，阿土勒尔村与世隔绝，村民自给自足，安逸富庶。而时代日新月异的变化遗忘了这个村子，阿土勒尔村因为与外界隔绝太久早已落后太多。近千米的海拔，山路崎岖，使在城市里稀松平常的上网需求因为地理因素变得艰难无比。“几十年来，‘悬崖村’只能靠山下发射的微弱信号接收手机短信和打电话。”支尔莫乡党委书记阿皮几体说。能用百兆光纤宽带、IPTV 4K 超高清电视、4G 手机打电话，这在过去满山找信号的阿土勒尔村村民眼中都是不可想象的事。

2016 年，得知“悬崖村”情况后，四川电信高度重视，敦促分公司相关领导多次带队赴“悬崖村”实地考察建设方案，与设计施工人员风餐露宿，并调配专项投资 150 万元，抽调 40 余人历时半个月艰苦奋战，在大山对面建基站，又把光纤建设到户，绕行 43 千米，为险峻的彝族山村架起了与外界通信的“高速路”。

“悬崖村”通信建设工程难度超乎想象，比在城市建设网络复杂烦琐数倍，所有工程物资都要靠人力从山下背上去，上山的路途险峻异常，并且还要时刻警惕坠下悬崖的危险。

“我们一路上山，汗水打湿了衣服，湿了又干，干了又湿。汗水滴落，尘土飞扬，真的是一颗汗水砸地上成八瓣。走在钢梯上，脚下就是深渊；没有钢梯的悬崖上，更是危险；最陡峭的地方，人要趴在山脊上，犹如一只壁虎，匍匐着上下。上山的路上，哪怕有一棵小小的荆棘抓在手里，也感到稍微有点安全感。经历了

“悬崖村”，才深刻地体会到什么叫‘救命的稻草’！”参与建设的电信工作人员说，“但是我们也习惯了，比这里险要的地方还很多。只要能解决‘悬崖村’的通信，这就值了。”

在克服了山高路险等重重困难之后，2016 年年底，四川电信率先全面开通“悬崖村”光纤宽带与 4G 业务，“悬崖村”村民不但结束了“满山找信号”的历史，通信网络和信息化水平“一步跨千年”，直接达到了城市先进水平。网络开通后，公司为村民们免费赠送了智能手机以及宽带终端，免费安装调测开通，并减免“悬崖村”村民所有通信费用。

悬崖村“信息天路”竣工

2017 年，公司在“悬崖村”网络扶贫工作得到央视与各级电视台、各大新闻媒体和知名网站的现场采访和广泛报道，得到了社会各界的充分肯定。在央视“厉害了我的国”活动中，《悬崖村上的 4G 信号》获得了“最深情视频”的奖项，同时以 7 090 万票摘得月度“最具人气”桂冠，并被网信办要求全网推送。在 2017 年中国国际信息通信展览会上，时任国务院副总理马凯在工信部部长苗圩、时任中国电信集团公司总经理刘爱力等领导的陪同下，听取工作人员介绍四川凉山“悬崖村”情况，并现场视频连线“悬崖村”幼教点，马凯副总理对“悬崖村”网络扶贫给予了高度评价。

2018 年 2 月，四川电信因打通“悬崖村”信息天路，入选“榜样中国 · 2017 四川十大领军企业”；2018 年 11 月，“信息天路通到‘悬崖村’”荣获“五个一百”网络正能量精品奖；2018 年 12 月，中国电信“打通‘悬崖村’信息天路”作为工信部的经典案例亮相展会，亮相“伟大的变革——庆祝改革开放 40 周年大型展览”。

马凯副总理与“悬崖村”视频连线

打通“悬崖村”信息路是中国电信全面助力精准扶贫的一个缩影。近 4 年，四川电信先后承担国家发展改革委“宽带乡村”试点项目、工信部电信普遍服务试点项目、四川省普遍服务结余资金支持项目、四川省政府民生工程建设任务、“乡乡通光”工程等，投资约 10.3 亿元，实现乡镇光宽和 4G 通达 4 282 个，通达率超过 99%；行政村光纤宽带通达超过 3.8 万个，通达率超过 80%，家庭 IPTV 也实现了同步通达；建成农村基站 2.4 万个，行政村无线覆盖率达到 92%。

三、扶贫扶智，助力教育均等化

四川电信全面贯彻落实网络扶贫行动计划相关要求，加快推进四川省农村、特别是贫困地区中小学校的宽带网络校校通、网络教育资源班班通和优质资源人人通，借助网校推动“一校带多校”的网络扶智工程，通过信息化手段扩大优质教育资源覆盖面，逐步缩小区域、城乡、校际差距。

（1）宽带网络校校通：2017 年，四川电信投入 1 000 万元用于开展四川省农村中小学宽带校校通项目，重点解决边远地区农村学校网络覆盖难的问题。2016—2017 年，为乐山马边县、广元昭化县等 9 区 10 县的 317 所农村中小学校开通了宽带，实现了 10 个县（区、市）农村中小学全部通宽带。

（2）网络教育资源班班通：通过光纤网络班班通，全省 8 760 个边远农村山区教学点实现了设备配备、资源配送和教学应用“三到位”，其中 7 453 个教学点开设齐全国家规定课程，44 万名学生受益。在 17 所中学 91 个班开通成都石室中学祥云网班；民族地区 135 所中小学的 591 个班级开通网络远程教育，实现了优质教育资源的全面贯通，促进城乡教育均衡化。

（3）优质资源人人通：四川电信协助四川省教育厅建设完成四川省教育资源公共服务平台，通过实名制师生网络学习空间，实现优质教育资源共享服务。积极推广“直播室、录播室、植入式”等成功模式，充分发挥“专递课堂”“同步课堂”“名师课堂”的作用，将“三个课堂”连接到 88 个贫困县学校，加速优质资源向这些地区的覆盖力度，并建立相应完善的服务支撑体系。

“悬崖村”勒尔小学实现智慧教育

在为“悬崖村”开通“信息天路”的基础上，四川电信继续为“悬崖村”援建教育信息化项目，与“悬崖村”勒尔小学签订了《中国电信援建勒尔小学校园信息化合作协议》。通过现代化信息手段，四川电信倾力为“悬崖村”勒尔小学打造智慧教育，免费建设开通校校通、班班通网络，增设电子阅览室和校园云，提供教育资源和管理公共服务平台等。老师可以从平台下载更多、更丰富的教学内容，学生可以观看成都四中的教学视频等。“悬崖村”勒尔小学的教师和学生通过信息化平台获取知识，帮助孩子们通过大屏电视共享大城市的优质教学资源，为学校打开通往优质教育共享的信息之窗。同时，四川电信还向“悬崖村”勒尔小学捐赠了班班通教学所需的基础配置电脑、电视等设备及饮水机，向老师们捐赠了工作手机，向孩子们捐赠了学习用具和文体用品。

勒尔小学吉克校长对四川电信表示感谢，他说：“在中国电信没有开通网络之前，勒尔小学连信号也没有，想打个电话回家都比较困难，更不要想什么智慧教育了，如今中国电信不但免费开通电信网络和业务，一次次的捐赠物资，还倾力为我们打造智慧教育并免去一切费用。”

现在，“悬崖村”勒尔小学已开通 4G 手机信号，实现了百兆光纤到校，老师和孩子们通过中国电信提供的智慧教育云应用和公益云课堂可以方便地进行网络学习；同时，通过电信天翼高清电视，孩子们可以通过“想家”视频与远在外地打工的父母进行视频通话。

中国电信独家援建凉山州勒尔小学教育信息化项目

四、农村电商，打造“121”扶贫新模式

在持续推动偏远山区信息基础设施之后，四川电信意识到要想帮助偏远地区真正脱贫致富必须采用可持续发展的理念，帮助贫困地区依托信息设施发展农村电商，助力产业扶贫。

四川电信通过独家承接农业部全国信息进村入户总平台和四川整省推进信息进村入户工程，开发和运营益农服务平台[①]，整合公司自有渠道和合作伙伴的优势资源，积极探索电商扶贫“121”新模式，即通过“互联网+产业链”整合，充分利用“双平台、一桥梁、一工具”，实现农产品进城，真正帮助农民增收脱贫。

1.“双平台”：“天虎云商”及益农服务平台

“天虎云商”是中国电信四川公司打造的新型电商平台，以“生态农产品首选电商品牌”为特色定位，通过政府认证实现产地溯源及正品保证，同时可为大中小企业提供集电子商务、电子金融、企业信息化、大数据服务为一体的信息化服务。益农服务网是益农服务平台的线上形式，主要包含公益信息、便民服务、电商服务、体验培训等板块，覆盖话费充值、水电缴费、农技咨询、找工作、远程医疗、订票、代购、代销等 19 项信息化应用。“天虎云商”承建并运营农业部全

① 益农服务平台是集信息进村入户、农产品上行、工业品下乡的 O2O 综合信息服务平台，由线上益农服务网和线下益农信息社两大部分组成。

国信息进村入户（益农服务网）总平台，服务网络已覆盖全国。

线上，“天虎云商”已建立农产品直销体系及中国电信精准扶贫专馆，在电脑端、手机端及电视端均独立展示。线下，以益农服务平台为单元组织搜集优质绿色农产品，并通过“天虎云商”精准扶贫专馆进行展示销售。通过线上线下联动，让城里人可购买到农村地道绿色食品，实现农产品进城。“天虎云商”和益农服务网作为破解农村电商难题、推进信息进村入户及精准扶贫的“排头兵”，代表四川参加首届全国“互联网+”现代农业新技术和新农民创业创新博览会。“天虎云商”和益农服务双平台在全国信息进村入户契机下，充分利用中国电信资源优势，充分发挥益农信息社在农村的触点作用，合力探索出一条具有信息化特色的“乡村振兴、电商扶贫”之路。

成都市蒲江县：双平台助推猕猴桃销售

四川成都蒲江县以盛产红心猕猴桃享誉全国，在网络销售的过程中，由于城市家庭一次购买量并不大，物流、人工费用单件摊分后，每斤猕猴桃成本很高。“‘天虎云商’有效解决了这道难题!”，蒲江县农村电商项目负责人称，消费者通过“天虎云商”电商平台提前下单预订，当地益农社信息员收到订单后，可及时组织当地农民采摘包装，然后通过物流集中运送，物流成本就降下来了。消费者只需到各自社区的电信营业厅就能提取。

蒲江县炉坪村益农社通过“天虎云商”电商平台提前预售，不到 1 个月时间里帮助该村卖了 3.4 万斤猕猴桃，创收 20 余万元。这类多数电商平台无法破解的销售难题，通过“天虎云商”独有优势和益农社得到了有效解决。

2.“一桥梁”：益农信息社

益农信息社是益农服务平台在线下各个行政村按照“有场地、有人员、有设备、有宽带、有网页、有持续运营能力”六有标准建设的服务农村的场所。农民和农企可通过在益农信息社将农产品发布在网络上并实现销售。益农信息社的建设推进了农村信息化和农村电商高效落地，打通了城市农村“最后一公里”，是农产品进城的重要“桥梁”。截至 2018 年末，四川省内已建成益农信息社超过 3.9 万个，实现了公益、便民、电商、培训体验四大服务功能，覆盖 21 个市州、180 个县、2 493 个乡镇，涉及 104 个贫困村，到 2019 年将实现行政村全覆盖。四川电信大力发展益农信息社，一是丰富了公益服务内容，实现与四川政务服务网对接，接入了相关涉农及公益办事指南和在线服务办理，极大地方便了农民；二是拓展了便民服务范围，围绕农民生产生活，集成话费及流量充值、保险购买、水电气缴费、车船机票预订等基础上，聚焦农民关注且使用率较高的远程医疗、务工服务、小额取现、快递收发等服务不断优化并宣传，益农信息社聚集了人气、提升了使用率；三是增强了电商服务能力，着力打造“农产品上行+工业品下乡”并行模式，益农信息社对接“京东”“天虎云商”“有赞”“农商一号”等电商平台，促进农业特色产品、农业生产资料、生活用品网上交易规模增长；四是提升了培训服务体验，采用专家现场授课、在线课件选播等形式，广泛开展农民电商、农技、互联网操作、农业新技术、气象科普知识等培训。

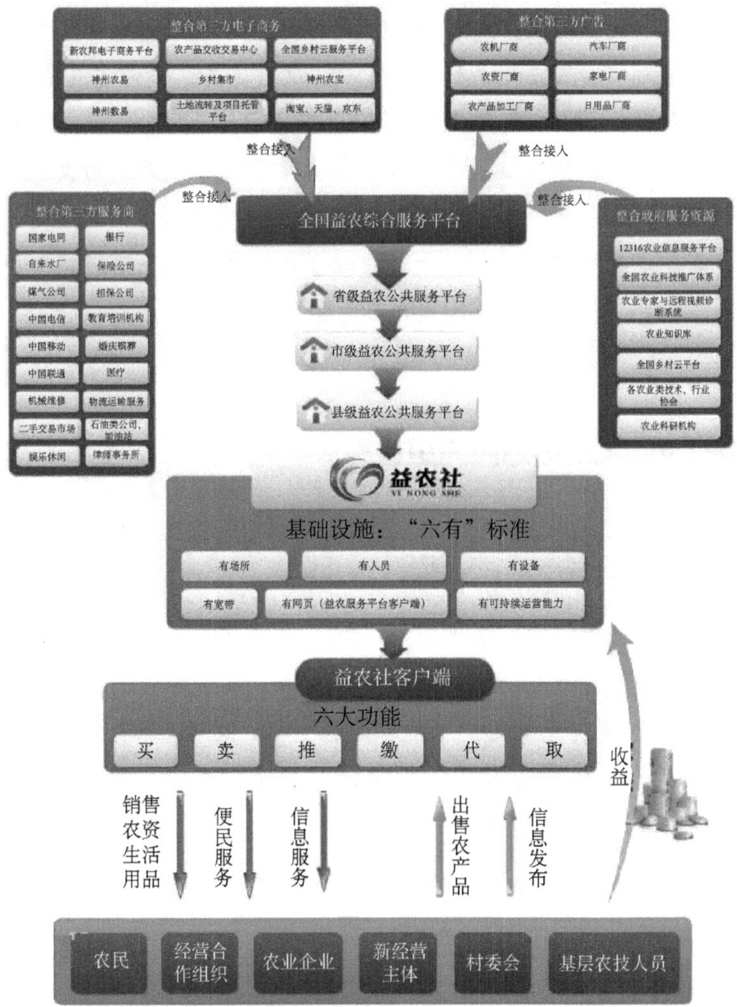

3. "一工具"："天虎云商"基于社交零售打造的合伙人线上分销平台

用户可以通过加盟合伙人，随时随地分享各地特色和优质农产品，合伙人在获得分享佣金的同时，帮助供应产品的农民增加收入，从而更进一步帮助他们脱贫致富。未来，"天虎云商"将充分发挥中国电信在广大农村众多网点的优势，依托益农服务网，把农村各电信支局所覆盖的网络渠道变成益农社，真正为实现"惠农助农+精准扶贫"工作规范化、标准化，为打赢脱贫攻坚战和全面建成小康社会做出更大贡献。

凉山州木里日布佐村：打造可推广可复制的山村"样本"

凉山州木里县是四川电信对口扶贫县，当地日布佐村村民在村书记带领下种植羊肚菌，产量喜人，但受困于无销售渠道。益农信息社在当地落地建成后，"天虎云商"顺势为村里带去一整套"互联网+"线上销售能力，免费帮其解决线上开店、产品上架等工作，信息员只需做好筹集货源、品质保障、物流发货等简单环节。上线不到两个月，就实现销量超过60斤，销售额超过4万元。通过"天虎云商"的资源整合与宣传推广，还极大地推动了羊肚菌的线下渠道销售，促进大客户收购当地羊肚菌，合计带来超过100万元销售收入。

五、IPTV，推动信息服务更普惠

四川在全国率先建成了"全光网省"，有了全光网络[①]的支撑，使乡村贫困地区运用"互联网+"开展扶贫成为可能。"互联网+扶贫"重在"精准"二字。利用互联网的信息交互技术可快速实现信息匹配，摸清贫困户家底、进行精准识别；运用互联网强大的智能互联功能，可对扶贫对象、扶贫信息进行精细管理。四川电信基于IPTV平台，打造最好的新媒体内容平台。同时，聚合政府机构、事业单位、运营企业、产业链厂商等资源，面向全省千万用户，构建起"互联网+精准扶贫"的大平台和宽入口。

① 全光网络指的是网络传输和交换过程全部通过光纤实现，因为不必在其中实现电光和光电转换，因此能大大提高网速。

1.“精准扶贫 大爱四川”专区

四川电信率先在IPTV平台长期开通“精准扶贫 大爱四川”电视专区，针对贫困村通过“以销定产”“先销后产”，走出产村融合、一村一品的农村产业升级发展之路。该专区在传播党和政府扶贫政策的同时，宣传贫困地区人文景观及旅游资源，推销贫困地区农副产品。由爱心企业原价采购贫困村农户的农特产品，通过IPTV平台销售，所售款项全部捐赠给四川省扶贫基金会。四川民众通过扫描二维码，参与1元秒杀或5折善购活动，抢购来自贫困村的土特产，足不出户即可购买到纯天然、绿色、有机农产品、土特产，还奉献了爱心。

全国首个IPTV扶贫专区

2. 政务IPTV

四川电信依托光纤宽带网络基础，以电视为终端，集互联网、多媒体、通信等多种技术，基于IPTV打造农村政务公开信息平台，内设党员远教、村务公开、精准扶贫、农村电商、便民服务、本地特色等栏目，加强基层组织建设和党员学习教育管理服务，及时将党和政府的扶贫政策传递到贫困户家中，提升政务信息公开化。同时加载以县、乡、村三级综治中心为指挥平台、以综治信息化为支撑、以网格化管理为基础、以公共安全视频监控联网应用为重点的群众性治安防控工程——“雪亮工程”，为扶贫工作保驾护航。

2017 年，四川与 69 个区县合作建立政务公开信息平台、覆盖 300 多万人。

“策马扬边”脱贫攻坚信息化平台

中国电信四川公司和马边县委县政府共同打造了以光纤宽带IPTV平台为基础的“策马扬边”脱贫攻坚信息化平台。该平台包括“脱贫马边”“党建马边”“廉洁马边”“民生马边”“法治马边”“畅游马边”“开放马边”“阳光乡村”等模块。借助此平台，县委政府更好地发挥了政策指引和为民服务职能，有效解决了脱贫攻坚中惠民政策精准宣传相对迟缓和“盲点”等问题，进一步发挥了“强党建、促发展、助脱贫、惠民生”的作用。

马边“策马扬边”平台上线后获得了包括中央、省、市、县各级领导的肯定，接受了中纪委、国家扶贫开发办、省委组织部等领导的现场检查，获得高度赞扬与肯定，认为这是“互联网+精准扶贫”新模式在彝族山区的成功探索，畅通了基层群众获取信息的高速公路、营造全民参与监督管理的阳光生态、激发感恩、向善、团结、自强的内生动力，增强勤劳、致富、脱贫、奔小康的看家本领。截至目前，该平台覆盖全县 20 个乡镇 123 个村（社区）。

3. 医疗资源共享

基于 IPTV 平台，由医疗卫生主管部门牵头出台管理办法，规范诊疗服务支撑保障工作，构建网络远程诊疗体系。通过打造“基层医通”平台，创新基层医疗卫生信息化业务处理机制与手段，加强信息整合与应用，解决了医疗卫生信息化“最后一公里”的难题，同时将“新农合”报销入口延伸至村级服务站，为广大农村群众提供便捷通道。平台已引入华西附二院、省四医院等12家知名医院，提供远程查诊、咨询、预约挂号等服务，让更多的城乡百姓共享同等的优质医疗资源，让远程诊疗成为广大村医的好帮手，进一步助力提升农村医疗水平，有效地缓解偏远农村群众看病难的难题，有效防止因病致贫、因病返贫。

四川电信通过信息化手段推进全省分级诊疗、支撑全省各级医院实现互联、远程会诊资源共享双向转诊等功能，极大地缓解了农村地区优质医疗资源欠缺问题，让“家庭医生”走进农村，基于电视、手机等终端，通过“想家”视频应用实现远程问诊，防止小病拖成大病。

家里的互联网医院

四川电信与华西妇女儿童医院联手打造的“家里的互联网医院”——四川大学华西妇女儿童互联网医院。通过IPTV打造医疗健康平台，将优质医疗资源延及服务带入1 000万家庭，实现偏远地区随时可见华西专家，患者可轻松体验网络门诊、线上付费、检查预约、住院床位预约、药物配送、慢病随访等服务。

六、成果与展望

如今，四川电信实现了全省光纤网络覆盖3.4万个行政村，全省行政村通宽带比例达85%，农村宽带和IPTV的覆盖范围和接入能力均位居全国前列，光纤宽带和IPTV电视用户双双突破1 400万户，无论是大山深处的偏远山村，还是雪域高原的藏乡羌寨，和繁华都市一样，都能收看4K高清电视、高速下载资料、在线远程教育、远程医疗等，有效消除了城乡数字“鸿沟”，降低了贫困群众享受信息生活门槛，打通了精准扶贫的“最后一公里”。

截至2018年5月，全省电信联系扶贫村162个，累计选派扶贫挂职干部、驻村第一书记共计165人。公司在员工中发起多次募捐活动，累计募集资金119.52万元，过冬衣物20 000余件，解决贫困户生产生活困难，开展爱心助学活动。

四川电信坚持以满足人民群众对美好生活需要为己任，加快大数据、云计算、物联网、人工智能、5G等新一代信息通信技术发展，全力服务四川经济社会高质量发展，得到各级党委政府的充分肯定和社会各界的一致赞誉。

2017年，四川电信荣获“2017四川十大行业领军企业”、中国TMT行业领秀榜“2017年度优秀运营商省公司”大奖、“2017年社会责任担当品牌”奖、中国电信集团“2017年度业绩优秀奖”“年度优秀新闻暨品牌传播力”奖等多项荣誉，企业社会影响力不断提升。2018年8月30日，四川电信“提升社会影响力、打造受人尊敬的企业”荣获“2018年中国信息通信和‘互联网+’应用优秀成果奖”管理创新项目金奖；2018年10月，《中国电信四川公司实施网络扶贫的创新和实践》荣获中国通信学会最佳实践示范案例；2018年12月接连荣获“首批精准扶贫最具影响力企业”荣誉、“行业突出贡献奖”和“社会责任担当品牌”荣誉。泰国巴金副总理和诗琳通公主先后专程前往公司就农村信息化建设、益农社发展考察交流，四川电信创新打造的“互联网+精准扶贫”模式的影响力已走出国门，走向世界。

未来，四川电信将继续推进“互联网+精准扶贫”的工作模式，以信息化优势充分发挥网络扶贫基础先导作用，为贫困地区产业发展和民生改善提供网络基础；同时，根据贫困地区的资源禀赋和实际需求，量身定制信息化扶贫、产业扶贫、智力扶贫、就业扶贫、公益扶贫等差异化扶贫内容，以点带面促进贫困地区脱贫致富，增强贫困地区自我发展能力，实现企业与社会的共赢发展！

四川电信出席四川省首届“互联网+精准扶贫”峰会

中国移动

移动改变生活，推进爱“心”行动，成就“蓝色梦想”

案例点评：翟雁　北京博能志愿公益基金会理事长

中国移动将公益慈善作为企业社会责任的重要支撑，积极响应国家精准扶贫战略，充分利用企业优势，经过多年如一日的实践，在医疗、教育领域形成常态化、特色化公益项目，并激励和组织员工参与到扶贫志愿服务中。本案例的主要特点在于其不仅通过慈善捐赠方式，向弱势群体实现“输血”式帮扶，更结合了企业的业务特长，通过一系列信息化服务，搭建了移动医疗、远程教育等“造血”式帮扶体系，解决了传统公益组织执行慈善项目中的痛点问题，有效提升了项目的社会影响力。

高管的话

中国移动公益慈善工作从明战略、建体系、抓项目三方面出发，通过充分融入企业战略、密切结合企业业务发展，既令社会相关群体获得可持续的切实帮助，又为企业开展商业实践创新开辟了新空间，在创造了巨大的品牌价值的同时，体现了作为中央企业的责任担当。作为“移动改变生活”的具体体现，我们聚焦关键领域、持续开展至今的“爱心行动”和“蓝色梦想”项目正作为中国移动公益慈善的品牌项目，为助力联合国可持续发展目标实现贡献力量。

中国移动通信集团有限公司（简称“中国移动”）于 2000 年 4 月 20 日成立，经过近 20 年的发展，已成长为全球网络规模最大、客户最多、市值排名位居前列的通信运营商。公司一直坚持以人为本的发展思想，立足中央企业定位和自身业务特色，全方位履行社会责任，致力于以“连接”服务社会可持续发展，以“连接”助力相关方美好生活。在2000年，中国移动还只服务不到4 000万的单一移动用户，截至2018年年底，公司业务已从提供单一移动语音服务拓展到移动数据流量、固定宽带及丰富的数字化应用服务，移动客户数达9.25亿，有线宽带客户数达1.57亿，物联网智能连接数达5.51亿，总连接规模超过16亿。近20年来，中国移动与中国信息通信产业各方携手，砥砺前行，在中国成功将信息通信从少数人享有的稀缺资源，变成惠及全球1/5人口的一流公共基础设施，并以此推动信息通信服务的普及化、信息沟通方式的高效化、信息应用和解决方案的智能化，不仅改变了人们获取信息和沟通的基本方式，更为人们美好生活、经济快速发展和社会文明进步提供数字化的新动能。

一、积极履行企业社会责任

中国移动自成立之初便确立了“创无限通信世界，做信息社会栋梁”的企业使命。“以优质连接助力经济社会发展、全方位创造综合价值”既是中国移动战略发展的主线，也是公司全面履行央企政治、经济、社会责任的主线。中国移动坚持“正德厚生　臻于至善”的核心价值观，于2006年提出“以天下之至诚而尽己之性、尽人之性、尽物之性”的企业责任观，实施了与企业战略和运营紧密融合的战略性企业社会责任管理，并逐步建立起包括策略、执行、绩效、沟通四大模块的战略性企业社会责任管理体系，努力以负责任经营实现与相关方共同可持续发展。2015年，联合国正式通过《改变我们的世界——2030年可持续发展议程》，并提出 17 项可持续发展目标（SDGs）。信息通信行业是与可持续发展目标联系最紧密的行业之一，通过提供数字化产品和服务，连接聚合相关资源与创新能力，可为17项可持续发展目标的实现作出积极贡献。中国移动从相关方需求与自身实际出发，将联合国可持续发展目标（SDGs）融入可持续发展战略中，以特色实践加快推动可持续发展目标实现，共创共享可持续发展价值。进入新时代，中国移动坚持“创新、协调、绿色、开放、共享”的新发展理念，努力发挥国有企业在落实国家宏观发展战略、促进经济社会转型升级、改善民生和推动社会和谐发展等方面的独特优势，以更广的连接、更优的价值、更强的能力帮助满足人民日益增长的美好生活需要。

二、建立和完善公益慈善管理体系

1. 核心理念

公益慈善是企业承担社会责任的重要支撑，是实现社会公平、促进社会和谐的重要手段。2009 年，中国移动成立了慈善基金会，明确了“至诚、尽性、和谐、共享”的公益慈善核心理念，积极开展中国移动公益慈善活动。所谓“至诚”，是指中国移动从事公益慈善活动的真诚态度；“尽性”，是指中国移动尽自身最大的力量发挥优势，体现中国移动的社会价值；“和谐”，是指中国移动通过公益慈善活动积极参与“和谐社会”的建设；“共享”，是指中国移动通过公益慈善活动与社会各方共享企业发展的成果。

2. 工作特点

中国移动公益慈善工作具有鲜明的战略性特点。一方面，公司注重运用企业遍及全国的网络与分支机构等基础条件，发挥信息通信技术特长，不断用移动互联网思维积极探索公益慈善项目实施的新手段、新方法，以“连接”提升公益捐助的精准性和效益性，持续扩大项目覆盖范围与受益群体。另一方面，公司也注重发挥通信服务企业的平台和带动作用，通过灵活创新运用新媒体手段，扩大传播项目影响，带动和建立更加广泛参与的公益捐助平台。

3. 重点关注领域

中国首部《慈善法》将扶贫济困写进总则，位列六大类慈善活动之首，这既是对中华民族传统美德的弘扬，又为慈善事业助推精准扶贫赋予了新的历史使命。在《中共中央关于制定国民经济和社会发展第十三个五年规划的建议》中，提出我国现行标准下农村贫困人口 2020 年实现脱贫，贫困县全部“摘帽”，解决区域性整体贫困。《国务院扶贫办 2017 年工作要点》明确提出要加强中央单位定点扶贫，发挥好中央企业贫困地区产业投资基金示范作用；要引导、指导社会组织参与脱贫攻坚，建立健全社会组织参与扶贫开发的协调服务机制，充分重视和发挥社会组织在扶贫工作中的重要作用。随着慈善事业扶贫力度的加大，中国移动深刻认识到，只有不断提升公益慈善服务能力，才能更好地满足人民日益增长的美好生活需要。

《中国移动“十三五”战略规划》是指导中国移动在“十三五”时期实现可持

续发展的战略性、纲领性文件，其中明确提出要实施“生态共创”工程，积极承担社会责任，持续开展慈善公益活动，加强贫困地区帮扶。中国移动慈善基金会作为中国移动参与公益慈善事业的重要载体，公益慈善规划与实践活动需服务于《中国移动“十三五”战略规划》战略举措和措施的落实。

结合中国慈善领域政策发展环境与公司内部环境，中国移动慈善基金会将国家精准扶贫的理念融入公益慈善项目的实施中，把项目执行作为贯彻落实精准扶贫措施的有力抓手，积极探索基金会项目运作和服务模式的创新。通过持续努力，中国移动在公益慈善项目上的开展实现了焦点集中、精力集中、资源集中，聚焦边远农村教育和医疗，明确了“一红一蓝”两个公益慈善方向，以中国移动爱“心”行动——贫困先心病儿童救助计划、蓝色梦想——中国移动教育捐助计划为核心项目，将中国移动的业务特色应用于公益慈善项目，充分发挥互联网思维，聚焦解决公益援助的“最后一公里”难题，形成了有移动特色的公益慈善项目体系，助力实现“无贫穷”“良好健康与福祉”“优质教育”等可持续发展目标。

4. 公益慈善活动中员工志愿者的参与机制

只有员工的广泛参与，才能促使公益慈善理念真正融入公司的血脉，成为公司的基因，实现可持续发展。中国移动积极建立员工志愿活动机制，将员工志愿活动与公司开展的各项公益慈善活动结合起来，并通过在公司内部开展优秀企业社会责任（CSR）实践评选活动中设立“中国移动年度公益之星”奖项，表彰长期支持社会公益的“明星员工”，充分发挥员工志愿者的主动性和创造性，使员工志愿者成为各项公益慈善活动的重要参与者和推动者，确保企业价值观和责任观在员工中的贯彻落实。

三、中国移动爱“心”行动——贫困先心病儿童救助计划

1. 项目背景

先天性心脏病，简称先心病，是最严重的先天性疾病之一，具有发病率高、死亡率高、可治愈率高的特点。据中国卫生部门统计，中国每年约有 15 万名新生先心病儿童，能够得到及时治疗的患儿仅为 6 万名左右。目前，贫困先心病儿童的救助主要面临筛查体系缺失和手术费用高昂两大难题。一方面，由于先心病筛查对技术和设备的要求高，先期投入较大，大部分地区尤其是贫困地区尚未建立

先心病筛查网络体系，大量贫困先心病患儿常常无法得到及时诊断，错过宝贵的救治时机；另一方面，先心病手术费用一般需要几万元甚至十几万元，贫困家庭很难承受，甚至因病致贫。

为了帮助贫困先心病儿童摆脱疾苦，造福患儿家庭及社会，2011 年 8 月，中国移动慈善基金会联合内蒙古自治区民政厅、泰达国际心血管病医院、内蒙古自治区慈善总会在内蒙古启动了中国移动爱“心”行动——贫困先心病儿童救助计划。2012 年项目又拓展到河南、辽宁两省，2013 年新增山西为项目省，2014 年又新增青海为项目省，2015 年又在广西、宁夏启动了新项目，2016 年在河北启动了新项目。截至目前，中国移动爱“心”行动已经覆盖了内蒙古、辽宁、河南、山西、青海、广西、宁夏、河北、贵州 9 个省区。

2. 服务模式

中国移动爱“心”行动项目是中国移动与各项目省民政厅、慈善总会以及天津泰达国际心血管病医院合作开展的品牌公益慈善项目。项目合作方发挥各自优势，密切配合，形成了“政府推动和协调、企业策划和捐赠、医院筛查和救治”的合作模式。

项目省民政厅和省慈善总会：负责收集患儿信息，为患儿家庭提供补贴，并负责项目资金管理。

中国移动慈善基金会：负责捐赠项目资金、统筹项目全过程管理，提供移动医疗系统，组织志愿者活动。

泰达国际心血管病医院：负责组建流动筛查队，参与项目筛查，为患儿提供手术救治。

3. 项目创新

在项目实施过程中，中国移动创新采用了“三结合”模式。

（1）流动筛查与移动医疗相结合。

中国移动为项目捐赠了三辆流动筛查车，同时发挥在移动信息化领域的专业优势，专门研发了移动医疗系统，搭载流动筛查车使用，实现了流动筛查、数据传输、远程会诊“三位一体”功能，有效地解决了患儿分布分散、无法及时确诊的难题，降低了患儿就医成本，提高了工作效率。中国移动还利用其特有的技术服务和网络覆盖优势，发送一千多万条公益短信方便患儿家长及时了解筛查救助信息，使信息服务贯穿于筛查救助的全过程。

（2）手术资助与康复补充相结合。

在项目开展过程中，中国移动慈善基金会全额资助患儿手术费用，项目省民政厅和省慈善总会为每个患儿及家庭提供交通和食宿补贴，泰达国际心血管病医院为患儿减免了部分医护费用，从根本上解决了患儿家庭的医疗负担。

（3）项目救助与志愿服务相结合。

项目建立了常态化的志愿服务平台，中国移动的项目志愿者定期开展筛查咨询、先心病科普宣传、手术患儿在当地的接送、患儿医院陪护、患儿术后回访等志愿服务。中国移动还组织志愿者与受助儿童一起开展了“爱读书讲故事”和“爱心圆梦畅游北京”等特色活动，让患儿和家长真正感受到关爱和温暖。

中国移动志愿者在流动筛查车前为患儿家庭讲解有关流程

中国移动志愿者到泰心医院关爱贫困先心病儿童

中国移动爱“心”行动申请救助流程

● 资助对象标准

具有项目省区户籍，所在家庭符合项目省区贫困标准，年龄在0～14周岁的未成年人。

● 资助额度

全额资助患儿在项目合作医院接受治疗的全部费用，并发放交通费、营养费补贴。

● 申请救助流程

（1）患儿及家庭向县级民政部门自愿提出申请，填写项目资助审批表（申请表可到内蒙古自治区民政部门免费索取）；

（2）省区民政部门及中国移动爱“心”行动办公室对申请进行审核；

（3）审核通过的患儿由省区民政部门按手术批次组织自行到合作医院接受身体检查和手术；

（4）手术完成后，向患儿家庭发放交通费、营养费补贴。

4. 项目成效

截至2018年年底，中国移动已累计为内蒙古、辽宁、河南、山西、青海、广西、宁夏、河北、贵州的45 648名贫困儿童提供了免费的先心病筛查，并对确诊的5 358名贫困先心病患儿提供了免费手术救治。中国移动爱“心”行动项目受到患儿家长的热烈欢迎，也得到了政府及社会各界的好评，取得了良好的社会反响。

“中国移动爱‘心’行动带给我孩子重生的机会，也给了我这个家庭更光明美好的未来！”

——受助儿童家长　柳艳萍

“虽然生出先心病孩子的家庭是不幸的，但是有爱‘心’行动这个项目是非常非常万幸的。”

——天津泰达国际心血管医院副院长　刘志刚

“中国移动爱‘心’行动实施的移动医疗筛查救助新模式，不仅方便了远在农村和山区的先心病儿童参加筛查，也提高了工作效率，填补了横亘在发达和偏远地区之间的生命鸿沟。”

——内蒙古自治区民政厅厅长　兰恩华

“中国移动爱‘心’行动——贫困先心病儿童救助计划”荣获2012年全球契约中国最佳实践奖、2012年人民网“人民微公益奖”、中国移动2012年CSR十佳实践奖。2015年，项目位列中国社会科学院发布的《企业公益蓝皮书（2014）》“50佳品牌公益项目”第2名，并获得《中国青年报》组织评选的“2014年度大型国企社会责任实践十佳金牌案例”第2名，在中国社会科学院发布的《企业公益蓝皮书（2015）》“50佳公益项目”中位列十佳5星级项目。2017年，爱“心”行动作为中国区唯一典型案例入选GSMA（全球移动通信系统协会）Case for Change最佳实践推广。2018年，爱“心”行动项目荣获第十届中华慈善奖“慈善项目”奖。

四、蓝色梦想——中国移动教育捐助计划

1. 项目背景

百年大计，教育为本。教育对于一个国家、一个民族的发展影响深远，青少年是国家民族的未来和希望，他们的教育则显得更为重要。在中国，由于地理位

置、经济发展等原因，中西部农村中小学基础教育出现“低洼”现象，地势偏远，信息不畅，师资力量薄弱、教育基础设施贫乏等问题。

为了支持我国中西部贫困地区农村基础教育的发展，改善中西部贫困地区农村中小学教学条件和管理水平，以实际行动履行中国移动“正德厚生 臻于至善”的企业核心价值观。2006 年，中国移动联合教育部、中国教育发展基金会开展“蓝色梦想——中国移动教育捐助计划”，包括“中国移动爱心图书馆和多媒体教室”和“中国移动中西部中小学校长培训”两个子项目。项目从改善中西部贫困地区农村中小学教学条件和管理水平入手，通过支持中西部教育设施建设，加强师资培训，减少区域间教育发展的不平衡问题、促进农村基础教育的发展。

2. 服务内容

（1）建设爱心图书馆、多媒体教室，搭建知识之桥。

为解决中西部贫困地区农村学校教学设备缺乏等问题，中国移动通过在农村学校捐资建设爱心图书馆和多媒体教室，支持中西部贫困地区农村中小学教学条件改善，使广大贫困地区中小学生共享优质教育资源，为中西部贫困地区的学生架起一座通往世界的信息桥梁。同时，中国移动还在企业内部广泛开展员工爱心捐书活动，积极调动了员工志愿者参与的积极性，组织爱心志愿者进行图书筛选、整理和运输，各省公司还专门为爱心图书馆采购了部分书架、桌椅和宣传挂图，制作精美的书签，自发购买图书和学习用品送给孩子们，并帮助学校对图书进行分类，制定图书馆使用规定和管理办法。

在中国移动捐建的多媒体教室中，交互式电子白板可以方便地控制电脑和上课软件，可以在上面写字、画线、做记号、涂色、播放视频、音频等操作，可以把准备好的资源即时调用并与学生互动，还可以使用白板笔进行书写，助力教学效率，提高学生听课与学习兴趣。2017 年，项目增加了省级教育部门的合作单位，加强了省级层面的执行力度，在为项目学校配备多媒体远程教学设备基础上，为其开通中国移动“和教育”业务，赠送“和教育”产品。通过“和教育”云平台，教师可利用其中的一些软件备课，也可以跟名师学习，提升教学效率与质量；学生们可以通过该平台获取名校精选课程，并可使用相关应用随时进行家校互动，让家长更好地了解孩子们在学校的学习动态，助力推进当地教育信息化发展。

中国移动员工志愿者与孩子们开展读书活动

中国移动多媒体设备教师培训会

（2）培育师资力量，促进教育质量公平。

我国东部与西部地区在师资力量与教学质量方面的差异显著，为了助力缩小教育地域差异，使东部先进的教育理念和学校管理经验为更多的西部农村中小学校长所共享，中国移动启动了校长培训计划，在西部与东部之间搭建起了“知识之桥”。中国移动借鉴国际经验，通过为中西部中小学校长开展“影子培训”，促进提升中西部学校的教学水平。“影子培训”是一种体验式培训，按照既定的研修目标和方案，参训校长和专家校长形成“如影随形”的近距离接触，在真实的现场环境中，细致观察专家校长的日常领导与管理行为以及学校的主要工作，并充分发挥参训校长的主动性，以感受与领悟专家校长及基地学校的办学思想、理念、制度与方法，提升学校管理实践与教育能力。

结合丰富的网络资源，中国移动还为中西部农村中小学校长提供“远程培训+数字培训”相结合的全天候、多空间培训，以线上线下整合来提升远程培训的质量。为了不断提升培训项目的可持续影响力与实施效果，中国移动在“影子”培训结束后，将参训中小学校长作为“种子校长”，为中小学校长远程网络研修进行指导和辅导，将先进的教育理念和学校管理经验与更多的中西部农村中小学校长共享。

3. 项目特点

在项目实施过程中，中国移动、教育部、中国教育发展基金会、中国移动省公司和省教育部门发挥各自的特长与优势，紧密配合，形成了一整套精细化的项目管理模式，具有以下特点。

（1）持续性好、创新性强、覆盖范围广。

项目自2006年启动以来，不断创新内容与合作模式，覆盖范围从中西部地区扩大到全国 31 个省（区、市）。

（2）闭环管理、精细到位。

形成了从立项、实施、总结到监督、评估、审计一整套闭环管理体系，搭建教育部门、中国移动相互配合，各级单位发挥自身优势、各尽其责的矩阵式管理模式。

（3）充分发挥技术业务优势。

开设了信息化互动课堂，把中国移动“和教育”应用于多媒体教学，有效地提升了贫困学校教育信息化水平。

（4）搭建志愿活动平台。

先后组织员工志愿者参与校长培训项目、学生读书征文和多媒体设备教学应用展示等各类活动。

4. 项目成效

截至 2018 年年底，“蓝色梦想——中国移动教育捐助计划”项目累计投入超过 1.568 亿元，培训 115 782 名农村中小学校长，捐建 2 310 个中国移动爱心图书馆和 2 302 个中国移动多媒体教室。项目开展 13 年以来，有力改善了中西部农村中小学校办学条件，为企业资助中小学基础教育做出了有益的探索，为促进农村义务教育现代化和均衡化发展做出了贡献，得到了政府及社会各界的积极反馈，产生了良好的社会影响。

“中国移动的慈善行为，充分体现了中国移动领导和职工崇高的情怀和远大的眼光。大型企业特别是国有大型企业如何做好慈善事业，在我国尚处于探索阶段。在此方面，中国移动走在了前面。他们的义举，既是难能可贵的，也是值得其他企业认真效仿的。”

——中国教育发展基金会原理事长　张保庆

“中国移动校长培训活动，让农村中小学校长有机会与站在教育前沿的专家、名家交流，使农村学校校长有机会感受新的教育气息，受到全新理念的洗礼，也让我们参训人员从教育理论到学校管理模式，从社交礼仪到城乡统筹等诸多方面深受启发，为今后的学校管理与教育教学工作都给予了启迪，受益匪浅。”

——重庆市潼南县柏梓小学校长　杨建军

“以前学校虽然也有多媒体教室，但大多已经老旧，中国移动为学校捐建的多媒体教室，先进很多，而且也很好用，让孩子们和老师真切地感受到了现代化的教学手段。在我们学校，这些多媒体使用率很高，几乎每一节课老师都会用到。多媒体教学方式让课堂效率大大提高了，在多媒体设备的辅助下，老师的教学形式也变得丰富多样，时刻吸引孩子们的注意力，孩子们听课也更加认真了。”

——陕西临潼区铁炉初级中学教师　李林锋

“蓝色梦想——中国移动教育捐助计划”项目先后荣获 2014 年联合国全球契约中国最佳实践，2010 年和 2015 年中华慈善奖“最具影响力慈善项目”提名奖；在 2016“第二届中国社会责任百人论坛——企业公益年会”上，“中国移动——蓝色梦想教育捐助计划”项目被评为“十大品牌公益项目”和“十大人气公益项目”奖；2018 年荣获第三届“CSR 中国教育奖精准扶贫特别奖”。

五、展望

随着移动互联时代的到来和《中华人民共和国慈善法》的正式施行，中国移动公益慈善工作面临着新的机遇和调整。创新公益慈善项目的新模式，研究开展公益慈善传播的新方法，探索组织志愿者活动的新思路，对于公益慈善工作更好地助力中国移动战略的实施，具有非常重要的意义。

中国移动于 2016 年打造了“咪咕善跑”App，搭建人人可参与的公益平台，以捐赠爱心步数的方式吸引公众发扬志愿精神。借势体育热潮，中国移动以厦门集美马拉松、玉门国际越野赛等群众体育活动为载体，运用互联网传播模式，将“蓝色梦想”、爱“ 心”行动项目与“咪咕善跑”相结合，通过线上线下同步传播，不断扩大社会参与、集聚公益力量。未来，中国移动将继续利用公司自有互联网平台，积极探索公益项目传播的新举措，提升品牌公益项目的可持续影响力。

中国移动爱“心”行动与“蓝色梦想”项目将在既定方向的基础上，注重在深度贫困地区推进项目覆盖，积极发挥在脱贫攻坚战中的作用。结合公司战略和企业发展实际，中国移动将在项目实施过程中不断探索创新的工作方式，推进项目与企业自主品牌的结合，积极履行“正德厚生 臻于至善”的企业核心价值观，助力实现联合国可持续发展目标。

中国惠普

爱心点亮希望，志愿者在行动

案例点评：翟雁　北京博能志愿公益基金会理事长

惠普作为全球跨国公司，将惠普之道“关怀和尊重每个人，并承认他们个人成就”的核心价值观和“开放、赋能”的企业文化带入中国，通过公司员工志愿服务制度化、组织化与专业化建设和创新，为员工创造实现自我与社会价值的机会。该案例具有三个主要特点：一是战略公益，将 SDGs 和中国发展战略纳入企业各个市场可持续发展战略规划和顶层设计中，通过员工服务回应当地社区多利益相关方需求，产生影响力；二是赋能员工，将企业文化与志愿服务融会贯通，为员工授权公益捐赠，提升科技领域人才使命价值感和忠诚度，实现企业—员工—社会共赢；三是专业创新，通过专业体系链接中国本土公益组织和其他合作伙伴，打造跨界协作新机制，以公益性专业服务有力推动了中国公益组织能力建设与社会可持续发展创新。

凝聚人心的“惠普之道”

在美国加州一个安静的小镇上，坐落着一幢古朴简约的车库。尽管只有 30 多平方米，却吸引无数心怀创业梦之人前来朝圣。这间车库被公认为是世界顶尖高科技创新中心——硅谷的发祥地，两名年轻人曾在此创办了一家具有划时代意义的企业，它的名字就是惠普（Hewlett-Packard）。

惠普车库不仅开创了一套为苹果、谷歌、亚马逊等顶尖科技公司纷纷效仿的新型“创业”模式，更承载着惠普对“基业长青”的思考和传承，其核心是一套“以人为本”的经营管理哲学，即被世人所熟知为“惠普之道”，指导着惠普及其影响的众多企业不断超越自我，走向未来。

1939年，惠普公司诞生的车库

关于“惠普之道”的核心价值观，惠普创始人之一Bill Hewlett这样总结其精髓：“惠普之道就是关怀和尊重每个人，并承认他们个人成就的传统。”早在20世纪40年代，惠普就打开大门，敲掉围墙，实行“行走式管理”，为员工提供前所未有的工作保障和创新氛围，让员工在惠普收获工作的成就感。

“惠普之道”历久弥新，在当今科技领域人才竞争越来越激烈的背景下越发显得价值非凡。2015年德勤研究报告显示，千禧一代中有60%因公司的“使命感”而选择一份工作。在中国，也有越来越多的企业发现，高薪已不再是留住人才的唯一方法，在工作中追求个人更高价值成为越来越多年轻人选择雇主时的期待。

支持和鼓励员工参与社会志愿服务，为员工提供创造社会价值的机会，拓宽其工作的社会使命，是“惠普之道”在新时代下的延续。惠普的员工志愿者队伍活跃在全球各个国家和地区，在中国也不例外。中国惠普员工志愿者行动深深植根于开放、赋能的企业文化，并发展出独特的企业志愿者精神。在增强惠普内部凝聚力和忠诚度的同时，员工个人价值得以实现，当地人群和社区得到帮助和发展，达成真正的共享价值。

一、变化的世界和不变的信念

1. 联合国可持续发展目标与志愿者精神

回到志愿者在整个社会的大图景中的角色和定位，可以帮助我们更好地理解惠普企业志愿者行动如何为惠普和社会整体的可持续发展创造价值。

随着全球化进程的日益加深，全球命运与共、休戚相关，可持续发展成为全人类共同面对的机遇和挑战，气候变化、网络安全等经济、环境与社会议题都无法通过单个组织机构的努力彻底解决。在此背景下，当联合国于 2015 年发布全球可持续发展行动纲领——17 个可持续发展目标（Sustainable Development Goals，SDGs）时，就特别强调多方合作和广泛参与的重要性，为此特别专设了一大目标，即目标 17——“重振可持续发展全球伙伴关系”。在 SDGs 的推进过程中，联合国也通过设立广泛的参与机制，鼓励全民总动员、全员齐参与，让人民成为自身发展的推动力。

聚焦中国，习近平总书记早在 5 年前就提出了“构建人类命运共同体，实现共赢共享”的中国方案，积极推动全球合作伙伴关系，展现了负责任大国的担当。这一理念于 2017 年被正式写入联合国决议。同舟共济、合作共赢，是中国和世界实现和平与发展的重要方向和路径。

与此同时，志愿者已成为推动全球变革的一支重要力量。据联合国统计，全球志愿者人数逐年上升，2017 年志愿者达 9.7 亿人，其贡献的经济价值约占全球总量的 2.4%。在中国，实名注册志愿者也已超过 8 500 万人，截至 2018 年 8 月，全国志愿服务信息系统记录的志愿服务时长累计达到 9 亿小时，按全国各地区每小时最低工资平均值 16 元计算，全国志愿者共创造了价值 140 亿元的经济贡献，成为加强和创新社会治理、保障和改善民生的重要力量。正如时任联合国秘书长安南在 2001 国际志愿者年启动仪式上的阐述：“志愿者精神的核心是服务、团结的理想和共同使这个世界变得更加美好的信念。”这种无私奉献的志愿者精神，将人与人连接在一起，增强公民间的信任、团结和互惠，惠及个人和社会的发展。

SDGs所倡导的合作和参与意识，与志愿者精神高度契合，并为全球可持续发展提供了新的思路。一方面，SDGs为志愿者活动设立了统一的目标和沟通语言，有助于全球各个国家和地区、各个社会议题领域、各个主体的志愿者们团结合作，汇聚影响力，推动志愿者精神的发扬光大。另一方面，充满热情和行动力的志愿者队伍将作为协作的纽带，通过行动和努力，在广大基层社区推动 SDGs 目标的落地。

作为志愿者的重要组织形式之一，企业的志愿者队伍也正在不断地发展壮大。SDGs的出台，更是为价值链遍布全球、拥有成千上万名员工的跨国公司提供了开展企业志愿者行动前所未有的机遇。通过将SDGs融入企业的可持续发展战略中，激励员工的在地行动，跨国公司将可持续理念和企业品牌精神传递给社区及其他利益相关方，携手合作，共同推进目标的实现。

2. 惠普可持续发展战略与企业志愿者

惠普自创立伊始就深刻地认识到，企业是整个社会的一部分，作为企业公民，必须识别并回应社会所共同面临的可持续发展挑战。惠普创始人之一，Dave Packard 对企业社会责任的阐述，成为全公司上下始终遵循的信条："推动社会进步的责任不能只由少数人承担，这是每个人都应当分担的责任。"

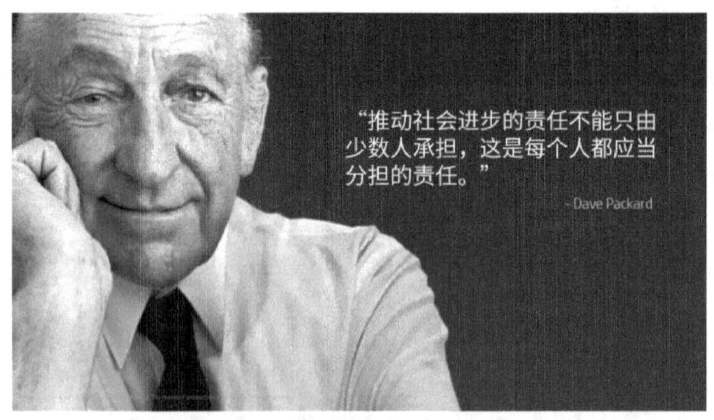

如今，惠普早已从生产电子仪器设备的车库创业公司，发展成为全球领先的个人电脑和打印机企业。多年来，中国惠普电脑和打印机业务均位居国内市场份额排名前列。而将可持续发展作为企业经营的指导原则，融入整条价值链之中，成为惠普在变革的时代中持续保持高竞争力的有益推动力。2017 年，惠普在全球至少有 7 亿美元的营收增长来自将可持续因素纳入考量的销售和商业合作，就是一个有力的例证。

创造可持续性影响被定义为惠普变革之旅的核心，作为推动创新和增长、实现基业长青的重要力量，助力惠普实现“惠及全世界每个人、每个组织、每个社区”的使命。惠普将 SDGs 纳入企业在包括中国在内的全球各个市场可持续发展战略规划的顶层设计，分别在“环境”“社会”和“社区”三大板块，制定了长期的、突破性的具体目标和指标，与 SDGs 的七大目标对应，勾勒出了清晰的行动路线图，指导公司可持续行动的开展：

中国惠普秉承“源于中国，服务中国”的业务发展战略，其中包括致力于成为一名优秀的企业公民。中国惠普结合全球战略和本土市场的特点，积极参与到 SDGs 和中国政府提出的“美好生活”发展战略，并将其融入中国区可持续发展战略规划中。

上述目标表述简单却充满挑战。每一个目标的落地，都涉及众多利益相关方，即便是在中国市场，每个城市、社区的具体情况均不尽相同。面对不同社区的多样化诉求，生活并工作在当地社区的广大惠普员工，成为惠普落实可持续发展战略、产生可持续影响力的关键一环。

在中国惠普，数量庞大的员工组建起志愿者协会，成为公司最为珍视的价值创造资源。该协会不仅通过实际项目让可持续发展战略切实落地，更承担了中国惠普与本地社区互动纽带的角色，促进良好沟通的形成。在这一过程中，员工对企业价值的认同感也得到了增强。根据 2018 年最新出台的员工敬业度调查，高达 91%的惠普员工对公司在社会和环境领域所承担的社会责任深表认可。

无论是响应新的时代背景，还是中国惠普的内部战略驱动，员工志愿者行动都显现出其重要价值。在此基础上，惠普及其员工逐渐发展起带有企业烙印的志愿者组织体系和行动框架，为当地社区持续贡献力量。

二、惠普志愿者在行动

1. 自下而上的组织方式

1939 年惠普创立之初，两位创始人捐出了 5 美元给一家非营利社区组织。这一看似微不足道的捐赠却成为一颗种子，让身体力行回馈社区的精神在惠普发芽，如今也在中国开花结果。

植根于开放赋能的“惠普之道”企业文化，中国惠普坚信每一个员工都拥有热情、专业技能、知识经验，以及对创造积极改变的渴望，公司所要做的则是提供激励、机会和必要的工具、技巧，支持员工在他们所在的社区发光发热。

在这一信念的引导下，惠普通过政策激励、资源支持、荣誉嘉奖，多层次、全方位地为员工自下而上地开展志愿行动赋能，充分激发员工的自驱力和创造力。惠普设有统一、透明的志愿者激励政策，让每名员工每月都享有 4 小时的志愿者带薪假期。在此基础上，如果员工每个季度在惠普全球志愿者系统中录入超过 10 小时服务时间，即可获得公司 50 美元的授权，志愿者可选择捐给自己指定的公益机构。最难能可贵的是，在惠普美国总部大楼前的停车场，最佳车位永远预留给当年志愿服务时数最多的员工，这一殊荣代表了公司对志愿者精神的认可和褒奖。

在公司的大力赋能和支持下，中国惠普员工在教育、环保、健康、社区参与四大领域开展了不计其数的志愿行动。迄今为止，中国惠普志愿者协会已经在全国各地拥有 13 支小分队，开展了 869 次活动，超过 3 900 人次参与，服务时长达 10 万小时。

2. 惠普志愿者在中国

在惠普全球版图中，中国市场既是重要的业务增长引擎，同时也是所有中国惠普员工生活与工作的阵地。

早在 1985 年，惠普便走进中国市场，成立了国内第一家中美合资高科技企业“中国惠普有限公司”，在接下来的 30 多年中，始终保持业务的高速增长。与此同时，中国惠普也始终投身于社会公益领域，担当表率，推动中国社会的可持续发展。

1985 年中国惠普公司成立仪式

中国惠普在公益领域的实践，始终十分重视员工的参与。早在 1995 年，中国惠普就开始组织员工举办“无偿献血日”，成为国内首家提倡无偿献血的合资企业。此外，从 20 世纪 90 年代起，惠普就参与到医院、教育事业的捐赠中，员工积极响应，参与捐赠，还在行业中带头创设了“惠普员工爱心奖学金”，用以资助贫困学生。

中国惠普员工真正开始集体性地走入志愿者活动，是从 2008 年 7 月开始的，而也正是在同一年，汶川大地震后来自全国人民的爱心开启了中国迈入公益时代的元年，全民志愿参与也正是从这一年起开始蓬勃发展。2009 年 9 月，中国惠普成立了志愿者协会，旨在通过制度化的运作，推动惠普在中国的员工志愿服务项目的可持续发展，为社区和社会的改善与和谐发展作出贡献。作为第一批在中国成立正式志愿者组织的外商投资企业，惠普见证参与了中国志愿者发展的浪潮，在中国志愿者精神的发扬和实践中发挥了重要的推动作用。

首先，中国惠普志愿者响应国家发展目标，开展扶贫志愿服务。脱贫攻坚战是中国现阶段实现第一个百年目标的重点任务，消除贫困也在 SDGs 中位列第一大目标。上海惠普员工成立了“萤火虫公益”团队，长期扶助青海、四川等贫困地区儿童获得教育，并连续多年开办科技夏令营活动，丰富孩子们的视野；北京惠普志愿者分队定期为在城市学习和生活的流动儿童开展“流动课堂”等活动，带领孩子们参观科技馆、体验 3D 打印、考察水资源现状等，带动流动儿童提升思考和学习知识、技能、生活经验。

其次，中国惠普积极响应国家关于志愿服务深入社区的号召，并加入社区志愿服务模式的建立之中。2014 年中央文明办出台《社区志愿服务方案》，提出鼓励企业等主体的志愿者队伍深入社区开展服务。随着国内居民志愿服务参与意识的不断提升，持续性、社区化和常态化的社会动员成为志愿服务的发展趋势。

惠普在北京、上海、大连、重庆等地，结合员工志愿者的专业特长，在周边社区长期开展志愿服务项目。以上海为例，中国惠普志愿者协会与浦东张江镇政府携手，自 2013 年起连续每年开展“张江公益行”志愿服务行动，在民办永卓幼儿园、张江中心小学和孙桥小学等外来务工子弟学校及周边社区开展丰富多彩的公益活动。上千名惠普员工参与其中，通过改善教学设施、提供课外教育资源、义卖义演等形式，助推张江教育的均衡发展和社区的欣欣向荣。同时，惠普作为具有影响力和知名度的企业品牌，也带动起更多当地企业与机构团体参与到公益项目之中，推动社区志愿服务的深入。

此外，作为一家拥有悠久志愿服务历史的美国企业，惠普也积极将其专业和经验带入正处于企业志愿者文化蓬勃发展时期的中国。2014 年，中国惠普参与发起了中国专业服务联谊会，联合其他企业、NGO、媒体和志愿者，搭建汇聚专业志愿服务中国力量的沟通交流平台，共同推动专业志愿服务在中国的发展。

三、中国惠普的志愿者精神

SDGs 的诞生标志着全球的和平与发展进入新纪元，志愿者精神又被赋予了新时代的使命，让企业志愿服务享受机遇的同时，也面临着挑战。如何释放志愿者的活力，而非让志愿服务成为公司“额外的负担”？商业企业如何与志愿者的“利他”精神有机结合？如何更有效地激发新生代员工的参与积极性？又如何打造刻有企业烙印的品牌志愿者项目，画上点睛之笔呢？

面对这些挑战，惠普本着“创无止境”的品牌价值观，在国内外开展了丰富的志愿服务，既传承了志愿者精神的内核，同时也创新地探索出了一条惠普志愿服务之道。

1. 自愿

自愿是志愿的前提，也是志愿精神得以永葆生命力的根本所在，只有来自内心的能量才能源源不断地转化成为行动力。因此，当中国惠普在一开始思考如何搭建志愿服务体系时，探询的问题不是“做什么”，而是“为什么”。中国惠普深知，若作为事先策划好的公司主导项目，志愿服务将很容易陷入“完成任务式”的困境之中；而只有探究员工自愿行动的动因，才能真正找到实现有效激励的方法，志愿服务才能成为长期可持续的项目在员工内部发展壮大。

企业志愿服务的研究者发现，自我需要、社会关系和公益信仰通常是人们投入志愿服务三个层次的动机。中国惠普志愿者行动的组织很好地回应了这三个层面的诉求。公司为员工搭建了志愿者服务平台，鼓励员工自由发起、组织或参与公益活动，帮助员工实现个人、帮助他人、提升自我的需要；在社会关系层面，惠普志愿者协会鼓励员工携家属和朋友一同参加志愿活动，在服务社会的同时更能收获深度的心灵连接；至于那些将公益视作坚定信仰的员工，中国惠普则招募其加入志愿者协会管理层，让他们充分释放热情，发挥其领导力，动员更多的员工加入志愿活动。

尊重员工的个人诉求，激发他们的自驱力，惠普志愿活动也就成了具有吸引力、魅力的事业。正如一名长期投入的惠普志愿者所言：“不带功利的工作会让我处在一种非常放松的状态中，那是一份难得的享受和快乐。”

2. 利他

作为社会的一分子，无论是企业还是个人，只有恩泽大家，才能惠及自己。事实上，中国惠普在志愿服务实践中发现，通过将利他精神与企业使命相结合，员工将持续地被这种使命感所激励，这不仅体现在志愿服务活动的参与，更外化在日常工作之中，员工更有活力，公司更充满凝聚力，品牌声誉也更受好评。惠普的一份员工调查结果显示，参与志愿服务的员工较其他员工的敬业程度要高出 10%。在中国，这一信念也帮助惠普连续九年获评“中国最受尊敬企业”的荣誉。

从 2012 年起，惠普大连志愿者团队就开始每周前往自闭症儿童康复中心，陪孩子们玩耍，教给他们一些生活技能，带他们去购物中心、海边，帮助其建立自信，培养社会交往能力。此外，探望敬老院老人、探访导盲犬基地、海边捡拾垃圾等也是惠普大连志愿者们的常规公益活动。这些点滴的坚持，正是利他精神的最好写照。

3. 参与

一个人的力量是渺小的，但如果全员参与，整体的力量将远远大于个人力量之和，颠覆性的变革也将成为可能，这也是 SDGs 尤其强调广泛参与的原因。中国惠普员工持续不断地奉献其时间、资源和提供专业技能，广泛和深入地参与到建设更美好的社区和社会之中。

据估算，约 80%的中国惠普员工都至少参加过一次志愿者协会组织的活动，远高于全球 CEO 联盟（CECP）统计的企业志愿者平均 31%的参与率。中国惠普员工如此高昂的参与热情得益于全公司上下的大力支持和全员认同的参与文化——志愿者活动的现场，无论规模大小，都有高管的身影和鼓励的话语；每年，惠普在全球开展最具影响力公益项目评选，对优秀志愿者项目给予嘉奖；志愿者协会的制度设计也处处体现人性化特色。

身为高科技公司，惠普企业内部设立了一整套网络支持系统，最大限度地为员工参与志愿服务赋予能力、拓展可能。如企业内网有完整的志愿者培训课件和指导材料；除邮件通知外，企业内部专设公众号发布志愿活动招募信息；员工也可以方便地登记志愿服务时长、申领志愿者 T 恤、申请财务支持等，激励员工积极参与。

4. 创新

企业志愿者相比其他主体的志愿者团队，其独特性和优势，在于一以贯之的品牌理念。对于惠普来说，从车库创业的第一天起，创新就是其不变的 DNA。进入惠普官网首先映入眼帘的座右铭——“创无止境”（Keep Reinventing），就是最好的诠释。

中国惠普志愿者行动的创新之处，不仅体现在活动形式，更从实质意义上参与推动着可持续社会创新。惠普全球与国际青年成就组织（Junior Achievements）自 2011 年起深度合作，举办“社会创新挑战赛”项目，邀请高中生思考并探索通过创新方式解决社会问题的方案。中国惠普京沪两地的员工志愿者自始至终为参赛学生提供辅导，帮助他们培养创新思维，掌握有助于他们成长为具有全球意识、富有社会责任感的企业家技能。同时，中国惠普扎根大学校园的“惠普梦工厂”自 2016 年起，打造大学生创新实践的平台，目前该平台已覆盖全国 30 个城市 200 多所高校，拥有 1 000 多名核心队员。

中国惠普志愿者与高中生畅谈社会创新

5. 专业

中国惠普非常重视本地人才培养，并在中国为员工提供完整和系统的培训机制，既包括产品技术知识的授予，也有软实力的提升，员工均能享受约 3 000 门由惠普开发和购买第三方的课程，惠普也因此被业界誉为“IT 届的黄埔军校”。

惠普也将其独一无二的专业培训体系，通过员工志愿者队伍，分享给更多创业企业以及非营利组织。自 2007 年起，惠普就在全球范围内携手合作伙伴开展专家志愿者（Pro Bono）服务。从法务团队开始，扩散到全公司的管理层和非管理层员工，结合自身积累的专业知识和技能，授人以渔，协助基层社会组织解决发展中遇到的“瓶颈”，进而帮助他们在各自专注的领域中更有效地推动社会议题的改善，惠及成千上万的人。为了帮助到更多的团队，惠普还开发了完全免费开放的线上课程——惠普创业家启动学习项目（HP LIFE），包含创业创新、营销、沟通、运营、财务 5 大板块共 28 门课程，近 5 年来已累计惠及 68.7 万人提升创业能力。

专家志愿者缘起西方，至今已有近百年历史，但在中国目前仍处于初步发展阶段。据 2015 年数据统计，专家志愿者在美国和中国的人数分别为 3 500 万人和 80 万人，而占国家城市人口的比例差距更为显著，分别为 25%和 0.2%。

中国惠普自成立志愿者协会以来，也在积极行动，利用自身在专家志愿者领域的丰富经验，推动中国专家志愿者的起步。2010 年，中国惠普与本土公益组织惠泽人合作，并联合美国资深志愿公益基金会 Taproot、中国南都公益基金会、国际社会专业机构 BSR，启动专业技术志愿服务项目。中国惠普投入资金支持、网络平台开发资源和员工志愿者，与合作伙伴们在中国开辟了新的志愿服务领域。项目开展的前两年，尽管国际模式的本地化面临着众多挑战，但经过不懈努力，惠普同包括 IBM、联想等 6 家企业共计支持了 12 家本地公益组织，迈出从 0 到 1 的第一步。

中国惠普法务部门为 NGO 提供法务咨询

就惠普在专家志愿服务中的投入，惠普全球供应链与直接采购主管 Jay DeGooyer 如是总结道："伟大的企业给予员工为社区贡献力量的机会。惠普员工志愿者行动有着悠久的历史，我们的专家志愿项目通过充分发挥全球员工的专业技能，将这一精神代代传承。"

四、"创无止境"

植根于"惠普之道"的企业文化，惠普在全公司建立全方位的支持体系，为志愿者精神的蓬勃生长提供了肥沃的土壤。志愿者精神在惠普像一只转动的齿轮，带动着员工参与服务、实现个人成长；带动着企业关怀员工、获得可持续的竞争力；带动着社区和社会良性互动，向着美好生活的愿景迈进。中国惠普相信，只要给予足够的空间和鼓励，这只齿轮就能够持续地转动，并带动更多的人、企业、社区和利益相关方加入进来，SDGs 的宏伟目标也能得以实现。

作为最早一批在中国开展员工志愿活动的合资企业之一，中国惠普积累了丰富的志愿服务经验，并在以下几个方面为 SDGs 的实现作出贡献。

（1）融入战略：将 SDGs 融入企业可持续发展战略，同时在公司层面制定一系列强有力的支持政策，激励志愿者行动的开展。

（2）本地贡献：在志愿服务正开始蓬勃发展的中国，中国惠普积极加入发扬志愿者精神的浪潮之中，与本土合作伙伴紧密合作，一同探索能帮助本地社区更有活力、更坚韧、更健康的有效发展模式。

（3）自发组织：来自全国各地的员工根据本地社区的特点和需求，自发组织开展活动，并通过线上网络平台相互支持，分享经验。

（4）创无止境：在志愿者项目中充分融入公司“创无止境”的品牌价值观，共享惠普独特的创业及商业管理经验，真正打造一所“没有围墙的大学”。

展望未来，中国惠普期待能继续扩大志愿者参与，激发更多员工服务社会的热情，并探索更多跨界合作的机遇，让惠普的发展真正“惠及全世界每个人、每个组织、每个社区”。

参考资料

［1］德勤. 2015 千禧一代年度调研报告.

［2］联合国. 2018 年世界志愿服务状况报告.

［3］全国注册志愿者超过 8 500 万人.（2018-03-26）. 新华网：http://www.xinhuanet.com/gongyi/2018-03/26/c_129837813.htm.

［4］发挥志愿服务功能摸索公益扶贫新路径.（2018-08-09）. 经济参考网：http://www.zggyw.org/zixun/zhengfu/content-21-2960-1.html.

［5］Why People Volunteer，Thomas W. McKee，http://www.volunteerpower.com/articles/why.asp.
［6］全球 CEO 联盟（CECP）. 2017 年捐赠数据报告（Giving in Numbers）.
［7］公益网校. 北京博能志愿公益基金会.
［8］BSR. 专业志愿服务中国本土化研究报告 2012.

伊　利

“WISH”体系，全面支持可持续消费

案例点评：郭沛源　商道纵横共同创办人兼总经理

我们生活的时代是一个消费时代，与数十年前、数百年前相比，现代的我们每天消费的自然资源要多得多。因此，可持续消费是我们这个时代面临的重要课题，这也是联合国可持续发展目标SDGs12（负责任消费和生产）的重要内容。直接面向消费者的企业自然责无旁贷。

通过伊利这个案例，我们可以看到一家直接面向消费者的企业应如何将可持续消费整合到企业的战略、管理与产品中。首先，要有一个体系，给可持续消费明确一个战略定位；其次，要有支持可持续消费的生产流程，特别是覆盖产品全生命周期的环境管理；最后，还要与消费者做互动与倡导，与消费者一起践行可持续消费。这些环节，缺一不可。

现实中，有些企业做可持续消费，只是做成营销噱头，这种做法是不可取的，有可能还会引发声誉风险。调查显示，消费者特别是年轻消费者的环保知识越来越丰富，他们认为绿色企业要节能减排、包装要循环利用。因此，企业单单强调产品本身的绿色属性是不够的，还要覆盖到全价值链，包括原料采购、产品生产、物流、回收等各个环节。在阅读伊利案例的时候，应仔细品味这一点。

一、责任聚焦：可持续消费

1. 联合国可持续发展目标与中国可持续消费模式建立

目前，人类自身赖以生存的物质基础——自然资源和生态环境面临着巨大的

危机。环境的恶化、资源的耗竭不仅会危及自己和同代其他人的利益，而且有可能严重损害后代人的利益，种种生态及资源问题使人们认识到要重新审视自己现有的生产和消费方式。

正因如此，1987 年，“世界环境与发展委员会”《我们共同的未来》报告中正式提出可持续发展命题。1992 年里约热内卢联合国环境与发展大会制定了《21 世纪议程》，指出要实现可持续发展就必须“改变消费形态”，并将可持续消费纳入其实现机制体系之中。2015 年 9 月联合国推出《2030 年可持续发展议程》，在联合国可持续发展目标（SDGs）的 17 个目标阐述里，“可持续生产和消费”被单独设置为目标 12——“在提高生活质量的同时，通过减少产品及服务整个生命周期的资源消耗、环境退化和污染，来增加经济活动的净福利收益”，为人类发展提供明确的路径。

中国政府也高度重视可持续发展战略。自 1994 年 4 月中国政府发布《中国 21 世纪议程》，明确提出中国“建立可持续消费模式”以来，中国政府已将可持续生产和消费提高到国家战略层面。目前正在实施的“十三五”规划将创新和发展绿色经济作为社会发展和经济转型的重点工作；2017 年党的十九大报告中强调“加快建立绿色生产和消费的法律制度和政策导向，建立健全绿色低碳循环发展的经济体系”；在庆祝改革开放 40 周年大会上，习近平总书记表示“坚决贯彻创新、协调、绿色、开放、共享的发展理念，加强生态文明建设，牢固树立‘绿水青山就是金山银山’的理念，形成绿色发展方式和生活方式”；国务院出台了《关于全面加强生态环境保护 坚决打好污染防治攻坚战的意见》。除了宏观指导方针外，国务院的相关执行部门近年来还制定了一些促进可持续消费发展方面的政策。①

2. 伊利可持续发展体系：“WISH”体系

伊利作为中国规模最大、产品品类最全的乳制品企业，始终秉承“厚度优于速度、行业繁荣胜于个体辉煌、社会价值大于商业财富”的理念和“平衡为主、责任为先”的伊利法则，将可持续发展融入企业战略，致力于成为全球最值得信赖的健康食品提供者，让世界共享健康，共享美好生活。

2017 年 11 月 6 日，伊利对企业社会责任管理体系进行全新升级，将“健康中国社会责任（CSR）体系”构筑为面向未来的“共享健康可持续发展（CSD）体系”，英文翻译为“World Integrally Sharing Health”，简称“WISH”体系，意为“美好

① 摘自《2018 伊利中国可持续消费报告》。

生活”。具体而言，“WISH”体系是伊利对标、落实联合国可持续发展目标（SDGs）的重要体现，将所识别出来的重点关注的 9 个可持续发展目标，融入履行企业可持续发展的四个具体行动领域：产业链共赢（W：Win-Win）、质量与创新（I：Innovation）、社会公益（S：Social）、营养与健康（H：Health）。

在四个行动领域，伊利开展一系列实践。伊利成立了牧场合作伙伴发展学院、供应商发展学院、经销商发展学院，携手产业链伙伴共同成长；升级欧洲创新中心，实现在健康食品领域对最新前沿科技的全方位探索；全球首发《生物多样性保护年报》，带动更多的企业加入生物多样性保护的行列；推进伊利营养 2020 公益项目，为全国 25 个省、130 个市、县的孩子带去营养与健康……伊利用实际行动，诠释了“可持续的能力，代表了企业的未来领导力”。

二、伊利对标 SDGs 各项指标

伊利全力支持联合国可持续发展目标的实现，在 9 个可持续发展目标方面重点发力。

SDG 1：无贫困

2018 年伊利营养 2020 项目，小康牛奶行动总计投入金额 2 100 万元；

营养扶贫行动捐赠奶粉价值 1 150 万元，营养扶贫行动覆盖人数为 7.3 万人；

金领冠母爱行动凉山行捐助奶粉价值 215 万元；

青年创业扶贫行动总计投入金额 500 万元。

SDG 2：零饥饿

伊利开展母乳研究，连续开展年数 16 年；

伊利举办妈妈班数量超 2.8 万场，覆盖人次超过 108.8 万人。

SDG 3：良好健康与福祉

伊利与奥运会连续合作年数 13 年；

活力冬奥学院吸引在线参与和报名人次 8 500 万人次；

金色母爱 3 平方米活动联合发起企业数量 106 家。

SDG 4：优质教育

2018 年伊利方舟，投入金额 400 万元，支持建设“安全生态校”数量 107 所；

2018 年伊利未来公园，投入金额 280 万元，覆盖中小学生 33 万人次。

SDG 8：体面工作和经济增长

2018 年女性高管比例（副总经理以上）16%；

2018 年伊利接受培训学习员工 72.2 万人次；

2018 年发放员工救助款金额近 200 万元；

2018 年“金秋助学”慰问活动帮扶人数为 50 人。

SDG 12：负责任消费和生产

2018 年食品安全事故数量 0 起；

2018 年研发总投入 46 314.43 万元；

2018 年获得专利授权数量 182 件；

2018 年检测费用金额 3.19 亿元；

2018 年伊利参与制修订国家标准、行业标准及地方标准数量 64 项。

SDG 13：气候行动

2018 年环保总投入 28 588 万元；

2018 年减少的能源消耗量 16 123.05 吨标准煤；

2018 年总节水量 79 万吨；

伊利旗下国家级绿色工厂数量 5 家。

SDG 15：陆地生物

4.6 平方米湿地保护项目累计保护湿地面积 260 000 平方千米；

生物多样性保护年报第 1 份。

SDG 17：促进目标实现的伙伴关系

2018 年伊利社会合作牧场总体投入 35.88 亿元；

2018 年伊利产业链金融融资金额 143.5 亿元；

2018 年参加培训的经销商达 39 653 人次；

2018 年线上累计参观伊利透明工厂达 15 745 万人次；

2018 年线下累计参观伊利透明工厂达 1 355 万人次。

三、伊利可持续消费在行动

判断一个产品的可持续性，需要关注产品的整个生命周期内对社会和环境的影响，由于产品供应链的冗长和复杂，消费者在进行消费时，难以辨识产品在各个阶段对社会和环境造成的影响。因此，需要全产业链中的企业主动承担社会责任，建立可持续产品策略，特别对源头和整个供应链进行了有效把控，实现预防性的改进，以充分保证消费者的可持续消费诉求和权益。①

近年来，可持续发展理念不断深化，已成为全球共识。作为可持续生产的实践者，又是可持续消费的源头，伊利承诺将可持续发展纳入企业重要的发展战略，将可持续消费从战略层面落实到业务发展的各层面；严格把控产品生产环节，为消费者提供更可持续产品；同时，建立与消费者沟通和互动更有效的方式，与消

① 摘自《中国零售行业可持续消费指引》。

费者一起实践可持续消费。

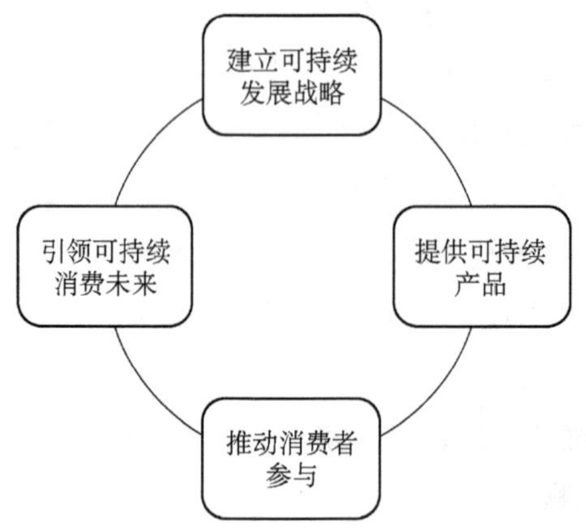

1. 伊利可持续发展承诺

（1）可持续发展理念。

伊利信条

伊利即品质

最高准则	最高品质	最高行为
视品质如生命	100% 用心 100% 安全 100% 健康	人人都是品质创造者

伊利愿景

成为全球最值得信赖的健康食品提供者

为世界提供最优品质的产品和服务	倡导人类健康生活方式	引领全球行业发展	善尽社会责任

品牌愿景

滋养生命活力，保持不断生长，共享健康未来

（2）可持续发展管理。

伊利打造了具有企业自身特色的可持续发展体系，为可持续发展工作提供了方向及指导，推动员工了解伊利所处的发展阶段以及未来努力方向，实现公司的可持续发展。

（3）可持续发展管理体系。

伊利推进覆盖全集团的可持续发展管理体系，明确可持续发展工作内容，推动利用企业专业资源解决社会问题。各层级依次负责可持续发展战略制定、规划设定及具体落地等职能，为可持续发展目标的实现提供管理保障、制度保证及资源保障。

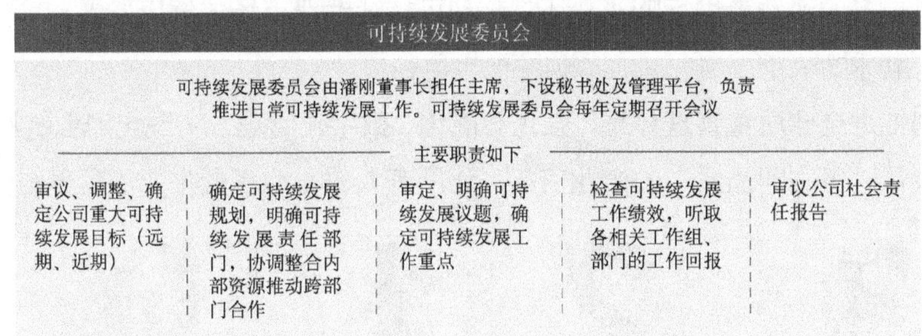

（4）可持续发展管理指标体系。

2018 年，伊利发布了我国乳品行业首个可持续发展指标体系。《伊利集团可持续发展指标体系》编制历时 1 年多，包含 142 个指标，其中 77 个定性指标、65 个定量指标，内容覆盖所有事业部和职能部门，界定各相关职能部门可持续发展工作内容、标准及依据，为各类项目及相关工作提供指导。

（5）可持续发展培训。

伊利推动员工可持续发展理念的提升，2018 年开展了 18 场可持续发展赋能培训，让更多的员工成为可持续发展理念传播的火种，将可持续发展内容融入新员工、管培生、各职能部门等培训体系中，推出可持续发展管理体系专项培训，受众超过 3 000 人次。

（6）可持续发展传播。

2018 年，《伊利绿色产业链与可持续发展案例》入选“2018 清华大学工商管理大赛”，可持续发展实践入选国家自然科学基金项目（项目编号：71671054），首次与西交利物浦大学合作开发英文案例进入欧洲顶尖学府。2018 年 1 月，潘刚董事长第 3 次走入哈佛大学课堂，同全球食品行业高端管理人才分享了伊利行业共赢理念和可持续发展行动。

2018 年，伊利同广大可持续发展领域国际组织及国内组织开展合作，包括世界自然基金会、中国红十字基金会、中国儿童少年基金会等，该行动获得了多方认可。

2. 为消费者提供可持续产品

对伊利而言，推动可持续消费作为企业重要的发展战略，并由此更有效地进行供应链管理、对接利益相关方的预期，能够为企业可持续发展创造良好的外部环境。伊利既是可持续生产的实践者，又是可持续消费的源头，面对消费者对可持续产品不断增长的需求以及不断成熟的消费理念，生产更好满足消费者需求的可持续产品，不仅能够吸引更多的消费者进行购买，还将带动可持续消费市场的健康发展。

（1）伊利即品质。

伊利推进全球质量管理体系，强化智能化、数字化管理，实现全产业链质量标准管控，践行“伊利即品质”的企业信条，让所有人放心地享受牛奶的营养与健康。

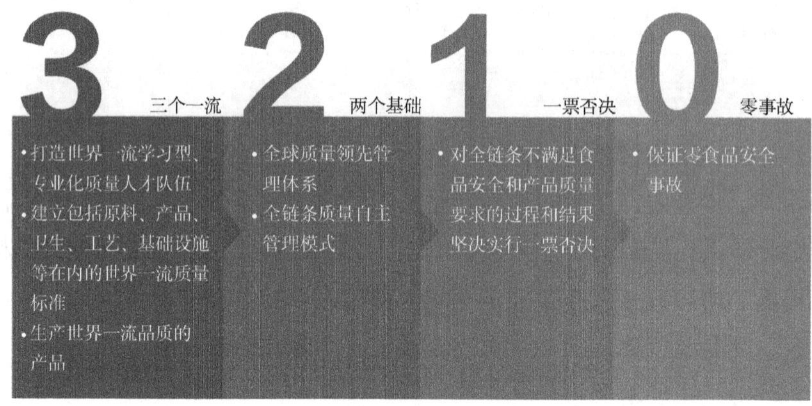

伊利“质量领先 3210 战略”

（2）全产业链质量管理生态圈。

伊利坚守“伊利即品质”，打造全球质量管理体系。2015 年，伊利将质量战略升级为“质量领先 3210 战略”，打造世界一流的质量队伍、质量标准以及产品，以领先国际的标准，实现从源头到终端的控制。伊利液态奶、奶粉、冷饮、酸奶事业部全部通过 FSSC22000 食品安全体系认证，成为中国第一家全线产品通过此全球性食品安全管理标准体系认证的乳品企业。

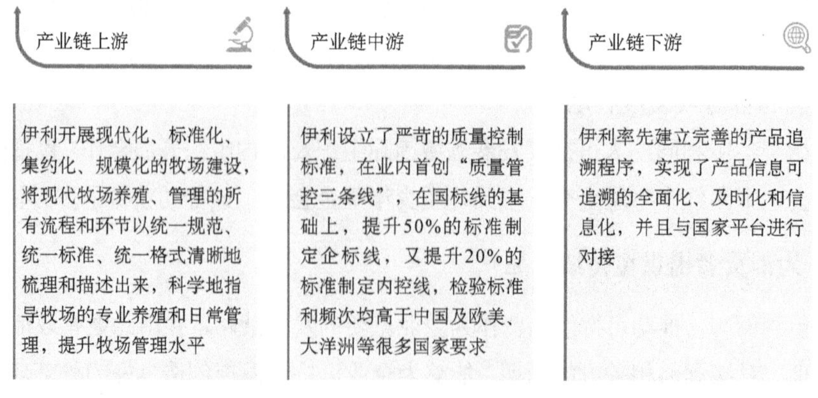

（3）智能化品质管理。

伊利推行全产业链智能化管理和数字化运营，开发"生产过程执行模型（MES）"，构建具备"追溯性、智能性和透明性"的数字化工厂，使用自动码垛，通过信息化系统对研发、成本分析、品质保障及产品流通全过程进行数据挖掘与分析，实现食品安全链条可视化、数据化。

（4）坚持绿色发展。

伊利坚持绿色环保理念，构建"环境可持续发展模型"，设立环境保护三级目标，从源头控制能源消耗，减少污染物产生量，降低温室气体排放，保护生态环境。

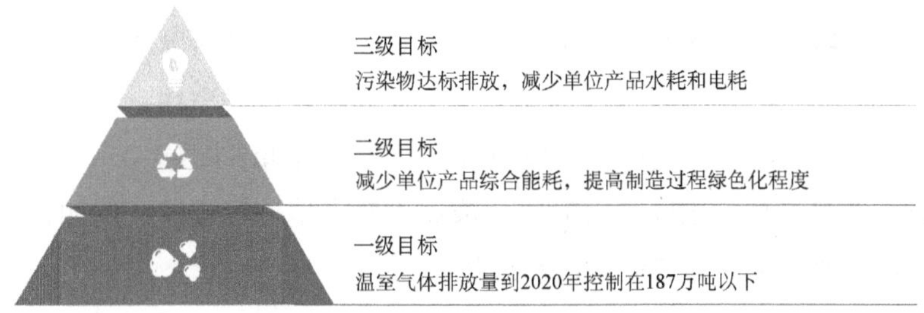

2018 年，伊利以现有碳盘查工作为基础，突破牧场单元的碳核算方法，将牧场碳排放量纳入碳盘查范围，初步完成全生命周期的碳盘查。

2018 年，伊利旗下 5 家公司获评工业和信息化部国家级"绿色工厂"，树立行业绿色制造标杆，对接"中国制造 2025"行动纲领，为推进建设制造强国宏伟目标的实现贡献力量。

（5）节约资源能源。

基于国家及行业标准，伊利制定《伊利集团能源管理体系运行手册》《伊利集团能源管理与可持续发展纲要》，鼓励工厂降低能源消耗。伊利连续 9 年开展碳盘查工作，连续 6 次斩获"国际碳金奖"。

伊利推行间接冷却水循环利用、反渗透浓水回收利用等措施，每天可节约用水 1 627 吨，获评 2018 年呼和浩特市节水型企业称号。

（6）加强废弃物管理。

伊利对废水、废气及固体废物进行合规处理，持续改进绿色生产技术、应用清洁能源，有效降低废弃物产生。

废气处理

2018年，对19家工厂的燃煤锅炉进行“煤改气”更换，6家工厂进行脱硫除尘改造，4家工厂拆除燃煤旧锅炉改用外购蒸汽，控制二氧化硫、氧化物、颗粒物的排放

废水处理

2018年，自建污水处理厂（站）56座，所有污水都经自建污水处理厂处理后进行合规排放；设定严格的污染物排放预警线，全面实现污水达标排放

固体废物处理

2018年，倡导固体废物的安全处置，将一般固体废物和危险废物进行分类收集；交由有处理资质的第三方处置，实现固体废物100%规范化处理

沼气应用

2018 年，在 7 家工厂配套安装沼气锅炉，日产蒸汽约 30 吨，相当于约 2 400 立方米天然气

（7）专注绿色建设。

伊利将环境因素和社会因素纳入所有建筑项目可行性研究的考察范围，并将低耗、高效、环保的理念融入项目建设全生命周期，以“节地、节能、节水、节材、环保”为原则，力求实现经济效益与自然环境的和谐共生。

节地：选用农林业难以利用的土地或城市废弃地进行建设，例如，济南平阴新项目建筑用地为废弃的工业厂房和堆场。

节能：优化 LED 灯具配置，每年可节约用电量 304 500 千瓦 • 时，相当于每年减少 CO_2 排放量 63.04 吨，减少 SO_2 排放量 2.45 吨，减少 NO_x 排放量 2.10 吨。

节水：所有的工厂均设计污水处理站，将处理的中水进行了绿化灌溉和冲厕的使用。

节材：所有工厂和办公楼均采用土建与室内外装修一体化设计。

环保：环保设施与项目同步设计、建设、运行，从项目建设到投产运行，实现全生命周期环境管理，最大限度地降低对环境的影响。

（8）绿色物流与包装。

伊利致力于可持续包装研发，减少材料用量、降低加工能耗，鼓励使用源自负责任生产的环保包材，如经森林管理委员会（FSC）认证的无菌纸盒包装；提高车辆使用率、提高周转效率、减少冷库面积及车辆数量，要求运输车辆进行尾气达标处理，降低环境影响。

2018 年，伊利引入分析软件，模拟包装的加工、灌装、杀菌、储运各个环节，对现有瓶型结构的合理性进行分析和改善，全年降低 HDPE 材料使用量400多吨，降低包装纸使用量约 2 000 吨，降低塑料使用量 1 000 吨。

（9）携手产业伙伴协作：负责任采购和可持续生产。

伊利深耕产业链协作，开办牧场合作伙伴发展学院、供应商发展学院、经销商发展学院，发展产业链金融，带动产业链合作伙伴共同成长。

（10）支持牧场发展。

伊利创新奶源发展模式，推动奶源基地的转型升级，向"标准化、规模化、集约化、智能化"的"四化牧场"发展，为保证原奶品质、提升奶源效率奠定坚实的基础。

标准化：公司通过融资扶持，帮助牧场改善卧床、牛舍等基础设施设备，实现牧场硬件配置标准化。总结出一套科学实用的牧场管理的作业标准与流程，由技术服务专家团队无偿为牧场开展培训与指导，提高牧场饲养水平。

规模化：引导牧场优化牛群结构，整合优势资源，扩大牧场养殖规模，提高牧场养殖生产的规模效益。

集约化：制定科学的养殖标准，增加牧场饲养牛群数量，通过精准饲喂、精确管理提升牛群单产水平，充分发挥牧场资源，提高牧场生产效益和效率。

智能化：在奶源基地管理中引入物联网、大数据、移动终端等新技术，实现生产智能化、服务远程化、管理数字化的牧场现代化生产、管理方式。

（11）供应商审核与能力提升。

伊利建立国际领先的"全生命周期"供应商管理体系。伊利与天眼查签订协议，核查供应商的合规性；执行高于国家标准的世界一流原料质量控制标准，设置环评和社会责任筛选指标；建立退出机制；与所有供应商签订阳光协议，杜绝商业贿赂。（见下表）

3. 倡导可持续消费：与消费者一起实践可持续消费

可持续消费是可持续发展的重要组成部分，也是联合国可持续发展目标中的重要内容。伊利主动开展消费升级趋势研究，倡导与推动可持续消费。

伊利“全生命周期”供应商管理体系

开发准入	根据《伊利集团供应商开发与准入管理办法》执行
分类	根据《伊利集团供应商分类指导手册》执行
绩效管理	每年制订年度供应商绩效管理方案
风险管理	通过《供应商风险管理方案》及在 BIEE 系统上的风险模型来管理
关系维护	根据《伊利集团供应商战略合作指导手册》执行
能力提升	每年制订年度供应商能力提升方案
退出	依据《伊利集团整合采购物资和服务供应商退出管理办法》执行

（1）了解消费者需求。

伊利依托全国范围内 500 万个销售渠道和大数据系统，不断了解和回应新的消费者需求。

伊利与消费者建立多种沟通渠道，满足消费者对透明沟通的需求，用心打造“透明工厂”、未来牛奶平台，实现与消费者零距离接触。伊利在全国范围内开放 36 家透明工厂，消费者上网搜索“参观伊利”，或登录伊利官网按照页面提示预约，就可以走进工厂参观。工厂全程配备专业的讲解员，解答消费者对于伊利产品的提问。

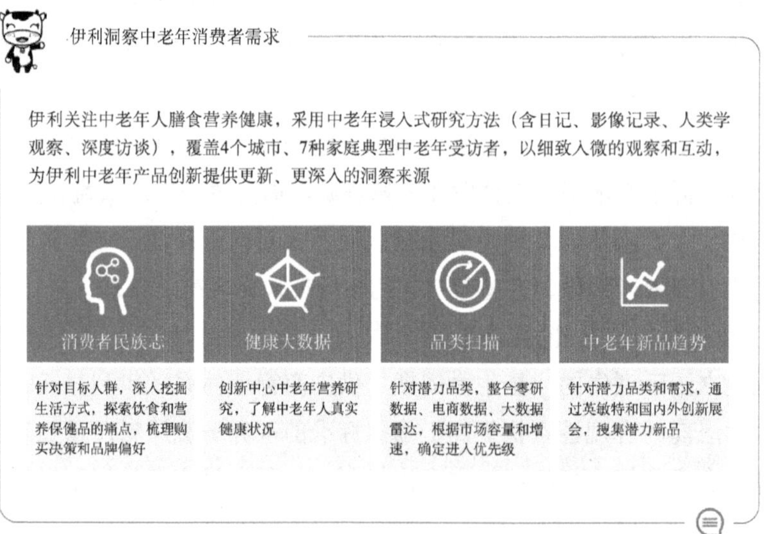

（2）剖析消费升级趋势。

作为行业龙头企业，伊利从行业角度出发，时刻感知消费行为的变化，前瞻性地总结出中国消费升级的四大特征，为推动可持续消费转型提供参考与依据。

“要吃好”“买服务”“线上买”“个性化”体现出消费者越来越重视品质消费，而品质消费和消费可持续发展相辅相成，当生活品质不断提高，可持续消费也将得到更多人的认可。

（3）保护生物多样性承诺。

作为唯一一家签署联合国生物多样性公约《企业与生物多样性承诺书》的中国企业，伊利积极推进与联合国可持续发展目标（SDGs）的对标学习，致力于可持续发展，促成生态保护目标的实现。

伊利对生物多样性影响因素进行系统总结，分析各环节对生物多样性的影响，识别出 5 大生物多样性影响因素（栖息地转变、气候变化、物种入侵、过度开采和污染）、6 大生物多样性影响领域，建立保护管理体系，开展全生命周期的生物多样性保护管理。

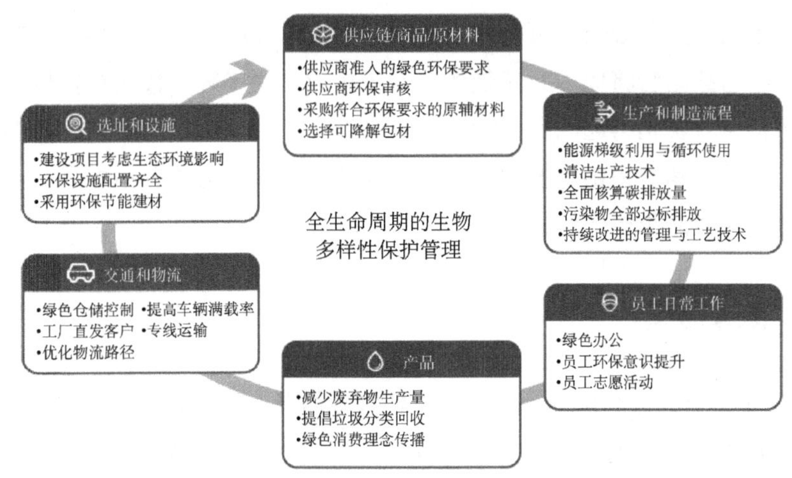

（4）洞察可持续消费意愿。

《2018 伊利中国可持续消费报告》在伊利集团的支持下，由商道纵横和界面新闻联合展开，该报告是目前中国唯一一个持续开展的针对可持续消费公众认知及行为的研究报告，具有较大影响力。该报告于 2016 年首次推出，旨在全面了解公众对可持续发展及可持续消费认知、态度与行为转化，从而推动更多企业建立可持续发展战略、推进可持续产品研发、并利用品牌影响力及影响活动吸引消费者积极参与践行可持续消费。2017 年，中国可持续消费指数报告由伊利集团冠名，目前已经成为众多企业了解消费升级趋势、责任消费、消费者洞察等重要的参考依据。

根据 2018 年报告显示，超过 90%的中国消费者具备了一定的可持续消费意识，70%的消费者对可持续消费关注程度较高，可持续生活正在为越来越多的消费者所追捧。

此外，报告指出消费者在选购可持续产品时仍然面临不同程度的阻碍。可持续产品无法有效识别（81.4%）、价格过高（77%）、不知道从哪里购买（76.9%）及可持续产品选择有限（71.8%）是消费者认为影响程度比较大的几项。

报告指出，随着公众对可持续消费的意愿日益高涨，将可持续发展的理念融入企业的经营战略势将成为必然趋势。希望企业关注年轻一代的消费偏好，通过推出更多消费者负担得起的可持续产品，打通产品回收渠道，建立有效的沟通策略等，为可持续消费提供更多的便利性，才能让更多的消费者不再只是观望，而是真正将可持续消费转化为日常的行动。

四、未来展望

2018 年，伊利持续推进企业社会责任管理体系，延续面向未来的“共享健康可持续发展体系”，打造“标准+体系+实践”三位一体的可持续发展推进模式，初步形成贯穿全产业链的可持续发展理念。未来，伊利将推进 2018—2020 年可持续发展战略规划，从经济、环境、社会 3 个面入手，推动伊利可持续发展工作从“引入期”过渡到“巩固期”，再向“成型期”迈进。

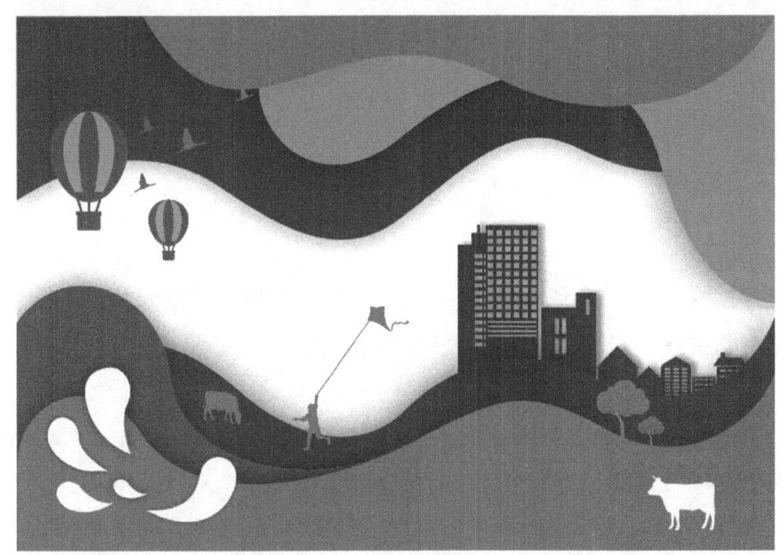

经济上，伊利将持续推进产业链普惠金融，在实现自身发展的同时，帮助上下游合作伙伴实现共同成长，带动产业链的健康成长。

环境上，伊利将牢牢把握“绿水青山就是金山银山”的生态环境保护理念，持续开展节能减排、生物多样性保护等工作，树立行业典范。

社会上，伊利将继续响应 2020 年全面脱贫的国家战略目标，进一步深耕“伊利营养 2020”精准扶贫项目，扩大项目覆盖范围，不断探索健康扶贫与教育扶贫、产业扶贫等相结合的新型扶贫模式。

2019 年，对于伊利来说是重要的一年，将持续对标联合国《2030 年可持续发展议程》，完善共享健康可持续发展体系，提升可持续发展管理指标，加强可持续发展实践探索，力争树立全球可持续发展行业典范。

联合利华

支持可持续茶产业发展，推进精准扶贫

案例点评：钱小军　清华大学经管学院教授，清华大学绿色经济与可持续发展研究中心主任，清华大学苏世民书院副院长

国际学者 Simon Zadek 把企业的社会责任实践分为 5 个阶段，即自卫防御阶段（Defensive）、被动合规阶段（Compliant）、管理认同阶段（Managerial）、战略规划阶段（Strategic）和自觉行为阶段（Civil）。在国际和国内很多企业还处在自卫防御阶段和被动合规阶段的当下，有一些领先企业已经进入企业社会责任实践的高级阶段了。从《联合利华可持续茶产业发展和精准扶贫项目》可以清楚地看到，联合利华已经进入企业社会责任履责的战略规划阶段、甚至自觉行为阶段——从早在 2010 年全球发布的“联合利华可持续行动计划”设立的三大目标、九项承诺和覆盖社会、环境与经济方面共 50 余项细分指标，到 2007 年开始的“可持续茶原料采购计划”以及 2016 年开始在贵州遵义实施的可持续茶园产业扶贫项目，联合利华把“可持续行动计划”贯穿到公司业务的整个价值链，把可持续发展和企业社会责任与企业经营业务发展有机结合、落到实处，并坚持不懈多年如一日。一个企业在某一方面履行社会责任并不难，难的是全方位地履行社会责任；一个企业在某个时间段做几件“好事”也不难，难的是战略性地、自觉且持续地为人类的可持续发展、为人民福祉而努力，这样的企业才是真正的企业公民。

更重要的是，联合利华的可持续发展和企业社会责任实践佐证了美国学者迈克尔·波特的“创造共享价值”理论。坚持“让可持续生活成为常态”的联合利华，收获了非凡的业绩表现和利润增长，其可持续茶产业发展和精准扶贫项目不仅帮助中国茶叶走向世界市场，提高了茶农和茶叶工人的收入，帮助他们获得了更好的生活，促进保护环境和生物多样性，同时也有力地促进了自身业务的良性发展，创造了企业和社会可以共享的价值。

联合利华的实践值得其他企业研究、学习和效仿。

企业高管语录：

作为一个负责任的跨国公司，联合利华全球将可持续发展作为必须坚持的发展方向。作为一个在190多个国家经营的快消品公司，如何把联合利华“可持续行动计划”这个全球战略蓝图与所在经营地的国家发展战略结合起来可能有些困难，但必须做到，只有“双赢”才能发展。而联合利华“遵义可持续茶产业发展和精准扶贫项目”则是联合利华在中国把全球战略与所在国发展重点相结合的尝试。

从1986年重返中国以来，联合利华在中国经营的同时也坚持开展社会责任项目，从最早沿长江植树的“绿水青山”项目，到“希望工程”“关爱留守儿童”“乡村幼儿园”等项目，30多年从未间断。但是，如何利用跨国公司的行业优势，把经营与可持续发展相结合，是在遵义精准扶贫项目进行中，方向才逐步清晰。

“认证茶园、开发新品、培训骨干、延伸产业链、惠及贫困户”，“五个一”的模式形成闭环，把精准扶贫项目融入企业产业链、价值链，在经营的同时使项目不断延伸和持续。贫困户和贫困地区成为企业的合作者而不仅仅是扶贫对象，这条思路如果能通过项目的发展得到论证，将是有延续性和带动性的案例。

这个项目正在开展中，更多的尝试仍在进行。充分利用当地丰富的自然资源，从茶产业逐步扩展到草本植物，标准、科研、产品、原料，深加工等一系列工作都在进行中，我们希望通过3～5年的努力，能摸索出一条产业扶贫，可持续发展的完整项目案例。

——联合利华北亚区副总裁　曾锡文

2018年9月5日，在上海市政府会议大厅里，上海市市长应勇会见了当时联合利华公司首席执行官保罗·波尔曼（Paul Polman）一行。波尔曼先生为本次会面准备了一份具有特殊意义的礼物——联合利华可持续茶产业发展和精准扶贫项目下诞生的新品立顿“遵义红”与“遵义绿茶”。波尔曼先生高兴地表示，联合利华对在上海的可持续发展充满信心。遵义又是上海的扶贫对口城市，这是联合利华在全球践行其“可持续行动计划”（Unilever Sustainable Living Plan，USLP）的又一项硕果。

我们所处的世界危机四伏：全球气候持续变暖、水资源匮乏日益加剧、食品安全与营养均衡不容乐观、贫富差距越来越大、人口快速增长、基本的健康和卫生条件面临巨大挑战，加之土地质量严重恶化、农田生产力下降、过度用水等问题使自然资源难以满足人类的需要。根据美国人口普查局估计，截至2018年元旦，全世界人口总数已经超过74亿，比2017年元旦增长1.07%。其中，中国总人口数仍排名第一，印度第二，美国第三。如果2050年全球人口达到96亿，就需要3个地球来提供目前人类生活方式所需要的自然资源。

联合利华作为世界领先的日用消费品公司之一，旗下拥有400多个品牌，生产和销售的食品和饮料、家庭护理和个人护理类产品覆盖全世界190多个国家和地区，平均每天有超过25亿人口使用其产品。因此，联合利华责无旁贷地致力于负责任且可持续的生产和消费，改善地球环境和人类的生计与福祉，并提出明确的企业目标："让可持续生活成为常态"。

一、联合利华可持续发展战略

1."联合利华可持续行动计划"全球发布

2010年11月，具有战略意义的"联合利华可持续行动计划"在全球发布。这是波尔曼先生在出任联合利华公司CEO的第二年间作出的重大举措。波尔曼先生相信，可持续发展是联合利华必须坚持的发展方向。未来能够蓬勃发展的企业必将是今天为社会服务的企业。联合利华若要持续地引领商业优势，就必须在可持续发展方向上获得先机。

"联合利华可持续行动计划"建立在公司实质性议题分析的成果之上，从议题识别与分类、重要性排序，到内外部相关方沟通、管理层验证，直至成就了战略融合（Strategic alignment）。在"可持续行动计划"的目标确立和指标设计中，实质性议题的分析起到了决定性的作用。不仅如此，联合利华每两年对实质性议题进行复议，以实现公司对内外部环境变化的及时反映与定期调整。

自此，“可持续行动计划”成为联合利华可持续发展的战略蓝图，很好地贯彻了“让可持续生活成为常态”的企业目标。“可持续行动计划”致力于在实现业务增长的同时，减少环境印迹，并提升积极的社会影响。该计划设立了三大目标：“帮助超过 10 亿人改善健康与提升幸福感”“减半环境印迹”和“帮助千百万人改善生计”。三大目标下分设九项承诺，覆盖了社会、环境和经济方面共 50 多项细分指标，贯穿公司整个价值链，从消费者洞察、创新，到采购、生产与物流，以及市场营销等环节无一不践行“可持续行动计划”的原则。根据最新进展报告显示，计划自 2010 年颁布以来，其 80%的目标都实现了稳步推进。

同时，联合利华“可持续行动计划”也与联合国《2030 年可持续发展议程》中 17 项可持续发展目标（SDGs）紧密相关，为其中的 14 项目标做出了直接的贡献。

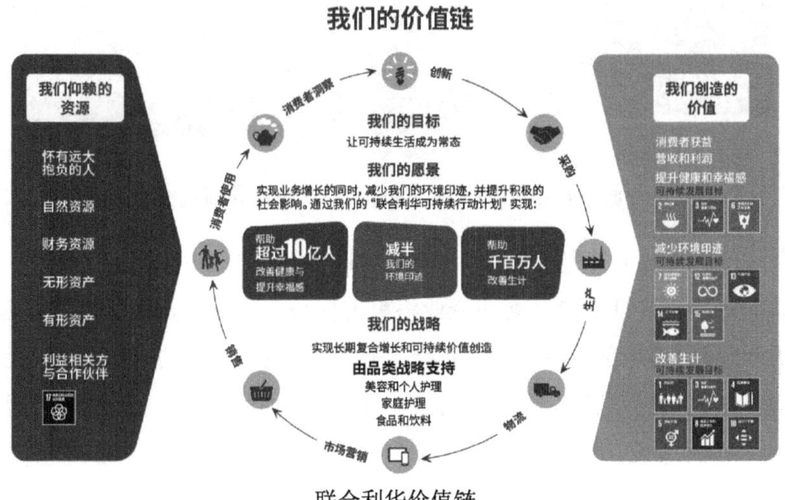

联合利华价值链

2. 可持续创造商业价值

凭借广泛的产品种类和遍布全球的销售范围，联合利华在实现联合国《2030 年可持续发展议程》中，同时扮演着贡献者和受益者的角色。所以，每当有质疑的声音问道，商业力量是否真的可以帮助地球重焕新生？联合利华的答案始终是肯定的。企业必须主动服务于社会，因为企业无法在一个充满贫穷困苦、饥饿疾病、气候多变的环境里保持长期的繁荣。因循守旧不是长久之计，勇于同挑战共舞，才能夺得先机。

“联合利华可持续行动计划”三大目标九项承诺

联合国可持续发展计划的实现，每年将创造至少 12 万亿美元的市场机会。面对这份市场机遇，注重可持续发展的企业将更占优势。因为消费者、客户，包括合作伙伴会认为他们更加值得信任，并将这份信任转化成对企业的支持和购买行为。[①]

事实证明，坚持“让可持续生活成为常态”的联合利华，同时收获了非凡的业绩表现和利润增长。自 2010 年“联合利华可持续行动计划”发布以来，公司股价一度上涨了 40%以上。根据 2017 年财报显示，当年销售额同比上涨 1.9%至 537 亿欧元，利润增长 16.9%至 65 亿欧元。此外，公司旗下 26 个可持续生活品牌在 2014—2017 年的市场表现均超过了整体业务的平均增长率——2017 年，可持续生活品牌比其他业务的增长率高出 46%，贡献了 70%以上的整体增长，其中包括联合利华最大的 6 个品牌：“家乐”“多芬”“奥妙”“立顿”“舒耐”和“好乐门”。

① 《更好的商业、更好的世界》报告：http://report.businesscommission.org/uploads/BetterBiz-BetterWorld_170215_012417.pdf.

联合利华成功地实现了这个他们唯一认可的商业模式——让所有利益相关方的利益实现可持续和公平增长，共享繁荣。截至 2018 年，联合利华已有 17 年荣登“道琼斯可持续发展指数”榜单首列；在诸多领域获评了行业最佳，包括创新管理、公司治理、供应链管理、税务政策、品牌管理、产品监督、包装、企业公民意识及慈善事业、气候变化政策等。这是联合利华对长期可持续业务增长做出承诺的有力佐证。

二、可持续茶产业发展和精准扶贫项目

虽然每个人都肩负着各自的使命与责任，但长期且积极的社会变革需要不同的社会团体和商业企业合作达成。其中，私营部门在很大程度上可以为建设一个更美好的未来做出贡献。我们拥有人力、财力和创新的资本来实现彻底且规模化的变革。与其他社会部门相比，我们更能够成为包容性增长的驱动者、就业机会的创造者和与全世界分享新技术和最佳实践的革新者。

——联合利华公司首席执行官保罗·波尔曼

2016 年底，在上海市人民政府合作交流办公室的帮助和支持下，联合利华开始在贵州省遵义市实施可持续茶园产业扶贫项目，共同助推脱贫攻坚，确保精准帮扶到户、精准惠及到人。联合利华致力于将可持续发展的理念融入原材料的采购环节，在更好地保障产品安全的同时，实现生态环境与中小农户生计的同步改善。

1. 以可持续的方式采购农业原料——茶叶

联合利华旗下拥有“立顿”等知名茶叶品牌，茶叶是其重要的原材料之一，如何在保证茶叶原料安全与品质的同时，支持产业能级的提升，为茶叶工人及小

型农户提供一个公平而富足的工作与生活环境、改善健康、改善环境卫生、应对气候变化以及支持生物多样性等，一直以来是联合利华所关注的问题。

因此，早在2007年，联合利华就率先启动了可持续茶原料采购计划，通过与"雨林联盟"（Rainforest Alliance）①在全球范围内的合作，对联合利华在非洲、亚洲等地茶园的可持续性进行认证。通过10多年的努力，如今，联合利华同来自亚非两洲的14国茶叶供应商共同携手，培训小型农户改用可持续农耕方案，助力他们获得"雨林联盟"的可持续茶园认证，此项目成功改善了许多小型农户的生计。

2009年，可持续茶园认证项目被正式引入中国，为扩大中国茶叶出口进入欧美市场，同时带动本地茶农提高收入、改善生计持续做出贡献。截至2017年底，联合利华已与10余家国内供应商携手，在浙江、安徽、江西、四川、云南和贵州等地帮助超过8万亩的茶园获得了"雨林联盟"的可持续茶园认证。

可持续茶园的认证工作有效地支持了"联合利华可持续行动计划"三大目标在中国的落地。经年累月的努力下，联合利华于2015年底，100%实现了立顿茶包里的每一片茶叶采购自雨林联盟认证的产地。目标到2020年，100%的联合利华茶产品（包括散装茶），将全部实现可持续采购。

2. 中国茶叶产区——贵州遵义

中国是世界上最大的茶叶种植国，茶叶种植面积约占世界总面积的60%，产量占世界总产量的40%以上。②尽管种植面积和产量均居于世界首位，但中国的茶产业长期面对大而不强的困境。如何提升产能和产品附加值，建设具有影响力的茶品牌，并带动环境和茶农生计的改善，成为中国茶产业打破困境、开拓商机的重中之重。

贵州作为中国绿茶主产区，茶产业已成为贵州"五张名片"之一。截至2017年，茶园面积已达700余万亩，连续5年居全国第一位。同时，贵州产茶历史悠久，地处北纬27度的黄金产业带，是中国唯一兼具低纬度、高海拔、少日照、多云雾、无污染、全境高原的茶区。其独特环境造就了遵义茶无与伦比的优势——低农残、高安全，自然纯净，可谓"天生丽质"。

据统计显示，贵州全省有茶农137万户，茶叶专业合作社1 424个，50个贫困县中有26个茶叶主产县，934个贫困乡镇中有435个产茶乡镇，因此茶产业在

① 注释："雨林联盟"为非营利性的国际非政府环境保护组织，旨在通过改变土地利用模式、商业和消费者的行为，来实现生物多样性保护和可持续的生产及生活方式。

② 《世界茶业蓝皮书：世界茶业发展报告（2017）》：https://www.ssap.com.cn/c/2017-05-26/1054696.shtm/.

山区脱贫攻坚中能够发挥重要作用。

3. 可持续茶产业发展和精准扶贫项目——“五个一”的目标

开展一个扶贫项目并不难，难在企业要对受助方的切实需求进行了解与分析，贵在企业结合了业务资源，真正发挥出了自身优势，来制定扶贫项目，共创社会价值。联合利华正是这样做的，通过其在全球可持续茶园项目上积累的经验，不断迭代更新，给贵州遵义量身定制了可持续茶产业发展和精准扶贫项目。未来，该项目将致力于实现“五个一”的目标：认证一批茶园；开发一批新品；培训一批骨干；延伸一条产业链；惠及一批贫困户。

联合利华北亚区总裁龙嘉华在参访遵义时表示，遵义是红色圣地，城市十分漂亮。联合利华作为世界上最大的茶叶生产商，在世界各地建有多处生产厂和茶叶种植基地，而遵义茶具备非常好的品质，双方能在很短的时间内合作推出“立顿牌遵义红袋泡茶”是一个良好的开端。联合利华不仅要把业务发展好，还要实现可持续发展、负责任的发展。遵义是上海的对口扶贫城市，联合利华也有责任一起为中国的扶贫事业贡献力量，通过该项目帮助遵义更多的农户提高收益，助推遵义茶走向国际市场。联合利华作为跨国企业，愿意为遵义茶的国际化搭建平台和桥梁。

（1）认证一批茶园。

中国绿茶在国际市场上只能卖到每千克 2 美元左右，导致低价的一个重要因素是中国茶叶在品质上缺乏竞争力。2000 年，为了提供更高的安全保障，欧盟、日本等更是先后通过了茶叶农药残留限定标准。可见，要使中国茶叶更具国际竞争力，必须在品质标准上花更大功夫。现实情况是，中国茶园的认证率较低，例如有机茶认证茶园不足 10%，同时茶园综合管理水平不高，针对灾害防治、土壤改良等领域的服务机构数量和服务范围有限，从而无法保证茶叶品质。

针对这一痛点，在贵州可持续茶园产业扶贫项目启动初期，联合利华就引入了“雨林联盟认证”，为贵州茶走向国际化拿到宝贵的“开门钥匙”。项目计划到 2020 年，在遵义建成 10 万亩联合利华茶叶原料采购基地，并全部获得“雨林联盟认证”。2017 年，遵义当地已有 5 000 亩茶园得到认证。2018 年，项目进一步完成了超过 1.5 万亩的可持续茶园认证，包括了湄潭、余庆、正安、道真、仁怀等县市。

可持续茶园认证工作为生态环境的方方面面带来了保护：从对森林、土壤、水资源和生物多样性的保护，到茶园废弃物管理、茶农职业健康、杀虫剂的规范使用等。只有满足了多方面的要求，茶叶所生长的茶园才称得上是“可持续”的。不仅如此，茶园拥有者还必须保证茶农的福利以及茶园的有效管理，通过各种科学手段减少杀虫剂的使用与资源的浪费，提高生产技能，降低成本。茶农们则因为更可观的收入而获得更优越的居住条件、接受更良好的教育、享受更优厚的福利。

“雨林联盟”标识

获得“雨林联盟”认证的产品等于进入了国际采购商的采购目录，为中国茶叶走向世界赢得了入场券。一位遵义当地的茶农表示，“原来我们从来不知道‘雨林联盟’这个机构，就算知道也无从下手。现在，联合利华主动为我们做培训，建立可追溯体系，给我们的茶园找到了新的出路。”同时，这些努力将有效降低茶叶种植的成本和风险，增强茶品牌的竞争力，从而帮助农户改善生计和提升幸福感。

联合利华以可持续采购为起点，实现负责任的可持续生产（SDG 12），截至2017年底，公司在全球范围内56%的农业原材料已实现可持续采购，并更新了负责任的采购政策，提升了参与该计划的供应商数量。目前，55%的供应商采购都符合其负责任采购政策的强制要求。到2020年，这个比例将会达到100%。

（2）培训一批骨干与延长一条产业链。

根据联合国统计数据显示，在发展中国家，仅30%的农产品经过工业加工；而在高收入国家，经加工处理的农产品比例高达98%。放眼世界茶产业，各国茶叶加工自动化程度和质量逐步提高，品牌竞争力持续提升。[①]然而近观我国，由于茶叶种类众多，且工艺复杂，导致茶叶种植、加工企业规模小、分布散，与成熟茶产业的规模化、集约化种植相比有较大差距。

① 《世界茶业蓝皮书：世界茶业发展报告（2017）》：https://www.ssap.com.cn/c/2017-05-26/1054696.shtm.

因此，联合利华在助推中国茶园获得“雨林联盟”认证的基础上，还充分发挥了其技术领先优势和行业带头影响力，在一定程度上为促进具有包容性的可持续工业化及推动创新（SDG 9）做出了贡献：一方面，公司成立了茶叶生产加工技术指导小组为当地企业提供全面的培训；建立了严格、可靠的质量管理体系，确保农业原材料，如绿茶、红茶、桂花等的生产和加工达到出口欧美的标准。截至2017 年，已有来自遵义六大产茶县的茶企高层管理人员及市、县茶产业发展中心技术人员共 128 人参加了培训。

另一方面，联合利华也积极带动上、下游企业和其他品牌商共同推动在当地建设包括初制厂、精制厂和草本植物提取物等全产业链的产品，实现先进设备和技术在当地落户，从而带动近 5 万茶农持续提高收入。到 2020 年，遵义精深加工基地将全面建成投产，届时将可以完成夏、秋茶深加工、草本植物及欧标茶的大规模量产，可惠及茶农上万人。通过“双管齐下”的努力，遵义茶产业在提高产能、优化品质、规范管理方面得到了很好的改善，稳步实现产业链的延伸。联合利华的合作方、黄山毛峰茶业集团有限公司董事长、遵义茶溶天下生物科技有限公司总裁蔡亚博士表示：“目前遵义茶的资源利用率还处于 10%～15%的水平，通过技术研发和创新，有望实现资源利用率翻番的目标，为农户带来更多收益。”

2017 年 6 月，“联合利华中国消费者产品安全合作中心”正式成立。秉承联合利华的可持续发展业务战略、依托联合利华全球研发中心（上海）的技术实力，中心旨在通过支持科研技术开发及相关合作，提升消费产品的安全性能，为消费升级保驾护航。联合利华中国消费者产品安全合作中心将着重于确保食品、家庭及个人护理产品的安全性和可持续性。联合利华全球首席执行官波尔曼、北亚区总裁龙嘉华，以及来自上海市人民政府合作交流办公室、贵州省和黄山市等多地政府部门的代表共同见证了该中心的诞生。

作为中心的首批落地项目，可持续茶园发展项目显示了联合利华从食品原材料源头推进产品安全的可持续发展理念。联合利华全球研发中心（上海）副总裁 Manfred Aben 表示，“确保产品安全是我们的首要责任。我们也积累了相当多的经验和专长，通过该中心的设立，联合利华的科学家们将积极与中国学界、政府监管部门及业界人士合作，开展下一代产品风险评估方法研究、培训消费产品安全专门人才、介绍国际的相关行业标准等工作。”

（3）开发一批新品。

“中国茶产业大而不强，一个关键原因在于缺少强势品牌引领。”农业农村部市场与经济司司长唐珂在一次茶产业会议上坦言，中国有 900 多个县产茶，茶园面积和产量连续 13 年位居世界第一，但始终缺少大品牌。90%以上的茶企年销售额不足 500 万元，全国百强茶企销售额仅占全国茶叶销售总额的 12%。反观立顿茶叶类产品如今行销于全球 150 个国家和地区。无论是知名度还是销量，立顿均是全球第一大茶叶品牌。

好消息是，在 2018 年 5 月，联合利华正式发布精准扶贫成果袋泡茶系列新产品——立顿“遵义红”和“遵义绿茶”。经由联合利华强大的销售体系，立顿“遵义红”系列新品未来将送达全国消费者的手中，供广大消费者选择购买。由此可见，遵义此次与联合利华的合作是十分幸运的，经过“雨林联盟”认证的遵义茶，进入了联合利华的全球采购体系，成为立顿“遵义红”系列产品诞生的基石。未来，联合利华还将通过有效利用当地丰富的茶叶和植物资源，运用草本植物提取物等精深加工技术，开发更多高附加值的原料，提升当地草本原料的用途和品质。

2018 中国・贵州国际茶文化节暨茶产业博览会期间，立顿“遵义红”正式发布

作为实现企业、农户、消费者“多赢”的产品，立顿遵义茶袋泡茶系列的面世凝聚了各方的努力——从上海和遵义两地政府的鼎力支持，到联合利华的精心研发，再到供应商的全程参与，以及茶企茶农的汗水与付出，每一步都扎实推进。此外，联合利华还与食药监部门共同编制了袋泡茶标准，让遵义茶成为引领袋泡茶高质量标准的标杆。

联合利华北亚区副总裁曾锡文表示，立顿“遵义红”迈开了合作的第一步，联合利华可持续茶园产业扶贫项目将持续推进，不断改善产品品质、增进品牌知名度、提升产业能级，进而促进经济效益向社会效益的良性转化。未来，联合利华也将同各方力量一起携手努力，让遵义茶产业的发展惠及更多茶农，带来更多红利，让遵义好茶飘香海内外，真正“让贵州茶走向世界”!

（4）惠及一批贫困户。

茶产业是遵义市助推脱贫攻坚、实现同步小康最成功的有力抓手。数据显示，茶产业在遵义带动 16 个贫困乡镇、129 个村、11.4 万人脱贫致富，贫困乡镇人均年收入也从 2006 年的 1 320 元提升到 2016 年的 6 246 元。[①]

根据遵义市发展茶产业助推脱贫攻坚三年行动方案的目标显示：2017 年，带动 1.5 万贫困茶农脱贫，人均增收 2 750 元。2018 年，累计带动 3.7 万贫困茶农脱贫，人均增收 2 880 元。2019 年，累计带动 6.3 万贫困茶农脱贫，人均增收 2 985 元。[②]

联合利华可持续茶园产业扶贫项目的持续开展，将通过土地流转、保障就地就业、增加用工、增加工人收入等方式，有效地帮助贫困户脱贫。目标到 2020 年，

① 央视“广告精准扶贫”遵义茶项目助推产业发展、农户脱贫效果显著：https://mp.weixin.qq.com/s/snIERnYwrEh86AMcMErJA.

② 遵义市发展茶产业助推脱贫攻坚三年行动方案：https://mp.weixin.qq.com/s/qq5JgPAxYG1Z47gjreoakg.

帮助 5 万农户改善生计、脱贫致富。此外，联合利华还承诺，每售出 1 盒遵义茶系列产品，就会捐出 1 元助力遵义地区公益项目。

根据“可持续行动计划”第三大目标“帮助千百万人改善生计”的进展显示，在全球创建更具包容性的业务方面，2017 年，联合利华帮助了大约 71.6 万小型农户参与了旨在改善其耕种方式或提高收入的倡议，并助力了 160 万家小型零售商收入的提高，对联合国可持续发展目标中的消除贫困（SDG 1）和减少国家之间与国家内部的不均衡发展（SDG 10）做出了直接的贡献。

三、项目影响力

联合利华通过“五个一”的目标，在中国茶产业的诸多痛点问题上提供了示范性的解决方案，如可持续茶园的认证、技术人才的培养、基础设施的升级，以及品牌建设与营销等。同时，联合利华也发挥了作为跨国企业的优势，充分调动了全球资源，引入国际伙伴“雨林联盟”，为中国茶建立了实现可持续发展目标所需的全球伙伴关系（SDG 17）。

更可贵的是，通过项目诞生出了“立顿·遵义红”新品，真正实现了产业链上各个利益相关方的互惠共赢。

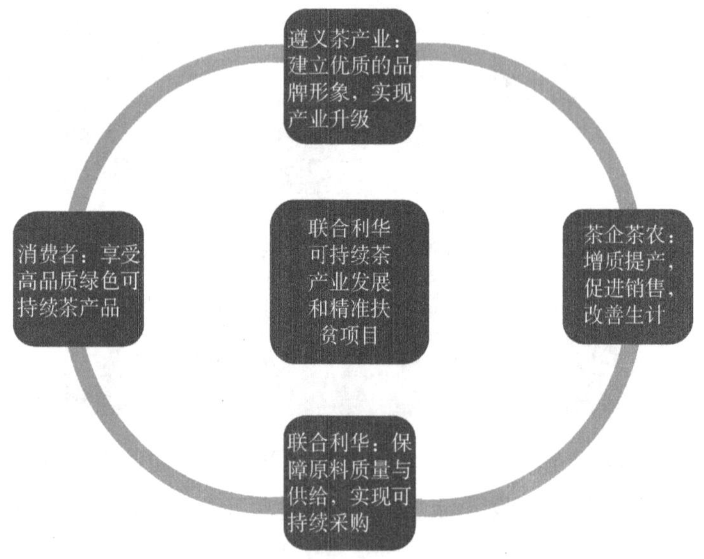

该项目入选 2017 年上海市东西部扶贫协作和对口支援工作“十大典型案例”，获得政府及社会各界的一致认可与好评。上海市人民政府合作交流办公室主任姚

海认为，“在当前我国打好脱贫攻坚战和东西部扶贫协作的大背景下，联合利华的精准扶贫案例对上海市与遵义市开展产业合作具有示范意义。”

未来，联合利华将在中国持续推进“可持续行动计划”，发挥其全价值链上的联动效应，整合全球资源，带动更多的中国合作伙伴一起增强品牌竞争力，激发产业创新力，与各利益相关方共享可持续发展的繁荣硕果，不断满足中国人民日益增长的对美好生活的需求，同时为全球生态环境和社会可持续发展做出更多更大的贡献。

唯品会

赋能“她”力量，共创美好未来

案例点评：郭沛源　商道纵横共同创办人兼总经理

本案例最大的特色是聚焦，战略聚焦、人群聚焦、项目也聚焦。唯品会的出发点很朴素，如案例所说：得益于“她”经济的推动，“唯品会”超 80% 的会员为女性，因此唯品会公益把赋能“她”力量看作自己的责任。

本案例所介绍的企业社会责任项目较多，但焦点很清晰，即以赋能为核心，然后分别针对乡村女童、乡村妇女、单亲妈妈、困境妇女四类群体，设计出各有特色的项目。我个人比较喜欢“唯爱工坊”这个项目，因为这个项目将非遗技艺活化了：生活化、时尚化、商品化，然后又充分发挥了唯品会电商平台的优势，将城市的女性消费者与乡村妇女连接起来。

总的来说，这个案例从策略分析到项目设计，都十分符合创造共享价值、企业社会创新的理念；从利益相关群体的精准定位到企业核心能力的充分发挥，都很值得借鉴。刚开始做企业社会责任的企业可以本案例为借鉴，已经做了很多项目但觉得少了些章法的企业则可以对照本案例做对比分析。

“她”时代，“她”力量

改革开放 40 周年以来，中国经济发展取得了举世瞩目的成就，社会文明程度不断提高，这背后，无不烙印着中国女性奋斗的足迹，闪耀着中国女性的智慧与创造，见证着中国女性的“她”力量。中国的发展既推动了中国女性地位的提升和发展，同时中国女性也日渐成为中国经济增长与社会稳定的积极能量。女性参与经济发展的舞台更为广阔。我国产业结构优化升级，第三产业快速发展，创造了大量的适合女性从事的职业，“妇女十二大”报告指出，中国超过 70%

的妇女参与经济社会建设，中国女性活跃在城市乡村、各行各业，为建设美丽中国积极贡献“她力量”。女性受教育程度明显增强，越来越多的女性从事技术含量高的工作。2017 年，普通专、本科在校生中女生超 1 446 万人，占总数的 52.5%，高等教育在校生中女研究生超过 127 万人，占总数的 48.42%，被誉为“白衣天使”的医务工作者中女性达 63%，教书育人岗位上女性超过 55%，科技领域中的女性为 39%，女企业家占企业家总数的 30%。女性在推动社会发展进步、促进家庭文明和谐方面发挥着不可替代的作用。中国女性既在改革发展稳定第一线建功立业，又在家庭建设、家庭教育、家风传承中尽心尽责。同时，中国女性也在基层妇联的组织下，积极参与到社区、村集体的建设当中，为建设和谐中国积极贡献“她力量”。

观唯品会十年高速发展之路，得益于“她经济”的推动，唯品会超 80%的会员为女性，因此唯品会公益把赋能“她”力量看作自己的责任不断投入积极推动。唯品会希望不仅能在产品服务上满足广大女性的需求，更要在女性发展领域肩负起赋能“她”力量的使命。

唯品会坚信女性的潜能。在长期的女性公益实践当中，唯品会认识到，受到良好教育的女性是社会发展的积极动力，也是养育高素质下一代的优秀母亲以及推动家庭与社会和谐的重要力量。尤其在广袤的乡村地区，在城镇化的冲击下“男工女耕”的性别分工成为新常态，大量女性留守乡村成为当下乡村发展和家庭照顾的主力，她们将成为实现乡村振兴战略重要而积极的力量。

同时，唯品会也看到，中国女性仍存在巨大潜力未被挖掘。《中国性别平等与妇女发展》白皮书指出，目前仍存在很多阻碍女性公平发展的社会因素。城乡之间、区域之间、不同群体之间的妇女发展还不平衡，女性在就业、婚姻家庭等方面平等权利的落实仍面临不少现实困难，女性潜能的充分发挥需要更开放、包容与多元的社会土壤。麦肯锡全球研究院（MGI）报告《平等的力量：亚太地区性别平等之路》研究显示，若是在性别差距改善的“最佳情景”下，得益于女性劳动参与率提高等贡献，到 2025 年，中国 GDP 年度增长将比通常情景下高出 2.6 万亿美元，是亚太地区 GDP 绝对增量最高的国家。因此，国家和社会力量携手进一步推动女性赋能对中国的可持续发展、实现美好生活具有巨大现实意义。

联合国 2030 年可持续发展目标是全球推动可持续发展的核心纲领，中国政府也积极响应推出了《中国落实 2030 年可持续发展议程国别方案》。企业作为最大的商业实体力量，是实现 SDGs 的重要推动力。唯品会作为全球领先电商，积极响应联合国可持续发展号召，把 SDGs 与企业的战略、运营与公益高度融合在一起。一方面，唯品会以 SDGs 的高度把企业战略、商业模式以及人才发展角度放在可持续发展的维度进行规划，并建立完整的社会责任执行体系与绩效目标。另一方面，唯品会公益体系与 SDGs 相结合，在 SDGs 的指引下规划中长期公益项目，联合政府、公益组织、学术机构以及其他跨界品牌构建了良性互动的公益生态联盟，推动教育公平、女性发展、保护环境、促进社会和谐进步。

以唯品会女性公益板块为例。唯品会女性公益以赋能女性、促进女性公平发展为出发点，参照 SDGs 的具体目标，从健康保障、经济赋能、教育赋能、社会倡导、权益保护五个板块入手，面向乡村女童、乡村妇女、单亲妈妈、困境妇女四个核心帮扶群体开展了一系列公益项目。

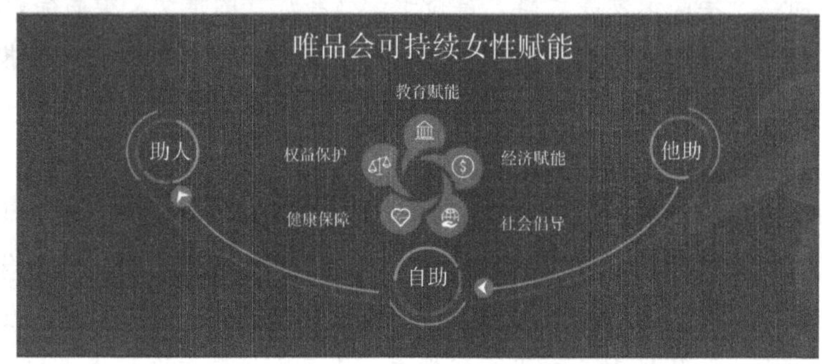

赋能板块	SDGs	开展项目
健康保障、权益保护	SDG 3：良好健康与福祉	“唯爱·妈妈+幸福赋能计划” “母亲邮包” 困境妇女紧急救助及心理援助基金 困境妇女权益保障社工服务 “助力艾滋妈妈的爱心之路”
经济赋能	SDG 1：无贫穷	“唯爱工坊”电商公益项目 “唯爱·妈妈+幸福赋能计划” 玫瑰公益创投 外来女工互助与发展
	SDG 8：体面工作和经济增长	
	SDG 12：负责任消费和生产	
教育赋能	SDG 4：优质教育	“唯品会公益助学计划” “绿芽农家女学院”
社会倡导	SDG 5：性别平等	“唯爱·妈妈+幸福赋能计划” “唯爱·半乡学堂”
	SDG 10：减少不平等	“唯品会公益助学计划” “唯爱工坊”电商公益项目 “唯爱·妈妈+幸福赋能计划”

一、乡村女童教育赋能

1. 项目理念

2016 年，贫困地区常住女性劳动力中，高中以上文化程度所占比重为 7.9%，比男性劳动力低 7.1 个百分点；小学以下文化程度占 51.5%，比男性劳动力高 18.4 个百分点。[①]造成这一现状的主要原因是农村中老年女性因为没有赶上义务教育的春风而受教育程度偏低。根据《第六次全国人口普查汇总数据》，农村青年女性的受教育程度明显高于中老年女性，1986 年颁布《义务教育法》后成长起来的女性受教育程度得到了显著提升（见下图）。

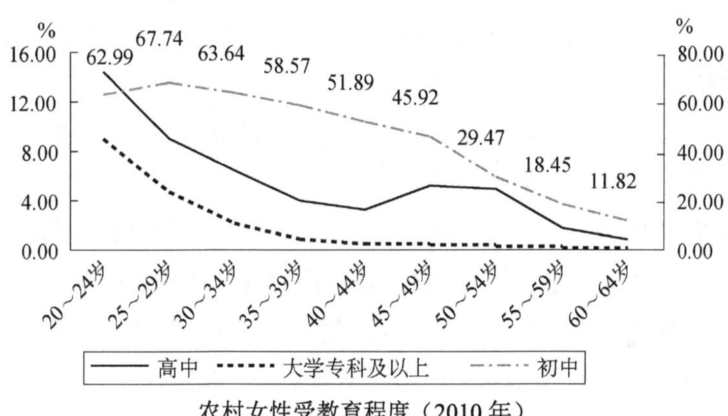

农村女性受教育程度（2010 年）

要改善中国乡村女性受教育程度偏低的现状，帮助她们摆脱贫困实现自我价值，除了进行持续再教育与技能培训，根本上还是要在国家素质教育春风下聚焦乡村女童，通过让下一代乡村女童接受公平而有质量的教育来阻断贫困地区女性教育水平落后的根源。秉持这一理念，唯品会从 2011 年起不断投入公益助学，为农村地区广大贫困学子提供助学金，并从 2017 年开始向女性学子适度倾斜，希望她们成长为助力中国农村可持续发展的动力。

2. 项目手法与成果

从“唯心愿”公益助学项目到“唯品会大学生健康助学计划”再到“唯品会公益助学计划”，唯品会公益助学作为唯品会最早启动的公益板块，在不断升级迭代中突破了传统资助型助学模式的“瓶颈”，逐步构建起了青少年综合发展枢纽平

① 数据来源：《2017 年中国农村贫困监测报告》。

台，形成了可持续、高效、全面的综合性发展助学模式。截至 2018 年底，累计投入帮扶资金超过 6 000 万元，帮扶 3.6 万贫困学子。2017 年至 2018 年 9 月，共资助 8 397 位贫困女学生继续学业，占同期助学名额的 52.63%

2013—2015 年，“唯心愿”公益助学项目与四川、广东、河南、新疆等多省政府部门、高校进行点对点的助学帮扶，累计投入超过 1 000 万元，帮扶 1 万多名学子。

2016 年，“唯品会大学生健康助学计划”结合唯爱行运动健康里程和贫困学子材料，把贫困学子的助学资助与促进大学生健康运动相结合，投入 1 100 万元，帮扶 6 172 名大学生。

2017 年，“唯品会公益助学计划”通过“你提名，我资助”的方式，结合贫困县政府直接提名、面向全社会征集提名，发挥互联网开放平台的撬动效应，让每一分善款都用到最需要的地方，以最高效的方式直接赋能贫困学子。2017 年，共投入 3 400 万元帮扶近 12 000 名贫困学子。

2018 年，唯品会公益助学以保障贫困学子基础教育为起点，发挥唯品会电商优势，打造青少年综合发展枢纽平台。平台致力打造“助公平”“提质量”“促发展”三个步骤。“助公平”主要关注学校教育，一方面通过“你提名，我资助”为贫困学子提名助学金，另一方面为贫困地区援建唯品会希望小学、唯品会爱心多媒体教室；“提质量”主要关注素质教育，携手高校研究生支教团开展“唯爱能量学堂”，以优质在线教育和创新支教模式丰富素质教育体系；“促发展”主要关注未来发展，打造贫困大学生职业发展赋能体系、青少年社会创新聚能体系。在青少年综合发展枢纽平台的基础上，唯品会公益助学还将与政府、高校/研究机构、公益组织、爱心企业、媒体、公众携手构建唯品会助学公益生态圈，提供基础教育资金及物资一站化支持，引发大众对青少年教育发展的关注。

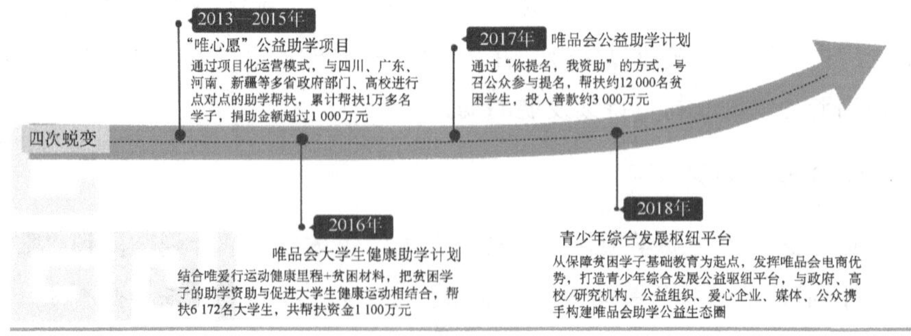

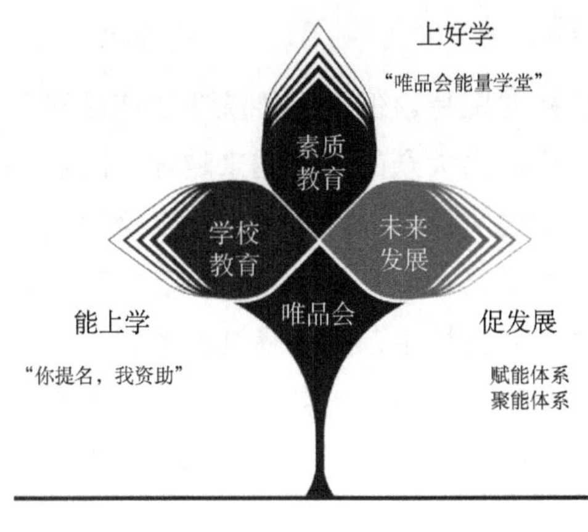

围绕青少年综合发展枢纽平台对素质教育的关注，唯品会公益助学开展了一系列项目：支持女童保护防性侵课程，携手中国少年儿童文化基金会发起“‘她’能量——女童保护在行动”项目，支持防性侵课程等活动在广东地区的开展。在30余名志愿者的参与下，广东省内10所小学幼儿园、超过1 000名学生接受了防性侵课程活动，孩子的自我保护意识得到提高。

“唯爱能量学堂”携手浙江大学、陕西师范大学、四川大学等30多所高校的研究生支教团在四川凉山等多个贫困地区开展“唯爱能量学堂”，并联动品牌供应商提供多元化素养教育，消弭城乡教育资源差异。唯品会受助大学生支教活动，搭建爱心循环的平台，组织受助学生开展多种形式的支教活动，帮助受助学子全面提升自我能力，实现从受助到自助再到助人的正能量循环升级和自我蜕变。企业开放日——开启可持续职业发展旅程，启动“唯品会公益助学校园行”以及“唯品会企业开放日”活动，通过“走出去、请进来”模式，有效促进学生和企业的沟通交流，帮助受助学子更好更快地适应职场环境。

二、乡村妇女发展

1. 项目理念

贫困地区的乡村妇女是唯品会女性公益的重要帮扶对象之一。一方面，这一群体往往缺乏稳定的经济收入来源，无法保障生活质量、身体健康；另一方面，这一群体往往承担着丈夫进城务工后在家照顾子女、老人的繁重工作，需要将过多的时间精力投入家庭，影响自身可持续发展。鉴于此，唯品会积极开展乡村妇女帮扶项目，通过“唯爱工坊”进行“授人以渔”式经济赋能，助力乡村妇女获取稳定收入、实现自我价值，通过“绿芽农家女学院”和“唯爱·半乡学堂”提供教育赋能，提升女性在乡村社区发展的话语权，最终推动乡村发展的良性循环。

2. “唯爱工坊”，非遗技艺助力经济赋能

非遗技艺承载着历史的厚重和工匠精神的坚持。但由于传统非遗产品缺乏生活实用性和时尚性，逐渐被“艺术品”化，离大众的生活越来越远。随着经济发展与城镇化，女性手艺人们面临着非常现实的选择，是进城务工赚取更好的收入，还是留在故土照顾老人孩子。女性手艺人选择放下宝贵手艺意味着她们的生活方式和家庭关系将被改变，越来越多女性手艺人选择进城务工则意味着她们所传承的技艺面临失传。鉴于此，从 2017 年 5 月开始，唯品会与中国妇女发展基金会合作，累计投入资金超过 1 000 万元，打造“唯爱工坊”电商公益平台，通过行业联合指导、非遗人才培养、非遗时尚产品打造、电商公益售卖等举措，推动非遗现代生活化、时尚商品化和发展可持续化，并实现对贫困乡村妇女的经济赋能。

“唯爱工坊”是通过“见人、见物、见生活”三部曲实现具体落地的：

“见人”：唯品会携手中国妇女发展基金会与妈妈制造项目组在全国捐建“唯爱·妈妈制造合作社”，通过知识传授和技能培训，创造更多非遗就业岗位吸引妇女返乡就业让非遗后继有人。

“见物”：唯品会联合知名品牌及时尚设计师，深入非遗地采风，与手艺人共同打造时尚非遗产品，找到非遗技艺与现代工艺的最佳结合点，推动非遗的现代生活化、时尚商品化、发展可持续化。

“见生活”：唯品会发挥电商优势，为产品提供免费的包装设计、质检、运营和物流等系列支持，并通过“唯爱工坊”频道链接 3.3 亿会员，让消费者使用并爱上非遗，让非遗重回现代生活。

自启动之日起，“唯爱工坊”即聚焦于非遗手工艺的保护、活化和传承，挖掘和打造消费者喜欢的优质非遗时尚产品，探索出了一条“电商+非遗+扶贫”的电商扶贫创新之路。开展至今，已精准对接 14 个国家级贫困县，在全国 6 个省

份捐建 10 家“唯爱・妈妈制造合作社”，上线近 30 种非遗技艺的 200 多种产品，为超过 5 000 名贫困生产者带去 1 000 多万元劳动报酬，不仅让非遗重回大众生活，更能吸引妇女返乡就业，让贫困妈妈们凭借非遗技艺获得可持续、有尊严的收入，在兼顾物质与家庭的同时也延续代代相传的文化传统和生活模式，提升了幸福感，间接缓解了乡村空巢老人和留守儿童日益增多的社会问题，促进农村可持续发展。

贵州省毕节市织金县的苗族姑娘杨林先就是“唯爱工坊”的一位受益者。织金县的乡亲们世代都擅长蜡染和刺绣，杨林先也从小耳濡目染，练就了一身的技艺，尤其精通马尾绣。年轻时迫于生计外出打工的她，回乡后和许多姐妹们一样，找不到工作出路。织金约有 4 万名会蜡染的绣娘，其中有 7 000 个建档立卡的贫困户，如果能以苗绣和蜡染为切入点，就能有效带动当地女性就业、创收增收实现脱贫。“唯爱・妈妈制造织金苗绣和蜡染合作社”的成立，帮助像杨林先一样的女性手艺人用双手创造收入，更自信更骄傲地快乐生活。现在，不仅是杨林先，其他许多外出打工的姐妹也回到织金加入合作社，加入苗绣或是蜡染制作，既能传承苗族独有的技艺，获得稳定收入，又能改善留守儿童和空巢老人的问题，改善生活状态。

3.“绿芽农家女学院”，线上课程创新素质教育

“绿芽农家女学院”是唯品会与广东省绿芽乡村妇女发展基金会合作开展的公益项目，2017 年 9 月至 2018 年 5 月，投入资金 20 万元，帮扶乡村妇女。

项目以网络为主要工具，通过聊天直播、线上课程、拍摄视频、定期督导评估等方式，为乡村妇女提供更多学习机会，协助她们提升能力、开阔视野。项目还在全国开展小额资助项目，鼓励妇女自发组织和参与各类公益社区活动。

2017 年 9 月，“绿芽农家女学院”通过千聊直播间开设线上课程，课程内容涵盖亲子教育、生理健康、性教育、公益启蒙等方面，并通过普通话练习、征文比赛等线上活动，丰富乡村姐妹们的业余生活。2017 年 10 月，项目对乡村姐妹榜样人物案例故事进行拍摄，产出视频《女人什么时候最美》于 2018 年 3 月在绿芽基金会年会上首发，并在绿芽基金会微信公众号、南方卫视等多个平台进行推广，网络链接点击量达到 1.4 万，向公众展示了乡村姐妹的勇敢、独立和坚强品质。

在线上课程方面，项目共开课 19 次，听课学员累计达到 44 169 人次，发展网络社群 28 个，8 515 位乡村姐妹从群体中找到情感和归属感；小额资助方面，资

助了全国8个省份18个村庄的妇女骨干及小组，通过每个小组3 000～5 000元的资助，共开展活动不少于70次，直接参与人次不低于500人，提高了乡村妇女在财务管理、活动策划、沟通交流上的能力。

4. “唯爱·半乡学堂”，妇女力量参与社区治理

“唯爱·半乡学堂”是唯品会与广东省绿芽乡村妇女发展基金会合作开展的公益项目，2017年9月至2018年9月，投入资金15万元，帮扶留守村庄的妇女、儿童、老人。

项目选取广西桂林龙胜县龙脊镇小寨村作为实施地点，对一处公众空间进行改造和重建，设置图书角及购置培训设备，为村民提供了交流学习、开展活动的场地。利用该场所，对乡村妇女组织了至少18次培训和交流采访，有效地回应乡村社区存在的各种需求问题。

项目的直接和间接受益达到1 500人次，一方面，丰富的文娱活动活跃了村庄气氛，提升了乡村妇女意识与能力，激发了乡村妇女参与乡村公共事务的积极性和能动性，培养乡村妇女力量打造共建、共治、共享的社会治理格局；另一方面，形式创新的传统文化传播传承活动提升了村民在刺绣创作、歌舞表演等方面的能力，为村里开发旅游业、实现可持续发展奠定了良好的文化和社群基础。

三、单亲妈妈综合赋能

1. 项目理念

有数据显示，中国单亲妈妈群体已超过2 400万人，而且在6个有子女的离异家庭中5个家庭的孩子将由母亲抚养[①]。单亲妈妈作为单亲家庭主要经济来源以及子女养育的主要承担者，她们的困境不仅影响她们个人，而且直接影响整个家庭。单亲妈妈在日常生活中承受着家庭约束和社会舆论带来的压力，面临着贫困化、情绪困扰与法律支援、亲子关系经营、社区融入、健康保障等方面的众多挑战，但获得的关注和支持严重不足。

在长期的女性公益实践中，唯品会关注到单亲妈妈这个群体的需求，也认识到，要解决这一需求，不仅需要个体或单个组织的关注，还需要社会各界的持续动员。有鉴于此，唯品会打造了国内企业第一个专门针对单亲妈妈的综合赋能公

① 2016年中国妇联调研数据，来源于网络。

益项目——“唯爱·妈妈+幸福赋能计划”，搭建专业服务、经济赋能、健康保障、亲子关系以及社会倡导五大赋能板块，实现公益双向赋能。

2. 项目手法

以赋能为核心，线上线下相结合

2017 年 12 月 1 日，唯品会宣布启动单亲妈妈综合赋能旗舰项目——“唯爱·妈妈+幸福赋能计划”，投入 1 000 万元在广东省唯品会慈善基金会设立专项基金——“唯爱·妈妈+专项基金”，并携手中国妇女发展基金会共同发起“唯爱·妈妈+公益生态圈”，招募来自全国各地的不同专业领域的研究机构、社会组织、爱心企业和个人形成高效、专业、可持续的服务落地。

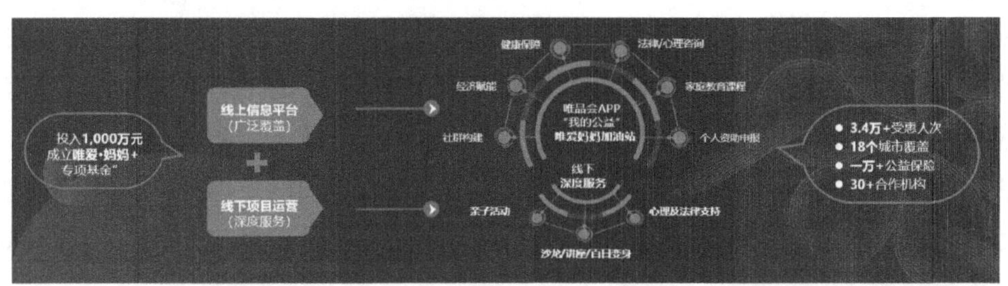

有别于传统的公益捐赠项目，“唯爱·妈妈+幸福赋能计划”紧扣赋能核心。项目自启动之日起即在国内开展“单亲妈妈调研项目”第一阶段调研。调研采用问卷调查与焦点小组座谈的方式，对北京、天津、南京、成都、广州五地共超过 600 位单亲妈妈展开了深入调研，初步刻画出了单亲妈妈的群体需求特征。2018 年 10 月，项目开展了第二阶段调研，覆盖的地区更广泛，调研结果更具深度和针对性，为精准剖析单亲妈妈群体提供有力依据。根据调研结果，结合单亲妈妈群体数量庞大，分布区域广泛的特点，项目积极探索“互联网+公益”创新，采取了线上服务平台+线下入赋能支持相结合的项目模式。

搭建网络服务平台，形成线上矩阵

唯品会通过打造“唯爱·妈妈加油站”并结合项目专属微博微信公众平台——“唯爱·妈妈能量营”，形成线上服务矩阵，让全国各地的单亲妈妈可以通过便捷的互联网线上平台及时获取需要的帮助。

其中，“唯爱·妈妈加油站”作为唯品会 App“我的公益”的子板块，是唯品会为单亲妈妈专门开发的线上服务平台，也是国内首个单亲妈妈互联网公益平台。针对单亲妈妈的具体需求，平台首期设置了法律心理咨询、健康保障支持、活动资讯发布三大板块，并在2018年下半年又陆续上线了职业发展、亲子教育课程等功能板块，为单亲妈妈们提供专业优质的服务。“唯爱·妈妈能量营”则通过内容规划打造项目传播力和社群凝聚力：通过增强原创内容的专业性赋予项目的含金量；通过目标人群痛点挖掘及案例输出，强化项目的公益意义，增强妈妈的认同和归属；根据内容目标按比重输出“谈资类”“项目类”“实用类”内容，增强内容类别势能。两个平台所承载的功能有所区分，并互相引流，单亲妈妈们可以从“唯爱妈妈加油站”获取心理法律咨询、保险服务等方面的实质性支持，而从“唯爱·妈妈能量营”获取“唯爱·妈妈+公益生态圈”成员的活动信息。

搭建公益生态圈，形成协作模式

单亲妈妈数量大、分布广，单个区域的单一机构受覆盖范围、服务类型的局限，难以满足全国各地单亲妈妈的综合需求。因此，“唯爱·妈妈+幸福赋能计划”的线下深入赋能支持主要采用搭建可持续公益生态圈的创新协作方式，呼吁各地区女性公益组织、关注女性权益与发展的学术机构、社工组织以及心理咨询、法律等专业机构积极加入，汇聚各方力量共同落地各项线下服务，为单亲妈妈提供全方位支持，构建公益生态，实现对单亲妈妈群体以及生态圈成员的双向赋能。

生态圈于2018年1月正式启动招募，短短2个月内，共收到了近百份申请。经过综合评估，24家申请单位和个人脱颖而出，成为生态圈首批正式成员。这些成员广泛分布在全国各地，服务经验丰富，运行稳健，将成为支持项目的中坚力量。唯品会通过生态圈伙伴赋能培训、小额项目资助以及联合社会倡导等方式高效构建综合赋能支持体系，帮助单亲妈妈走出困境把握幸福。运作至今，生态圈已经初步形成了创新协作新模式，生态圈成员定期参与培训以及参访女性公益服务方面杰出的机构组织进行学习提升，并通过资源共享、优势互补，更有针对性地满足单亲妈妈差异化需求，从而实现专业又富有个性化的赋能方式，推动公益项目的持续创新迭代。

作为生态圈的核心倡导方，唯品会与中国妇女发展基金会在生态圈各协作方的管理与合作机制上制定了详细的成员管理办法，在成员的招募、引入、管理、监督、评估等各方面设立了明确的指引，并对整体风险进行把控，进一步厘清参与各方的责任和权利，使项目稳健运营。同时，项目设立专属秘书处跟进生态圈成员的服务落地情况、受助群体反馈以及财务规范信息，并通过线上服务平台定期向各利益相关方以及公众定期公开项目情况。

3. 项目成果

“唯爱·妈妈+幸福赋能计划”从发起至2018年第3季度，不足一年时间即受到了单亲妈妈及大众的广泛好评。线下合作伙伴超过30家，在全国18个城市开展活动，总受益超过1.6万人次；“唯爱妈妈加油站”日均访问量超过3万人次，总UV超过212万。

为了帮助生态圈成员推动多元化赋能服务落地，“唯爱·妈妈+幸福赋能计划”通过小额资助，为16个生态圈伙伴的赋能项目提供230万项目资金，包括资助北京红枫妇女心理咨询服务中心30万元开展“唯爱赋能助力单亲妈妈快乐成长”、资助南京市玄武区同仁社工事务所30万元开展“唯爱聚能——南京市单亲家庭服务机构支持性项目”、资助长沙市杨陶如家庭成长关爱中心20万元开展“唯爱赋能，幸福妈妈——家庭成长疗愈赋能项目”等。

在专业服务方面，“唯爱·妈妈+幸福赋能计划”通过心理和法律热线咨询、面对面咨询、微信课堂、喜马拉雅FM、线下心理沙龙、唯爱百日变身小组等方式和渠道，总计服务12 403人次。通过心理支持专业咨询，帮助近百位妈妈学会正视自己和摆脱婚姻的失败和原生家庭的阴影，从“恐惧”“无助”“抑郁症”到“爱自己”“勇敢”“乐观”，重拾生活希望，很多妈妈甚至实现了从被助到助人的转变，成了义工，服务更多的单亲妈妈。通过法律专业援助，帮助全国各地妈妈们保障应有的法律权益。“离婚权益工作坊”和“法律互助群”更是突破了传统的单一咨询模式，很多妈妈不仅获得了解答，还互相鼓励，从不知所措的无助慌乱状态中冷静下来，顺利拿到抚养权，让孩子的生活也有了保障。

在经济赋能方面，“唯爱·妈妈+幸福赋能计划”致力于与生态圈成员一道帮助单亲妈妈改善就业环境、提高就业能力。目前，项目已在广州、深圳、成都、眉山4地开展就业技能提升培训，课程内容涵盖心理咨询师、亲子阅读导读师、市场调查员以及特殊手艺等专业技能训练。培训后，亲子阅读导读师兼职收入可达500～6 000元/月，心理咨询师可对接早教机构担任见习讲师，市场调查员可对接市场调研公司兼职收入最高可达1万元/月，竹编手艺师可对接竹藤公司每月至少增收3 000元。灵活多样的培训帮助妈妈们从“举步维艰”“没有收入”到“学了一门技术”，在解决收入不稳定、经济状态差的同时，重新建立生活的信心。

在健康保障方面，“唯爱·妈妈+幸福赋能计划”推出了公益女性两癌险（乳腺癌、宫颈癌），覆盖人群为16～50周岁，将10 000份保险免费赠送给单亲妈妈；

接下来还将推出覆盖4 000个单亲家庭的“唯爱·妈妈百万医疗亲子保险”，进一步为单亲妈妈保驾护航。

在亲子关系方面，“唯爱·妈妈+幸福赋能计划”在各地开展了数十场亲子成长营、正面管教工作坊、亲子心理戏剧疗愈、亲子关系微课、亲子沙龙、亲子游园等多形式活动，为单亲妈妈及其家庭提供了改善亲子关系、实现亲子融洽的机会。很多单亲妈妈不会正确处理和孩子的关系，在接触课程之后，把学到的接纳、转化等方法运用到处理亲子关系上，学会与孩子打开心扉真正地交流，明白了只有自己成长了才能让孩子更好地成长。

在社会倡导方面，“唯爱·妈妈+幸福赋能计划”开展了一系列大型社会倡导与公众传播活动。2018年母亲节期间，推出《一样的妈妈，不一样的妈妈》微纪录片，展现单亲妈妈面临的亲子关系、经济、职场和社会舆论方面的压力与难题，得到了观众的热烈支持，全网播放量超过750万，并荣获2018中国公益映像节“优秀作品”及“最感人短片”两项大奖。视频传播专属话题“唯有母爱最无畏”登上了当天微博话题公益榜首位，阅读量超过3 200万。同时，项目还在北京、广州、深圳地铁灯箱、车厢及隧道投放微纪录片衍生公益广告“妈妈不容易”，引发大众对单亲妈妈困境的思考，倡导社会更多了解、正确认识单亲妈妈群体，转变对她们的刻板评价，给予她们更多尊重与理解，让她们更自信地面对生活。

四、困境妇女支持

1. 项目理念

在长期的女性公益实践中，唯品会发现，贫困、疾病、家庭暴力等因素，是女性陷入困境的主要原因，而要协助困境妇女重拾安全与希望，则需要长期持续的专业辅导、陪伴和提供创业就业的支持和协助。鉴于此，唯品会女性公益汇集困境妇女紧急救助及心理援助、困境妇女权益保障社工服务、外来女工互助与发展、“助力艾滋妈妈的爱心之路”“母亲邮包”等诸多项目，针对不同原因和现状的困境妇女群体，提供有针对性的帮扶，有效解决她们最紧迫的问题。

2. “母亲邮包”

“母亲邮包”是唯品会与中国妇女发展基金会合作开展的公益项目，2016年、2017年两年，投入资金40万元，为贫困母亲提供健康保障。

“母亲邮包”以中国邮政绿色通道为服务支撑，以邮包形式把贫困母亲急需的御寒衣物、卫生用品等日用物资精准送到她们手中。2017 年 3 月 8 日，唯品会通过唯品会 App“我的公益”平台捐赠 20 万元，为内蒙古自治区和河北省的环卫女工送去 2 000 个母亲贴心包。活动当天，唯品会志愿者向巴彦淖尔市环卫女工发放“母亲邮包”500 个，包含 20 余种生活必需品，在寒冷的季节为她们送去温暖与健康。在入户发放邮包的走访过程中，唯品会还通过唯品会公益助学计划为家庭中有贫困学子的环卫女工们送去助学帮扶。

3. 玫瑰公益创投

第三届广州市玫瑰公益创投活动是唯品会与广州市妇联合作开展的公益项目，2018 年 6—12 月，投入资金 50 万元，帮扶广州市内困境妇女、单亲母亲。

项目以推进社工+婚姻家庭社工服务、推广妇女家庭深度项目模式为目标，致力于逐步探索和构建具有广州特色妇女家庭专业服务体系，有效满足妇女群众的多元化、个性化需求，共同助力妇女成长发展。

项目以妇女及家庭的需求为内容主导，并针对一些特定群体，设计出了 5 个专业化程度较高、又各有特色的公益服务项目。

玫瑰公益·广州市困境妇女就业帮扶计划，旨在为广州内大龄心智障碍类特殊儿童母亲再就业问题开展的针对性服务；

玫瑰公益·萤火虫行动——单亲母亲增能计划，通过多肉植物种植让单亲妈妈获取更多的就业技能，同时唤起妈妈们对生活的热爱；

玫瑰公益·妇女就业友好社区——家政助理培育项目，为就业困难女性开展以岗位开发和职业训练为主的就业实训平台，提供安全的职业环境与就业持续支持；

玫瑰公益·番禺区妇女护老员就业发展计划，通过实体授课+互联网直播平台等培训方式，帮助困境妇女学习基础护理知识；

玫瑰公益·乐业——南沙区困境女性就业定制服务计划，通过“一对一”就业指导、就业技能培训、职业形象提升、就业咨询服务等一系列的就业定制服务方式，为南沙区近百名有就业意向的就业困难女性提供个性化就业服务。

截至 2018 年 8 月 31 日，5 个困境妇女就业项目举办沙龙、讲座及培训 52 场，开展社区活动 20 个，小组活动 8 个，个案 176 例，吸纳志愿者 76 人，直接服务人次共计 327 人，间接服务人次共计 4 806 人。

4. 困境妇女紧急救助及心理援助基金

困境妇女紧急救助及心理援助基金支持项目是唯品会与北京源众家庭与社区发展服务中心合作开展的公益项目，自 2017 年 9 月开始，投入资金 20 万元，帮扶困境妇女。

项目通过“紧急救助金”和“多陪一里路”帮扶基金，为老年、残疾、流动、留守以及贫弱妇女群体在婚姻家庭权益以及人身权、就业权等方面提供综合性支持，帮助她们摆脱困境重新回归正常生活。其中，“紧急救助金”主要用于紧急医疗救助、紧急住宿庇护和过渡期生活成本救助；“多陪一里路”帮扶基金主要用于就业帮扶和心理辅导。

5. 困境妇女权益保障社工服务

困境妇女权益保障社工服务支持项目是唯品会与昆明市五华区明心社会工作服务中心合作开展的公益项目，2017 年 8 月至 2018 年 7 月，投入资金 20 万元，帮扶面临婚姻家庭及经济困境的妇女。

项目聚焦于协助解决困境妇女面对的危机，在妇女面临诸如家暴、疾病、经济困难等问题的第一时间里给予支持和陪伴，并通过联动多专业人员对遭遇困境妇女提供危机介入（紧急庇护、紧急援助、医疗救助、法律援助、司法鉴定援助等）、心理疏导、身心复原、重建自信、疗愈伤痛、安全计划、创就业支持等一站式服务，避免受害人多处求助的二次伤害，协助她们走出困境，发展自我保护方案，重拾安全与幸福。项目为 500 位妇女提供了专业支持服务，并开展了 4 次困境妇女“回娘家”能力培训活动，不但有效地协助她们走出困境，也让有类似经验的姐妹形成新的互助支持网络。

6. 外来女工互助与发展

外来女工互助与发展项目是唯品会与广东木棉社会工作服务中心合作开展的公益项目，2017 年，投入资金 20 万元，帮扶广州市南沙区的外来女工。

项目以女工的健康、生计、育儿三个方面需求作为切入点，从女工个体、社群以及社区三个层面进行服务设计，为广州市南沙区的外来女工提供个案帮扶、能力建设与互助网络搭建等多元服务。项目使 20 000 人次的女工从中受益，建立了 3 个可以自主运营的女性社团并从中发掘培育了 20 名能够参与策划主题宣传与社区倡导活动的女工骨干，不仅使外来女工得到帮扶，更激发了她们的自主性与潜力，从服务的接受者变成美好社区的建设者，以集体之力去回应女工个体的困境。另外，项目知识产出《女工健康手册》《反家暴手册》《女职工权益手册》也将为女工自我成长、蜕变提供坚实指引。

7.“助力艾滋妈妈的爱心之路”

“助力艾滋妈妈的爱心之路”是唯品会与智行基金会合作开展的公益项目，2017 年，投入资金 26.2 万元，帮扶受艾滋病影响的妇女和儿童。

2017 年 5 月 7 日“世界艾滋孤儿日”，唯品会为受艾滋病影响的农村妈妈购置 15 台新的缝纫机器设备，帮助艾滋妈妈拥有一份有尊严的工作，并制作 3 500 个爱心书包送给河南、安徽、湖北、山东、山西、广东、广西、云南等地受艾滋病影响的儿童。

玫琳凯中国

可持续发展目标融合之道

案例点评：郭毅　北京工商大学教授

相比于传统基于成本收益核算的商业模式，可持续发展的商业目标在于将更多的社会价值和责任担当融入企业常态运营，这对于企业的战略决策和经营管理提出了新的更高的要求。自联合国2030年可持续发展目标提出以来，如何将消除贫困、性别平等、生物多样性保护等可持续发展目标，与企业自身的产业行业属性、地域国情特征、利益相关者期待、环境社会影响等相结合，探索一条实现商业价值、社会价值和生态价值相统一的发展道路，成为各类企业主体的共同愿望和共同挑战。

《玫琳凯中国可持续发展目标行动方案》通过角色定位、对标梳理、沟通协作等一系列规范化的社会责任行动规划，充分展示了玫琳凯在中国情境下积极探索可持续发展道路的理念、方式、流程，并通过 SDGs 示范村建设、女生素养教育、垃圾分类等项目，树立了可持续发展目标与商业行动相结合的标杆，将对中国企业产生有益的启发和积极地引领作用。

一、明确角色，私营部门是应对可持续发展挑战的重要力量

经济社会的快速发展，为人们的生活带来日新月异的改变。但也需要看到，我们的时代仍然存在诸多亟待应对的经济、社会和环境挑战。2000 年，世界各国领导人在联合国首脑会议上，就消除贫困、饥饿、疾病、文盲、环境恶化、性别平等议题商定了八项千年发展目标（MDGs），目标年份为 2015 年。在 MDGs 取得的成就之上，各国领导人于 2015 年 9 月，在联合国可持续发展峰会上通过了《2030 年可持续发展议程》，共涵盖 17 项可持续发展目标（SDGs），为未来 15 年

各国的发展和国际发展合作指明了方向。

相较于 MDGs，SDGs 明确呼吁所有企业利用其创造和创新能力应对可持续发展挑战。玫琳凯中国认为实现可持续发展议程将为世界和中国带来巨大改变和深远影响，私营部门应当承担应对这些挑战的责任，同时也是解决可持续发展问题不可或缺的力量，而 SDGs 恰恰为企业可持续商业模式的发展提供了很好的参照和指导，可帮助企业在商业运营和履行责任之间达成一致。

玫琳凯中国将自身发展置于全球可持续发展议程框架中，通过 SDGs 行动对标分析，系统梳理 SDGs 落地路径，促进自身清晰可持续发展目标，充分利用玫琳凯独特的商业模式在推动体面工作和经济增长、促进性别平等、创造美好生活等方面的优势，实现商业价值与社会价值的共创，并通过伙伴关系为社会和环境带去积极影响。公司同时希望通过这些切实的努力，对中国政府所发布的《中国落实 2030 年可持续发展议程国别方案》（以下简称《国别方案》）进行实质性响应。

二、对标梳理，打开 SDGs 之门的钥匙

要明确企业如何响应 SDGs，首先要了解什么是 SDGs，企业的商业模式、业务运营与 SDGs 有什么联系。2016 年，玫琳凯中国基于 17 项可持续发展目标及中国政府的《国别方案》，以及中国社会发展面临的挑战、企业运营活动的影响、利益相关方的期望等，对公司运营与各项可持续发展目标的关联进行了全面梳理。公司将识别出的目标与自身可持续发展战略进行评估与整合，确立出“授人以渔、启人以智、焕发新生、守护自然”四大战略方向，并制定了《玫琳凯中国可持续发展目标行动方案》（以下简称《行动方案》）。这项对标梳理工作为公司之后进一步推进可持续发展管理和实践打下了扎实的基础。

系统梳理价值创造过程	将投资方玫琳凯家族、消费者、销售队伍、员工、社会和环境六大利益相关方，与公司价值链的各主要环节，以及主要的运营活动进行融合梳理，明确价值链各环节与 SDGs 的契合点
开展目标筛选	针对各项 SDGs 目标，公司从与现有业务的关联、与现有 CSR 项目的关联、创造共享价值的机会三大维度，进行了内外部专家评估和打分，筛选出七项与公司自身商业运营和可持续发展高度相关的可持续发展目标

<table>
<tr><td rowspan="3">形成 SDGs 行动方案</td><td colspan="2">将识别出来的优先关注的可持续发展目标纳入玫琳凯中国的可持续发展战略框架中，进一步形成“授人以渔、启人以智、焕发新生、守护自然”四大战略方向。同时，通过实践梳理和部门沟通，玫琳凯中国针对四个战略方面设立了目标承诺、行动方向及衡量指标</td></tr>
<tr><td>授人以渔
女性参与经济发展是促进性别平等和社会发展的重要手段。作为一家由女性创业而成立的公司，玫琳凯支持女性通过拥有自己的事业获得经济独立和个人成长</td><td>启人以智
教育帮助女性在品、才、貌方面全面成长，令她们在变革的社会中拥有可持续发展的能力。玫琳凯关注女性的教育和成长，通过提升她们的素质和能力，增强她们面对社会的竞争力</td></tr>
<tr><td>守护自然
自然资源的枯竭和环境退化产生的不利影响使人类面临的各种挑战不断增加。玫琳凯重视管理产品价值链的环境影响，通过循环和再利用提升生产过程中的能源资源使用效率；并积极倡导推广环保生活方式，深化可持续消费理念</td><td>焕发新生
为了促进身心健康，提升人们的生活品质，玫琳凯倡导健康的生活方式和美好的生活理念</td></tr>
<tr><td>进展沟通</td><td colspan="2">基于对标梳理工作，公司公开发布了《玫琳凯中国可持续发展目标行动方案——利益相关方沟通稿》，积极收集各界反馈和意见。此外，公司在 2017 年 8 月成立了玫琳凯中国可持续发展目标行动方案专家委员会，并开展了第一次委员会沟通会议，就行动方案征求专家意见</td></tr>
</table>

三、沟通、追踪、协作，形成跨部门工作机制

在玫琳凯中国看来，要将可持续发展真正融入企业商业运营模式中，绝不可能由单一的一个部门来完成。在可持续发展目标的对标梳理工作中，项目组与公司各部门的高层均进行了直接访谈与沟通，为后续推进可持续发展融入工作打下了良好基础。

量化是推动管理的重要前提。2018 年初，玫琳凯中国进一步梳理和深化了与《行动方案》四大战略方向相对应的各项可持续发展目标及其子目标，识别出公司对其有影响的各项活动，由此制定了最为相关的 32 个绩效指标，并形成可持续发展目标进展指标体系。指标体系以 2016 年为基线，分值为 100，通过将每个指标应披露的数据进行去量纲化与加权计算，使指标标准化为玫琳凯中国的可持续发展目标进展指标。

2018 年 6 月，玫琳凯中国发布了以四大战略为沟通框架的可持续发展报告，将可持续发展目标进展指标的评估情况进行了详尽的披露。与此同时，公司建立了可持续发展管理体系，由公司管理层领导，在各部门设置专项工作小组，持续追踪可持续发展目标进展指标。

积极推动跨部门的环保行动

玫琳凯中国《行动方案》四大战略方向之一是“守护自然”。公司承诺致力于持续优化生产管理，加强排放和废弃物管理，创新绿色生产和物流解决方案，倡导绿色办公，持续提高公司的资源和能源利用效率。

为此，玫琳凯中国制定了全新的环保规划，在公司管理层会议上进行多次宣达，面向生产、物流、销售、行政等部门，针对节能减排、绿色供应链、可持续研发、可回收包装、绿色会议、绿色办公等议题，开展一系列行动探讨，促进形成了相应的环保改进建议和新的环保项目思路，同时也有力地推动了环保议题在公司内部的沟通交流。

以绿色办公为例，为减少公司日常运营对环境的负面影响，玫琳凯中国建立了跨部门的环保工作小组。在政策制度层面，制定了绿色办公政策和员工环保行为手册，并梳理完成绿色办公绩效指标体系，按月度进行绩效追踪。在行动方面，玫琳凯中国大力推动垃圾分类，被评为“静安区生活垃圾分类示范单位”。

四、项目落地，SDGs 融合已显成效

在推动《行动方案》落地的工作中，玫琳凯中国与外界保持积极、密切的合作关系，充分推动和挖掘与战略方向匹配的可持续发展项目，并开展大量跨部门的沟通、探讨与协作，以推动可持续发展在商业模式和日常运营中的深度融入。

1. SDGs 示范村

2017 年 6 月，玫琳凯中国携手联合国开发计划署、中国妇女发展基金会等合作伙伴，正式启动了“联合国可持续发展目标示范村项目”。该项目致力于为云南省永仁县宜就镇外普拉村的彝族贫困农户，以及地方政府部门提供实施可持续发展目标的能力建设，把握发展机会，在可持续发展目标的框架下实现减贫和自我发展。

（1）项目背景。

作为一家以“丰富女性人生”为使命的企业，玫琳凯中国自2001年开始盈利起，就与中国妇女发展基金会合作设立了“玫琳凯女性创业基金”，为女性创业提供小额无息循环贷款，并引入联合国开发计划署成为合作伙伴，为受助女性提供创业和就业技能培训。截至2017年底，项目已帮助超过8万名女性成功创业。该项目开启了玫琳凯中国在扶贫议题，尤其是女性赋能领域的探索之路。

2012年，玫琳凯中国与联合国开发计划署、中国妇女发展基金会共同启动了“玫琳凯女性创业基金——云南省促进女性参与文化产业发展项目”，支持云南楚雄州的彝绣妇女发展传统手工艺。项目进行了四年，在促进少数民族地区的独特文化资源转化为生计手段的同时，有效提升了偏远地区少数民族女性在社区治理、商业运营以及文化传承与发展方面的能力。绣女们不仅全部脱贫，有的还成为当地的人大代表、妇联执委。

经过与合作伙伴的多次沟通讨论，玫琳凯中国决定基于云南彝绣项目的先进经验和资源，结合联合国可持续发展目标，延续和发展在云南的扶贫项目——建立联合国可持续发展目标示范村。

（2）项目概况及意义。

玫琳凯中国将贫困彝族村寨——云南省楚雄州永仁县外普拉村作为试点村落，结合公司在女性培训和发展方面的优势，以社区、公共部门和企业合作的创新模式，为彝族贫困农户，尤其是当地女性提供能力建设，以可持续的方式帮助他们实现精准扶贫和自我发展。

该项目基于联合国可持续发展相关目标和指标，支持外普拉村的生态旅游产业发展，打造可持续的生计体系，以提高农户的收入，实现可持续的、环境友好型减贫；协助永仁县政府为示范村提供全面的社会保障体系，确保低保、新农合及有关教育的补贴全覆盖，并为乡村基础设施建设及农户参与社区事务决策提供支持；协助永仁县政府完善文化遗产保护计划，将外普拉村发展为生态健康村。

- 联合政府和国际机构参与

SDGs示范村的扶贫模式受到了政府和国际机构的高度认可。云南省政府也配资予以支持项目的顺利开展，对于项目融合更多优质资源及扩大影响力起到了积极作用。项目将致力于促进中国落实联合国可持续发展目标，探索在地方发展进程中纳入可持续发展目标的模式，并与其他发展中国家分享中国经验，为全球范围内实现可持续发展目标贡献中国的解决方案。

● 建立发展模板

项目的示范区域为云南省永仁县宜就镇外普拉村中的 15 个自然村。这些自然村位于偏远的山区，被确定为中国最贫困的地区之一。在 15 个自然村中，玫琳凯中国选取了 5 个自然村作为项目示范区，以重点推动形成区域影响。其余村落为示范扩散区，享受示范项目在技术支持、培训及宣传推荐等方面产生的辐射效应。项目实施周期为三年——2017—2020 年，目标惠及 5 000 名少数民族女性和 35 000 名农村居民。

2. 女生素养教育

针对《行动方案》战略方向“启人以智”，玫琳凯中国承诺关注女性在成长不同阶段的需求，通过教育和培训帮助女性赋能，从而推动性别平等。在这一清晰的目标推动下，玫琳凯中国在 2017 年推出了一项全新的聚焦女性赋能的可持续发展项目——女生素养教育项目。

（1）项目背景。

SDGs“目标 4 优质教育”提出消除教育中的性别差距等目标；“目标 5 性别平等与女性赋能”旨在增强所有妇女和女童的权能，实现性别平等，消除对妇女和女童一切形式的歧视。在《国别方案》中，中国政府也提出倡导两性平等、和谐的家庭和社会环境。事实上，性别话题是近年来被广泛关注的社会话题之一。

在中国，许多青春期女生对外表、学业、亲人共处、异性看法等方面存在困惑，而青春期又是直接影响女性成长和发展的关键时期，玫琳凯中国希望给予这一阶段的女生更多赋能和支持。为此，玫琳凯中国启动了“玫好未来女生素养教育项目”，与上海真爱梦想基金会共同发起了“玫好未来”专项公益基金，旨在为青春期女生开发一套有针对性的素养教育课程，帮助她们开拓视野，构建稳定积极的自我意识，进而能够主动地选择自己的未来。

（2）项目概况。

为保证素养教育课程的质量，玫琳凯中国与合作伙伴用了近 5 个月时间开展大量基础研究，并走访 5 个城市开展实地调研，了解老师、家长和学生的心声和需求。调查形式包括以老师、家长与学生为组合的形式，进行一对一访谈；以 5～10 人焦点小组的形式，面对面沟通。项目组还与来自不同机构类型和领域的专家进行深度访谈，尽可能收集多元化的意见和反馈。此外，项目组以焦点小组所在的城市为主，全国其他二三线城市为辅，向初中学生家长和任课老师发放了在线调研问卷，共回收 860 份初中家长问卷和 351 份教师问卷。

经过一系列扎实的前期研究工作，玫琳凯中国正式发布了《初中女生素养教育调研报告》。调研结果显示，85%的受访老师以及 66%的家长认为，非常需要为青春期女生提供有针对性的成长陪伴、素质提升类的课程及相关能力建设，以帮助她们适应快速的社会发展节奏。

调研工作为课程设计和支持体系的建立提供了有力的理论和事实支撑——以初中女生自身的需求和权利为中心出发，从多角度帮助她们建立内在的自我认知，为她们的成长培养更强大的梦想力，并形成同辈、家庭、学校和社会的支持闭环。2017 年下半年，项目组对素养教育课程进行了正式开发，涵盖科学的性别和生理教育、多元而积极的审美力培养、正确的情绪表达和沟通技巧、学业之外的爱好和能力的培养等方面。

截至 2018 年底，玫琳凯中国女生素养课程已在全国 69 所中学开始试点，影响了超过 16 000 名初中学生。未来，项目还将扩大试点区域，并计划将课程升级成网络慕课，以期为更多青春期女生和她们的家庭带来积极影响。

“通过零距离接触青春期女生的深度调研，我们发现她们的确处在一个极易被不同观念影响，同时又是自我意识迅速生长的关键时期，特别需要一种在学校体系之外的力量，给予她们辅助的支持和赋能。对这些女生来说，比掌握一门学科更重要的是通过培育素养获得可持续发展的能力。”①

——玫琳凯中国副总裁　张晶女士

（3）项目传播。

玫琳凯中国希望随着女生素养教育项目的推出，不仅能够惠及越来越多的目标人群——青春期初中女生及她们的家庭，同时也希望推动社会更多人士关注性别平等、了解素养教育的重要性，让女生在成长过程中获得更多、更好地实现梦想的资源和机会。为此，如何实现对项目的有效传播，成为玫琳凯中国执行本项目的又一关注重点。

① 《探索女生素养教育，玫琳凯成立“玫好未来”专项公益基金》：http://www.zhixiaowang.com/htm/2017/06/75372.html.

经过精心的构思与策划，玫琳凯中国制作了以“我做我的女生”为主题的项目公益视频，用亲和、直观的方式向大众展示女生素养教育的重要性。2017 年 5 月，公司借助 IP 热播剧《欢乐颂 2》，配合品牌与电视剧的压屏条，集合微信 KOL 大号原创发声，引导公众关注女生素养话题，并正式推出《我做我的女生》公益视频，使公众对公司的品牌公益行动形成初步印象。

女生素养话题迅速升温后，具有影响力的微信以及微博 KOL 从多个角度引申话题，向公众传递关于女生素养教育的正确认知，引导公众对话题进行深入讨论和热议，公益视频也在视频网站大力推广。《初中女生素养教育调研报告》发布后，新闻媒体大号也对报告内容进行了解读，呼吁大众关注女生素养。

项目传播期间，公益视频播放量，以及微博、微信话题阅读量取得了可观的效果，玫琳凯微信指数上升增长率达 141.8%，在实现项目传播初衷的同时，向社会公众很好地传递了玫琳凯关注女性成长的品牌理念。凭借这项将企业品牌建设与公益元素成功结合的互联网传播实践，玫琳凯中国赢得了“2017 年中国广告长城奖广告主奖年度经典案例”奖，①以及 ADMEN 国际大奖“内容营销类实战金案奖”。②

“玫好未来”女生素养教育项目传播效果

公益视频播放量秒拍 392.6 万次、腾讯视频 43 万次、搜狐视频 35 万次、乐视视频 256.9 万次；微博话题“我做我的女生”阅读量 870.2 万，微博大号微天下阅读量 204 万次，微博大号新浪视频阅读量 104 万次；微博热搜榜 PC+移动总曝光量 3 560 万，PC+移动总点击量 180 万+；微博大号总阅读量达 66.6 万次。

2017 年是女生素养教育项目实施的第一年，获得了极为良好的反响，该项目已成为玫琳凯中国未来长期的标志性重点公益项目之一。

3. 垃圾分类回收

玫琳凯一直以来秉承着 Pink Doing Green 的理念，不仅体现在公司的生产过程中，也体现在公司的日常工作中。玫琳凯中国坐落在上海的办公大楼很好地诠释了 Pink Doing Green 这一理念是如何贯穿在员工的日常生活工作中的。

① 《玫琳凯荣膺 2017 年中国广告长城奖》：http://finance.sina.com.cn/roll/2017-11-01/doc-ifynmnae0895447.shtml.

② 《玫琳凯“我做我的女生”案例获 ADMEN 国际大奖》：http：//www.dsblog.net/article/view/id/68732.

2016 年，玫琳凯中国在静安区购置了包括 1 个零售层和 11 个办公层的大厦，作为新的玫琳凯中国行政管理中心。公司将玫琳凯大厦定位于绿色大楼，在能源、用水效率、可持续材料、空气和环境质量等方面进行了全面考量与改造升级。2018 年，玫琳凯大厦获得了“绿色建筑 LEED 金级认证。”

在可持续发展目标对标的过程中，玫琳凯中国明确了与“目标 12 负责任的消费和生产”相契合的“守护自然”战略方向，绿色办公是当中重要的实施承诺之一。在迁入新大楼之际，公司大力推动绿色办公行动，包括制定绿色办公政策、员工环保行为手册、绩效指标制定及其基线计算与绩效追踪、推行垃圾分类回收等。其中，垃圾分类回收项目尤其体现了公司在实践“目标 17 促进目标实现的伙伴关系”上的成效。

（1）项目背景。

玫琳凯中国认为，绿色办公的成功实施不仅需要政策制度的保障，同时更离不开每位员工的切实行动，员工环保习惯的养成至关重要。除了日常的用电、用水、用纸外，公司注意到垃圾分类回收这一与员工个人行为密切相关的议题。

上海市于近年来积极推动生活垃圾分类减量工作，从 2014 年开始先后出台了《上海市促进生活垃圾分类减量办法》《上海市生活垃圾分类减量工作的实施方案》等政策规划，玫琳凯中国决定在自有新大楼中探索并实现垃圾分类回收。

（2）项目实施。

实现垃圾分类回收并非一蹴而就的工作，如何分类、分类回收之后能否真正实现分类运输和处理等等，都需要事先了解清楚。为此，玫琳凯中国着手开展了相关政策制度的梳理，同时通过邀请静安区绿化市容局相关负责人前来新大楼走访、面对面会议等形式，就垃圾分类回收的实施问题进行多层面的沟通和探讨，由此形成公司的垃圾分类回收实施规划，并在公司领导层会议上进行了多次传达和交流。2017 年 3 月，绿化市容局发布《上海市单位生活垃圾强制分类实施方案》，增进了玫琳凯中国加快推行垃圾分类回收行动的信心和决心，在摸索中把一项项工作逐步落实。

- 明确跨部门角色

硬件设施和人的参与，是成功实施垃圾分类回收的关键。对此，玫琳凯中国成立了跨部门的工作小组——对外事务部负责协调内外各方，提供专业素材支持；行政部负责硬件设施搭建和完善，与大楼租户的沟通；人事部负责员工参与沟通。工作组对垃圾分类的推进过程进行密切的关注，并在硬件设施和与利益相关方的沟通方面进行持续性的改进。

- 搭建与完善硬件设施

玫琳凯中国按照上海市绿化市容局下发的垃圾分类视觉识别规范，对大楼内部公共区域以及玫琳凯办公区域的垃圾投放点的标识进行了全面改造——分为可回收物、有害垃圾、湿垃圾、干垃圾四类，并针对员工工位、会议室等常见的垃圾使用特定颜色的垃圾袋，以起到更为醒目的区分识别作用。

与此同时，公司依照垃圾分类规范，在大楼西侧空地上新建了不锈钢的垃圾箱房，并按照预估的各类垃圾的投放量，在垃圾箱房内合理安置垃圾桶数量，确保垃圾能够被分类清运。

放置垃圾桶的“学问”

在玫琳凯中国看来，放置垃圾桶这样看似很简单的事也需要多加考虑和观察，应根据实际情况不断优化改进。以员工工位的垃圾分类为例，工作组起初认为员工工位上最多的垃圾种类是以纸张为主的可回收物，因此，在员工的工位上只放置了可回收物桶。但工作组在试行过程中发现工位上产生最多的是干垃圾，于是及时在工位上增设了干垃圾桶。看似微小的调整，让日常工位上的垃圾分类情况得到了很大的改善。①

- 强化行为塑造

为促进垃圾分类理念在员工中的普及，玫琳凯中国开展了多样化的沟通和参与活动，帮助员工更好地接受并履行垃圾分类行为倡导。公司通过微信企业号、员工邮件多次推送垃圾分类相关信息，在大楼的电梯里滚动播放垃圾分类的卡通视频，向员工电脑推送垃圾分类屏保，并面向上海总部的每一个部门都进行了专门的垃圾分类培训。

2017 年 6 月 5 日“世界环境日”这天，玫琳凯中国面向员工正式发起了“21 天垃圾分类习惯养成挑战”，引入员工积分激励机制，以楼层为单位进行正确实施垃圾分类大比拼，表现良好楼层的所有员工都能获得相应的积分。在行为比拼的过程中，不少员工对硬件设施提出了改进建议，包括工位、茶水间垃圾桶摆放位

---

① 《玫琳凯大厦运行垃圾分类一年多成效显著》：http://www.jingan.gov.cn/xwzx/002001/20180914/8ac87f76-79a2-47b8-a5e6-509c7ef421c3.html.

置、会议室垃圾桶数量安排、垃圾标识调整等。这些实用的建议均很快得到了落实。一些部门还自发组织垃圾分类的培训。

与此同时，在挑战赛期间，玫琳凯中国面向员工招募垃圾分类大使，报名参加招募令的员工，在获得志愿者培训后，正式以垃圾分类大使的身份，在指定楼层检查垃圾投放情况，并及时纠正垃圾错分的行为。当员工们逐渐养成垃圾分类习惯之后，公司以部门为单位，每月开展垃圾分类“流动红旗”评比，以此激励员工持续履行环保行动。①

- 推广垃圾分类行动

玫琳凯中国希望垃圾分类回收不仅在本公司得到贯彻，也应该尽量带动大楼的租户一起参与到这项对环境有益的行动中。为此，公司主动与租户沟通垃圾分类的必要性，向租户免费发放垃圾分类工具包，内含一套标准的垃圾分类标识和足够使用一个月的不同颜色的垃圾袋，并对租户代表进行了培训，由此有效地推动了整栋大楼的垃圾分类工作。

（3）项目成效与进展。

“21 天垃圾分类习惯养成挑战”结束时，员工们已经能够对垃圾进行准确的分类，直接决定了静安区绿化市容局正式对玫琳凯大楼的垃圾进行分类清运，标志着玫琳凯中国的垃圾分类回收行动取得了实质性成果。玫琳凯中国也因此成为静安区生活垃圾分类样板单位，为更多企业实施垃圾分类回收起到了很好的示范作用。

2018 年 3 月，上海市政府发布《关于建立完善本市生活垃圾全程分类体系的实施方案》，提出到 2020 年将建成生活垃圾全程分类体系，并在居住区普遍推行生活垃圾分类制度；4 月，上海市绿化市容局发布《上海市生活垃圾全程分类体系建设行动计划（2018—2020 年）》，作为对实施方案的细化落实计划。2019 年 1 月 31 日，上海市人大会议表决通过《上海市生活垃圾管理条例》，7 月 1 日正式实施，届时个人混合投放垃圾最高可罚 200 元，单位混装混运最高可罚 5 万元。由此上海将正式进入生活垃圾强制分类时代，先行企业所获得的先机显而易见。

玫琳凯中国的垃圾分类回收计划无疑走在了强制政策的前端，公司并未就此停下，而是在与外界的积极沟通与合作中，探索更多的创新实践机会。2019 年 3

① 《玫琳凯大厦运行垃圾分类一年多成效显著》：http://www.jingan.gov.cn/xwzx/002001/20180914/8ac87f76-79a2-47b8-a5e6-509c7ef421c3.html.

月，“江宁路街道垃圾分类全覆盖两网融合进楼宇”发布签约仪式在江宁路街道玫琳凯大楼举行[①]。“两网融合”指把“城市环系统”与“再生资源系统”两个网络有效衔接起来，通过引入支付宝，实现上门的垃圾回收服务。玫琳凯中国在仪式现场签订了“两网融合”收运协议，并使用支付宝“垃圾分类回收”平台下单，创建了上海市线上单位两网融合上门回收服务“第一单”。至此，玫琳凯中国宣布公司的垃圾分类计划升级到2.0时代。

“红加绿模式”保障垃圾分类2.0时代

玫琳凯中国垃圾分类2.0版本由公司党总支牵头升级，推出了党建引领加绿色环保的“红加绿模式”。党总支率先号召党员做垃圾分类的志愿者“楼宝宝”，面向全体员工推动垃圾分类“四合院制度”。该制度将一个工作单元间的4～6个员工工位定义成一个“四合院”，每个“四合院”集中使用一个干垃圾筐，共有53位党员“楼宝宝”定期对全公司129个四合院的垃圾分类情况进行巡检。如果出现乱扔垃圾的现象，公司行政部将收回垃圾筐一周时间，其间所有的垃圾只能自行到生活间处理；“楼宝宝”也会及时对相关员工开展沟通和辅导，帮助他们养成良好的行为习惯，切实保证垃圾分类的质量。

五、总结

玫琳凯中国在将SDGs融入公司运营的探索中，充分地体现了企业采取主动态度获得先发优势的实践。在可持续发展战略方面，公司较早着手可持续发展目标对标，没有简单地将其作为一纸文书的研究工作，从一开始就注重高层参与和沟通，并在战略成型后，建立和持续完善指标体系，为今后持续推动SDGs融入工作进行了扎实的铺垫。

在项目创新方面，公司紧密结合可持续发展战略实施方向，注重将公司的商业模式、专长与联合国可持续发展目标和社会需求紧密结合，主动与外界发展积极的伙伴关系，在创新性延续已有项目的同时，又推出了“女生素养教育”这一优秀的项目，并抓住互联网传播契机，取得了很好的社会反响。同时，公司积极

① 《“红加绿模式”引领垃圾分类“新时尚”》：http://k.sina.com.cn/article_1854570915_6e8a81a302000hjo9.html.

关注政策发展，对于政策信号保持着高度的敏感，敢为人先，勇于探索，在垃圾分类强制时代来临之前，已经取得了丰硕的成果。

随着社会的不断发展，企业面临的政策要求和道德底线必将不断提高，“主动”将越来越多地成为企业应对政策风险和声誉风险的关键词。在企业发展与品牌建设中纳入可持续发展考量，正在成为新时代背景下企业获得新一轮竞争力的重要趋势。

康宝莱中国

传递营养+运动的健康生活理念，全面推进“健康中国 2030”战略

案例点评：汤敏　国务院参事，友成企业家扶贫基金会副理事长

健康快乐是每个中国人对幸福生活的美好向往，也是政府、公司及个人的努力方向。随着中国从全面小康社会迈向富裕社会，人们对健康和保健的需求会越来越强烈。康宝莱公司积极传递“营养+运动”的健康生活方式，在履行企业社会责任方面做了很多有益的工作。

作为一个公益人，我特别赞赏康宝莱的“无贫困”“零饥饿”项目。在中国重点帮助贫困和重疾少年儿童，并开展项目。他们在全球 50 个国家和地区建立了“康宝莱之家”，向需要帮助的儿童提供健康营养产品。这些都体现了公司的公益理念和脚踏实地的爱心行动。我们希望康宝莱公司在继续扩大公司的中国业务的同时，更深度地参与中国西部贫困地区的健康扶贫和乡村振兴领域的项目，发挥专业精神和社会影响力，与中国的企业和社会机构共同合作，让贫困地区的人民，让贫困家庭的成员也能活得更健康、更快乐。

一、责任聚焦：健康中国

1. 联合国可持续发展目标与“健康中国 2030”规划纲要

随着人们健康意识的增强，均衡营养、积极健康的生活方式已成为人们的日常所需。与此同时，营养不良、肥胖、人口老龄化、疾病风险等问题也随之在全

球范围内引发了广泛关注。

在我国，根据《中国肥胖预防与控制蓝皮书》数据统计，中国成年居民超重率达到30.1%，肥胖率达到11.9%，两者合计高达42.0%。物质生活水平提高带来的超重和肥胖率上升，正在中国成为普遍的社会问题。数据显示，无论是青少年或成年人、男性或女性，以及农村人或城市居民，近10年来中国居民肥胖的发生率均有较为普遍的增加。

2015年9月，联合国发布可持续发展目标（SDGs），旨在从2015年到2030年以综合方式彻底解决社会、经济和环境三个维度的发展问题，应对可持续发展挑战。其中在目标3“良好健康与福祉”中提到，“确保健康的生活方式，促进各年龄段所有人的福祉对可持续发展至关重要”。获取良好的健康与福祉是一项基本人权，这也是为什么《可持续发展议程》提供了一个新机会，以确保人人（而不仅仅是最富有的人）都能获得最高水准的健康和医疗保健。2016年，《中国落实联合国2030年可持续发展议程国别方案》发布，中国政府也将联合国可持续发展各项目标作为相关政策制定的重要考量。

超重、肥胖和由体重增长引发的一系列疾病，正在损害着中国居民的体质和生活质量，同时也造成了高昂的社会医疗支出成本。为了解决这一问题，中国政府于2016年10月发布“健康中国2030”规划纲要，致力于推动健康中国建设，不仅是全面提升中华民族健康素质、实现人民健康与经济社会协调发展的国家战略，也是积极参与全球健康治理、履行对联合国“2030年可持续发展议程”国际承诺的重大举措。

“健康中国2030”规划纲要明确指出要以发展健康产业为重点，加快健康人力资源建设，推动健康科技创新，建设健康信息化服务体系，加强健康法制建设，扩大健康国际交流合作，希望能通过一系列的政策和体系建设，借助社会各界的力量，提升中国居民的健康水平和身体素质。健康产业作为“健康中国2030”规划纲要实施落地的重要推动力之一，迎来了前所未有的发展机遇。

2. 康宝莱的企业使命

作为全球知名的营养品牌，康宝莱从成立之初便一直秉承着自己的营养使命：改善消费者的营养习惯，用美味、科学的营养产品帮助人们实现每日健康的有效平衡。

从 1980 年起，康宝莱便肩负着为全世界人们带去健康营养的使命，并通过与服务提供商携手致力为世界性难题提供解决方案：营养不良、肥胖、人口老龄化等。其各类产品，包括目标营养、体重管理、能量、保健和个人护理等产品至今已覆盖全球超过 90 个国家和地区。康宝莱通过优质的营养产品和热忱的服务提供商，为顾客提供个性化的营养解决方案，帮助他们实现营养与健康的目标：为营养不良者提供营养，帮助肥胖者进行体重管理。同时，也将均衡营养的理念和健康积极的生活方式传递给更多的人。围绕这一核心，每天，我们都努力帮助那些准备开启营养之旅的人们了解康宝莱行之有效的个性化方案，帮助他们拥有更好的生活。

康宝莱中国始终把解决与健康相关的社会问题作为自身的企业社会责任，积极传递营养+运动的健康生活理念，除了通过自身业务帮助消费者实现健康的体重管理和满足日常营养所需，还与政府、媒体、学术机构合作积极传播并倡导健康的生活方式，致力于提升人们的健康和营养意识，积极应对国家政策引导，助力国民健康升级，全力支持国家“健康中国 2030”目标的实现，为推动中国健康事业全面发展做出自己的贡献。

在未来，康宝莱中国还将助力中国营养健康领域的创新性发展。2018 年，康宝莱中国宣布将投入 7 亿元人民币成立 “中国影响力发展投资计划”，助力推进其中国业务发展，并就肥胖问题等公共政策上面临的挑战做出贡献，以现有广泛的优质产品和健康服务为基础，聚焦健康领域产品和服务的创新发展、研究和培训，为改善中国顾客的营养及健康习惯做出更大贡献。

二、响应政策环境，对标 SDGs 各项指标

康宝莱中国积极响应联合国可持续发展目标以及中国本土化的可持续发展倡议，通过完善社会责任管理机制和组织体系建设，促进企业运营活动符合可持续发展理念，并在业务、项目及活动中采取有效措施，助力可持续发展目标的实现，其中包括：

SDGs 1 无贫穷&SDGs 2 无饥饿

康宝莱中国倡导营养健康理念，投身“康宝莱之家”等公益项目，助力增进社会成员的营养和健康福祉。

1994年，康宝莱创始人马克·休斯创立康宝莱营养基金会（HNF），并制订“康宝莱之家”计划，为全世界需要帮助的儿童提供健康营养产品。作为康宝莱营养基金会的全球慈善项目，截至2018年底，“康宝莱之家”已经遍及世界近50个国家和地区，每天帮助世界上超过12万名儿童。在中国，康宝莱坚持贯彻全球“康宝莱之家”的理念，努力撒播爱与奉献的种子。截至2018年底，康宝莱中国已在中国设立了4所“康宝莱之家”，分别位于成都、北京、南京和广州，为需要帮助的儿童提供专业的营养支持，让他们更健康、更快乐地成长。

SDGs 3：良好健康与福祉

康宝莱中国积极向消费者普及营养健康理念，促使消费者拥抱一个健康积极的未来。康宝莱始终致力于改善全世界消费者的营养习惯，帮助消费者实现营养和健康目标。在中国，康宝莱充分发挥独特的优势来实现这一目标，即通过由服务提供商开设在各地社区的营养俱乐部和丰富多彩的健康倡导行动等方式，向消费者传递健康生活理念，助推全民健康的实现。

SDGs 5：性别平等

康宝莱中国平等对待每一位员工，并充分保障员工权益。男女员工比例为1：1.05，其中女性管理者比例为51.46%，在公司内部还设立了母婴室供哺乳期女员工使用。

SDGs 8：体面工作和经济增长

康宝莱中国将健康理念融入员工发展，不仅重视员工的成长，搭建多样化的人才成长平台，还关心员工的身心健康，为员工提供安全、舒适的工作场所，丰富员工生活，提升员工幸福感。

公司内部建立了一套完善的员工成长激励制度，康宝莱中国希望无论是初入职的新员工，还是身居管理层的员工，都能够获得适合自己的培训机会和发展平台。在员工健康安全方面，自2013年起，公司启动最佳职场计划（Great Place to Work），参考最佳职场标准，对公司的工作环境各项指标进行预测，预测得分均超过亚太区最佳职场的标准。2015年，公司获评“2015大中华区最佳职场”；2016年，长沙工厂获评“2016大中华区最佳职场”；2017年，公司员工体检及健康档案覆盖率为100%。

SDGs 12：负责任消费和生产

优质的产品和服务是连接消费者的桥梁，是康宝莱中国对消费者负责任的一份承诺。康宝莱在产品的研发、原料加工、生产和销售环节追求至臻至美，加大在研发、质量保证和控制、产品安全及产品达标等综合科学领域的投入，提升产品品质和服务质量，实现追求卓越的承诺。

此外，康宝莱中国遵守中国监管部门出台的适用要求，遵循"种子到餐桌"的质量管理理念，实现了对原材料质量和纯度的控制以及产品研发、生产、质检和使用的全过程把控，使所有产品都有源可循，确保每个产品都符合康宝莱的质量标准，满足中国消费者对优质产品的需求。

SDGs 13：气候行动

康宝莱中国将绿色环保理念贯穿生产经营的各个环节，加强环境管理与监督，积极采用新技术、新工艺和新标准，不断完善节能减排管理体系，努力降低生产运营过程中的资源消耗，以低碳高效的模式打造公司的绿色竞争力。

康宝莱中国建立健全环境管理体系，重视对资源与能源的管理工作，在生产运营环节努力减少废弃物排放，通过有效处理污水、废弃物等方式和措施，优化资源配置，助力企业的可持续发展。同时，康宝莱中国通过一系列绿色环保措施，实现绿色运营全覆盖，兑现公司节能降耗、低碳运营的承诺。

SDGs 17：促进目标实现的伙伴关系

康宝莱中国将社会责任管理思想融入采购流程，不断加强供应商管理，帮助供应商提升可持续发展能力，携手供应商共同推动健康产业的可持续发展。

公司要求所有供应商签署《康宝莱供应商行为准则》，并制定和完善供应商评估流程，对每个供应商进行严格的审核和评估，确保从原材料到产品均符合质量、安全以及相关法律法规的要求，同时优先选择有效开展环保工作、积极履行社会责任的供应商，并督促供应商履行社会责任，共同实现健康运营。同时，公司本着扶持供应商发展的原则，大力支持原材料、包装材料供应商的成长，为供应商提供质量、技术、服务管理提升等整改建议。此外，公司还对长期合作的供应商进行年度培训和审核，引导供应商全面提升业务能力，共建责任价值链。

三、健康相随：康宝莱健康行动

康宝莱自 1998 年在中国设立第一家工厂以来，将全球经营视角与扎根中国开展事业活动相结合，致力于创造出更加符合中国消费者营养和健康需求的产品。伴随着联合国可持续发展目标和“健康中国 2030”规划纲要的发布，康宝莱作为全球营养品公司利用自身积累的全球经营经验和专业优势，努力创造更多社会价值，为联合国可持续发展目标和“健康中国 2030”战略的落地实施倾注力量。

1. 负责任消费和生产

- 研发创新优质产品

优质的产品和服务始于专业的研发设计，康宝莱中国视创新研发为公司实现可持续发展的灵魂，加大在研发、质量保证和控制、产品安全及产品达标等综合科学领域的投入，提升产品品质和服务质量，实现追求卓越的承诺。

- 营养咨询委员会

康宝莱营养咨询委员会（NAB）由近 30 位来自世界各地 20 多个国家和地区的专注产品研发和临床试验的营养、科学和健康领域的专家组成。在中国，康宝莱营养咨询委员会通过积极参与康宝莱中国的产品开发和测试项目，全面指导产品的开发。

康宝莱在全球共拥有 300 余名科学家，其中 42 人拥有博士学位，这些科学家为全球各专业研究协会和膳食协会的成员，包括“美国营养学会”“国际生命科学学会”“美国药典”“官方农业化学家协会”和“中国营养学会分支机构”。

- 强大的创新研发实力

康宝莱中国依托全球研发实力，通过在世界范围内的科学研究不断推进营养的科学性，不断增强创新研发实力，提高自身的可持续发展能力。截至 2018 年底，康宝莱在中国开设了三家生产基地和四家研发中心，分别设立在苏州、长沙和南京，开展中国新产品开发和现有产品升级的所有工作。

康宝莱中国凭借研发技术和资金优势，以自主创新技术支持健康营养领域的技术进步，实现产品和技术的不断突破，致力于成为行业领域内的标杆。2017 年，康宝莱中国长沙工厂完成长沙市科技计划项目《新型改性天然小分子及分子库抗糖尿病的研究》和湖南省科技重大专项项目《湖南特色植物功能性成分提取和精深加工关键技术研发及示范》。

● 加强质量管理——“种子到餐桌”理念

康宝莱中国遵守中国监管部门出台的适用要求，遵循“种子到餐桌”的质量管理理念，实现了对原材料质量和纯度的控制以及产品研发、生产、质检和使用的全过程把控，使所有产品都有源可循，确保每个产品都符合康宝莱的质量标准，满足中国消费者对优质产品的需求。

康宝莱“种子到餐桌”质量管理理念是营养保健品行业的创新之举，是给顾客提供高质量产品、优质体验及产品效果的保障。康宝莱对于产品的质量精益求精，对在全球范围内的原料生产基地、种植基地都严格执行“种子到餐桌”的质量管理理念，实现对原材料质量和纯度的控制及原材料供应链的一体化，从种子开始一直到消费者的餐桌，整个产业链的每一个环内都严格控制食品质量安全，为康宝莱的产品质量提供严格的保障，使所有产品都有源可循，真正做到“安心健康”。

● 创造美好消费体验

康宝莱中国将顾客满意作为服务宗旨，通过设立品牌体验中心、开通服务热线、优化客户联络中心和联合打假等方式，在为消费者提供营养和健身的个性化服务的同时，全力保护消费者的各项权益，创造更加优质的消费体验。

● 品牌体验中心

为给营销伙伴与消费者提供一个了解康宝莱健康理念的平台，康宝莱品牌体验中心应运而生。品牌体验中心不仅完美体现了康宝莱积极传递营养+运动的健康生活理念，还随时为消费者提供周到的服务，让消费者近距离全面了解康宝莱所倡导的健康积极生活方式。截至 2018 年底，康宝莱中国在北京、上海、广州、青岛以及西安五个城市设立了品牌体验中心。

● 联合打假

为减少假冒伪劣产品对消费者带来的侵害，康宝莱中国依据相关法律，积极配合政府有关部门，与网络平台紧密联手，通过加大打假力度来净化市场营销环境，为服务提供商的良性经营保驾护航，切实保障消费者合法权益。2017 年，公司主动对网络平台上出售的产品进行调查，通过神秘购买等方式回购调查 4 000 余次，与政府相关部门、电商平台紧密合作，查处并关闭 1 家售假仓库，1 家大型制假工厂及 2 家下游分销网点，涉案金额数千万元。

• 服务热线与客户联络中心

为及时跟进、满足消费者的各类服务需求，康宝莱中国建立了全方位、多渠道的客户服务方式，开通免费服务热线电话：400-888-6880，及时回复消费者咨询，处理消费者投诉。康宝莱中国不断加大客户服务投入，自 2014 年起，建立了线上产品订购平台；优化客户联络中心，打造一站式全方位服务空间。同时，还建立了完备的退换货和消费者保障制度。正是源于对客户服务的不断投入，多年来公司退货发生率始终远低于订单总数的 0.1‰。2016 年 10 月，康宝莱客户联络中心荣获“金音奖”2016 中国最佳客户联络中心奖——客户服务。

2. 良好健康与福祉

• 传播健康理念

康宝莱始终致力于改善全世界消费者的营养习惯，帮助消费者实现营养和健康目标。在中国，我们充分发挥独特的优势来实现这一目标，即通过由服务提供商开设在各地社区的营养俱乐部和丰富多彩的健康倡导行动等方式，向消费者传递健康生活理念，助推全民健康的实现。

2018 年，康宝莱中国宣布投入 7 亿元人民币成立“中国影响力发展投资计划”，用于新产品的开发创新、扩大服务商运营的营养俱乐部普及率，并通过开展如体重管理挑战赛、社区义诊等活动，为推动“健康中国 2030”规划纲要的落地实施做出积极贡献。

• 营养俱乐部

营养俱乐部由康宝莱服务提供商自主运营，是一个有巨大亲和力的社交空间，提供了一个办公室和家庭之外的第三平台，旨在为努力实现个人健康、志同道合的社区团体提供相互支持、分享健康理念的聚集平台。借助这一平台为消费者提供营养和健身的个性化服务、一对一辅导，分享健康生活体验，组织形式多样的主题活动，为他们提供更健康、更营养的选择，将健康生活的理念深入每一个城市、街道、社区和家庭。

自 2008 年底引入中国市场以来，营养俱乐部快速融入更多人的生活中，不仅在中国各大城市中成为一种生活的时尚，更成为健康人生与品质生活的象征。截至 2018 年底，营养俱乐部已遍布全国，数量超过 6 000 家。目前，公司正加大对中国范围内营养俱乐部的投资，增加其数量，使其服务于更多的社区团体。

● 体重管理挑战赛

康宝莱中国以体重管理挑战赛为载体向大众传播积极传递营养+运动的健康生活理念，以科学的体重管理知识为基础，由专业的营养师和体重控制教练针对不同个体给出综合的营养、运动、生活方式建议，并制订个性化的体重管理方案来帮助更多的人群科学、正确地管理自身体重。

通过组织开展健身训练营和年度体重管理挑战赛、赞助厦门马拉松和支持“全民营养周”等形式，深入倡导全民健康文明的生活方式，推动健康管理方式的转变，助推国民健康升级。自 2015 年起，公司与中国营养学会达成战略合作，大力支持“全民营养周”，通过专家论坛、活力 5K 嘉年华等形式，深入推进营养+运动的健康生活理念，聚焦大众健康，推进营养科普，增强民众的健康意识。2017 年，公司赞助编撰的《中国肥胖预防与控制蓝皮书》发布，集合了该领域重量级营养学专家学者在肥胖问题上的科学意见，为超重及肥胖人群的健康减重及体重管理提供有效指导。

● 倡导健康行动

（1）迷你马拉松。

康宝莱在关爱儿童健康成长的同时，同样关注大学生群体。为了增强青年大学生体质，积极响应“健康中国 2030”规划纲要，鼓励大学生“走下网络、走出宿舍、走向操场”，“康宝莱·全国大学生迷你马拉松公益挑战”（简称“迷马”）

在 2014 年正式启动，迄今已举办三届。该项活动衍生出的“迷马精神”也在大学生群体中迅速传播，激励大学生以更健康的状态、更快乐的心态成长、学习。

（2）康宝莱 5K 嘉年华。

康宝莱中国积极在北京、长沙、太原、合肥、宁波、海口等城市开展康宝莱 5K 嘉年华活动，开启全民运动嘉年华，进一步倡导营养+运动的健康生活理念，将科学的营养生活方式普及给大众，增强健康水平。

3. 促进社区改善

在促进中国消费者营养升级的同时，康宝莱中国积极履行社会责任，热心公益事业，不断探索结合自身专业优势解决中国社会问题的途径。康宝莱始终相信发展与奉献并重，在企业发展壮大的同时不忘回馈社会。

- 康宝莱之家

在中国，康宝莱坚持贯彻全球“康宝莱之家”的理念，努力撒播爱与奉献的种子。截至 2018 年底，康宝莱中国已在中国设立了 4 所“康宝莱之家”，分别位于成都、北京、南京和广州，为需要帮助的儿童提供专业的营养支持，让他们更健康、更快乐地成长。

康宝莱之家大事记

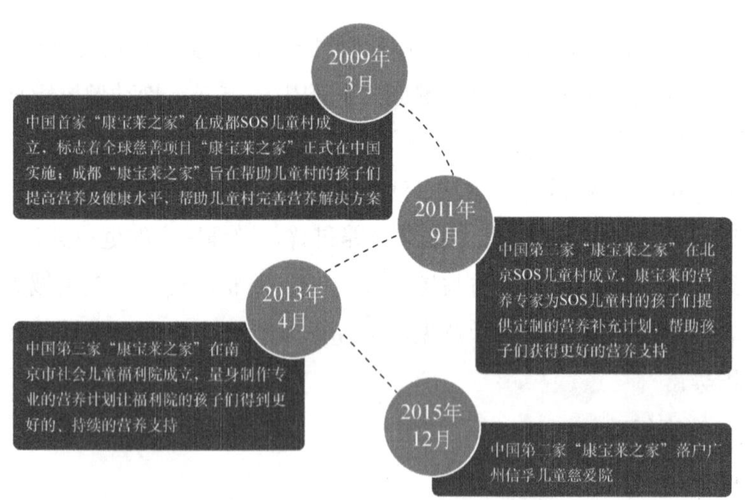

- 天使听见爱

康宝莱发起的“天使听见爱”专项慈善活动于 2009 年创建，旨在帮助听力残障儿童恢复听力，重启有声之路。“天使听见爱”专项慈善活动在救助听障患儿时，崇尚“天助自助者”的精神，一方面为减少受助家庭的依赖，另一方面也充分考虑保护受助者尊严。“天使听见爱”专项慈善活动捐赠人工耳蜗和部分康复费，手术费用由患儿家庭自己承担。截至 2018 年底，“天使听见爱”专项慈善活动累计投入 4 700 万元人民币，超过 160 名儿童在康宝莱的资助下进行听力恢复训练，180 名儿童在“天使听见爱”项目的资助下完成人工耳蜗植入手术。

案例：让无声天使重回有声世界

在被确诊为先天性耳聋，到成功在北京植入人工耳蜗，再到听见第一声“爸爸妈妈”的一年里，小芳玲一家如过山车一般，从绝望看到希望，再到对未来充满信心与勇气……小芳玲的妈妈坦言，“天使听见爱”专项慈善活动改变了小芳玲的人生轨迹，也改变了她们一家人的命运。

通过康宝莱中国服务提供商的帮助，小芳玲的妈妈了解到“天使听见爱”专项慈善活动的有关情况，按照康宝莱微信公众平台上公布的联系方式，将家庭情况说明以及小芳玲的全部诊断资料发送给了“天使听见爱”专项慈善活动负责人。不到一周的时间，康宝莱中国的项目负责人就到小芳玲的家中进行了家访，在核对完真实情况后将小芳玲纳入 2016 年“天使听见爱”的救助项目，帮助小芳玲进行人工耳蜗植入手术。手术后，在康宝莱中国工作人员的帮助下，小芳玲进入一家上海康复机构进行了一系列的康复训练，不仅能够听到爸爸妈妈喜悦的呼唤，也能讲述一段段的小故事，从“默片”生活转向有声世界。

小芳玲在进行康复训练

● 关爱城市美容师

从2013年开始，康宝莱中国开始关注“城市美容师”这个群体，成立“关爱城市美容师”项目组，号召临街的营养俱乐部，为“城市美容师”们提供一个“喝水、热饭、歇脚”的地方。

自2015年起，康宝莱中国连续3年在小年夜前夕，邀请环卫工人共享年夜饭，为“城市美容师”送去一份温暖。2016年，康宝莱中国与新闻晨报、上海市摄影家协会共同举办“净·守护城市之美”主题摄影展，记录下“城市美容师”的身影和付出，倡导和谐社会。2017年1月，郑州、济南、青岛和淄博等城市的康宝莱爱心人士联合推出“关爱城市美容师”大型公益活动“小年专场”，多家营养俱乐部为周边的环卫工人送去饺子等营养餐以及贺年爱心大礼包。

四、项目价值实现

1. 创新性

康宝莱开创性地把自身业务和企业社会责任有机结合，聚焦与健康相关的社会问题的解决，通过践行营养+运动的健康生活理念，除了通过自身业务帮助消费者实现健康的体重管理和满足日常营养所需，还与政府、媒体、学术机构合作积极传播并倡导健康的生活方式，致力于提升人们的健康和营养意识，积极应对国家政策引导，助力国民健康升级，全力支持“健康中国2030”目标的实现，推动中国健康事业全面发展。

同时，康宝莱还将创新性融入公益项目的设计中。2018年7月，在康宝莱之家夏令营开办的第五年，康宝莱启动了全新品牌“能量少年成长计划”，结合新时代儿童成长的实际需求，咨询了教育专家的专业建议，设置了五个方向的培养计划，并设立了全套专业课程，通过寓教于乐的形式，让孩子在游戏、舞蹈、运动中全面提升身心健康、自信力、创造力、协作力和领导力。

2. 专业性

康宝莱中国始终把解决与健康相关的社会问题作为自身的企业社会责任，所开展的公益项目得到了来自康宝莱业务团队和机构合作伙伴两个方面的专业支持。

一方面，康宝莱是全球营养代餐及蛋白质补充类产品和全球体重管理产品的知名品牌。康宝莱在全球共拥有 300 余名科学家，通过积极参与公司的产品开发和测试项目，全面指导康宝莱产品开发工作。全球领先的团队和产品为开展营养健康相关的公益活动提供了专业支持。

另一方面，康宝莱中国与不同的专业伙伴合作，为公益项目的专业和高效助力。“天使听见爱”公益项目与中国宋庆龄基金会、中国人民解放军总医院共同启动，为听障儿童重启有声之路提供专业的医疗指导和关怀；康宝莱之家夏令营，与全国 SOS 儿童村合作，并与阿波罗教育咨询、能量学院等多家机构共同搭建专注孤儿群体心理关怀和建设的专业课程；5K 嘉年华，与中国营养学会合作，共同在全国多个城市号召更多人用运动实现健康、有效的体重管理。

3. 影响力

康宝莱利用其业务模式和社区网络，通过其广大服务商与客户群体影响更多的人。由康宝莱服务提供商运营的营养俱乐部遍布全国，数量超过 6 000 家，深入社区，通过一对一的健康知识、运动方式辅导，影响人们的生活方式和思维方式，鼓励他们拥抱更健康、更积极的生活方式。

除此之外，康宝莱员工和服务提供商一直是康宝莱公益项目重要的参与主体。在“康宝莱之家夏令营”项目中，多年来员工和服务提供商作为志愿者在活动中与孩子们进行了充分的互动；他们更是“天使听见爱”项目中大部分善款的捐赠者，让听障儿童通过植入人工耳蜗恢复听力，重启有声之路，开启崭新人生。他们将爱心和温暖，传递给了更多需要帮助的人群。

华西证券

资本市场助力易地扶贫搬迁，开创金融扶贫新模式

案例点评：郭毅，北京工商大学教授

我国正处于扶贫攻坚的关键阶段，尚未脱贫群体往往有着较为复杂的致贫原因。华西证券的扶贫案例充分体现了解决我国当前扶贫工作所面临困难问题的应对之策，值得我们深入分析研究。

1. 找准了致贫原因，采取有针对性的措施；

精准扶贫重在“精准”，在我国扶贫攻坚的关键阶段，所面临贫困问题的成因较为复杂，因此找到致贫的关键原因，采取有针对性的对策措施，对于贫困问题的根本解决至关重要。华西证券根植于西南地区，理解政府政策，理解地区民众生活习惯和价值理念，理解金融机构在扶贫工作中可以发挥的作用和发挥作用的基本方式。“易地扶贫搬迁项目收益债券”等产品设计上，充分对接了政府政策福利、投资人诉求和民众搬迁后的社会生活需要，创建了多方共赢的格局。

2. 重视“造血”式扶贫，强调扶贫效果的可持续性；

华西证券扶贫工作，建立充分尊重市场力量，而不仅仅是依托政策保障这一认知理念上。在“易地搬迁收益债”等项目设计方面，充分利用资本市场机制，调动了资本投向扶贫事业，既致力于社会问题的解决，又保障了资本的收益，使致力于社会问题解决的公益类事业具有可持续性。

3. 对接多方面社会力量，共同致力于扶贫事业。

任何一个社会性问题，其成因往往都是复杂的、多方的，之所以长期积淀，不易解决，原因就是在于它很难针对某个主体、从某个维度入手就能形成对问题的全面解决，系统性问题的产生存在着系统性的原因，因而在解决

思路上也应该联合多方面主体，协同行动。华西证券的扶贫模式，充分调动了政府相关部门、直接监管部门、当地民众、金融机构、地方企业等多方面的力量，构建了针对贫困问题从不同维度探求解决方案，形成合力的机制。

扶贫工作的具体对策措施，应该因地制宜。但华西证券在扶贫事业中体现的上述理念和原则，具有普适性和代表性，值得我们在扶贫工作当中深入研究和推广。

通过发行债券引入社会资本支持脱贫攻坚，不仅能实现资金上的快速统筹，而且引入投资方监管，还能确保资金使用严格合规

——华西证券　董事长蔡秋全

《中华人民共和国 2017 年国民经济和社会发展统计公报》显示，按照每人每年 2 300 元（2010 年不变价）的农村贫困标准计算，2017 年末中国农村贫困人口 3 046 万人。

继外交部于 2016 年 10 月发布《中国落实 2030 年可持续发展议程国别方案》之后，2018 年 6 月，中共中央、国务院发布《关于打赢脱贫攻坚战三年行动的指导意见》，提出“到 2020 年，因地制宜综合施策，确保现行标准下农村贫困人口实现脱贫，消除绝对贫困”，与联合国可持续发展目标（Sustainable Development Goals，简称 SDGs）的首个目标“（到 2030 年）在全世界消除一切形式的贫穷”紧密相连，并且将消除贫困的时间表提前十年。在将中国的反贫困事业纳入全球进程之后，也反映了中国的决心。

华西证券作为四川省重点国有金融企业，一直以来积极履行国有企业的社会责任，坚持服务和回报社会。通过发挥行业独特优势，华西证券以市场化手段，成功发行全国首支易地扶贫搬迁项目收益债，借力资本市场直接融资助推脱贫攻坚，成功发行“泸州市易地扶贫搬迁项目收益债券（16 泸扶贫项目 NPB）”，惠及贫困人口 2.86 万户，使四川泸州市古蔺县、叙永县 11.21 万贫困人口的住房条件、基础生活设施得到改善。此外，华西证券申请“四川广元市苍溪县扶贫搬迁项目债”也已获批，预计将惠及贫困人口 3.03 万户，四川广元市苍溪县 10.26 万人的生活环境及交通基础设施将获得极大改善。

相对于传统的扶贫模式，华西证券创新性地以“发行扶贫债券，借助市场力量”的方式改善贫困地区的住房生活条件的扶贫模式，采用直接融资方式筹集大

量、长期资金，切实保障建卡贫困户和非建卡贫困户的整体搬迁需求，让搬迁者能够更好地享受到教育、医疗和就业机会，实现了由原来的输血式扶贫向造血式扶贫的转变。这一模式被《人民日报》、人民网、新华网、国家发改委官方网站、《国土资源报》《中国证券报》《四川日报》等媒体的广泛报道，并得到汪洋副总理的亲笔批示，国务院还组成专门工作组赴泸州进行专题调研，开创了中国在金融扶贫方面的新模式、新路径。2018 年 10 月，在中国证券业协会、中国期货业协会主办，证券时报·券商中国承办的“我们在行动”2018 中国证券期货业扶贫工作交流大会上，华西证券获“优秀定点扶贫奖”“最佳服务贫困地区企业融资项目奖”两项大奖。

一、背景

1. 战略响应，华西铁肩担责任

华西证券股份有限公司（002926 SZ）源于 1988 年成立的四川省证券股份有限公司。2014 年 7 月，完成股份制改造并更名为华西证券股份有限公司。公司以“成就价值梦想”为使命，秉承“专业、敬业、高效、担当”的企业精神，以客户为中心整合资源，围绕“零售财富管理服务”和“企业综合金融服务”的“双核驱动”发展战略，实现“发展战略、人力资源、资金运营、风险控制”的统一管理，立足西部，深耕四川根据地，倾情服务中小微企业，以资产管理业务为引擎，重点打造零售财富服务管理和企业综合金融服务两大客群业务板块。华西证券一直以来牢固树立“四个意识”，积极履行国有企业的社会责任，在战略层面积极响应党的十八大以来，以习近平同志为核心的党中央把脱贫攻坚工作“五位一体”总体布局和“四个全面”战略布局，按照省、市关于扶贫工作的整体部署和具体要求，以及中国证监会、证券业协会“一司一县”结对帮扶贫困县行动倡议的精神，充分发挥证券行业优势，投入大量财力、人力和物力，形成多层次、多渠道、多方位的精准扶贫工作格局，切实把扶贫工作作为首要政治任务落到实处。

泸州市古蔺县、叙永县是华西证券长期以来定点帮扶的五个贫困县中的两个（其余三个分别为：四川省北川县、岳池县及山西隰县）。自2015年起，华西证券为五个贫困县累计捐赠资金3 541万元，捐赠物资折合20余万元，派驻7人作为专职扶贫干部帮扶当地。

在响应党的十八届六中全会、中央扶贫工作会议和四川省委十届八次、九次全会关于扶贫攻坚的部署之下，在充分认清当地经济制约条件及致贫原因之后，华西证券立足于自身金融技术与市场优势，秉持资金帮扶“输血”、智力帮扶“造血”、金融帮扶“活血”的方针，既实施直接帮扶加快当地基础建设，坚持扶贫扶智，不断加大对贫困地区的人力支持和教育帮扶，激发贫困群众自我发展的内生动力，又通过金融工具凝合社会资本的力量，通过债券、证券、期货和保险等综合金融服务推进产业扶贫。

面对贫困地区经济增长缓慢、地方财政增收困难、民生项目无法保障、基础设施建设投入不足的现实，华西证券采取直接捐赠资金，切实帮助贫困地区政府加大对民生项目和基础设施建设的资金投入，解决迫切的生产生活之需，增加困难群众的获得感。同时，本着“授人以鱼不如授之以渔”的原则，华西证券向当地选派扶贫挂职干部，深入基层。驻村期间，挂职干部综合利用各类资源，积极为村民的产业脱贫想办法、找门路，通过易购代销、帮助建立土特产电商营销平台、协助设立互助贷款资金社等方式帮助村民拓展经济收入来源和生产投入。另外，华西证券还通过设立教育扶持基金与培训、挂职、交流等形式帮助当地的青少年教育和专业人才培养。

无论是“输血”还是“造血”，在扶贫脱困这一道路上所需涉及的相关方并未超出当地地方范畴。而易地扶贫搬迁作为四川省脱贫攻坚决策部署的头号工程，由于其所涉资源之多、资金之巨大，则需要更多方的合作与努力。

2. 南北山区，易地搬迁成难题

作为国家级贫困县的泸州市古蔺县、叙永县地处四川东南部，毗邻贵州，地理位置上处于四川盆地边缘，古蔺、叙永二县境内海拔247～1 843米，地势不平居多，沟壑纵横，属于多山地区，山川秀美，但当地村民的居住条件也因此显得更为恶劣，生活、教育、交通及经济无不受自然环境影响。出于地理环境制约，基础设施建设成本极其高昂，使各种以输血方式长年的扶贫、脱贫方式难以为继，多年的经验显示，易地搬迁是当地村民脱贫的最优途径。

与古蔺、叙永二县类似，广元市苍溪县也是国家级贫困县，地理位置上也处于四川盆地边缘，只不过前者在四川盆地东南侧，而后者地处四川盆地北端，但其地貌结构、居住环境、经济条件、基础设施水平与古蔺、叙永二县如出一辙：村民生产生活条件恶劣、居住分散、交通不便。因此，苍溪县贫困农户的最优脱贫方式也是易地搬迁。

虽说易地搬迁是最优的脱贫方式，但对村民们来说，难题也是显而易见的：易地搬迁就意味着找新住处、建新房子，这一切的成本对经济条件本来就不好的村民来说无异于难度极高而最终难以实现。

2015 年底，中共中央、国务院出台《关于打赢脱贫攻坚战的决定》，[①]提出"利用城乡建设用地增减挂钩政策支持易地扶贫搬迁。为符合条件的搬迁户提供建房、生产、创业贴息贷款支持。支持搬迁安置点发展物业经济，增加搬迁户财产性收入"，"完善扶贫开发用地"政策。支持贫困地区根据第二次全国土地调查及最新年度变更调查成果，调整完善土地利用总体规划。新增建设用地计划指标优先保障扶贫开发用地需要，专项安排国家扶贫开发工作重点县年度新增建设用地计划指标。中央和省级在安排土地整治工程和项目、分配下达高标准基本农田建设计划和补助资金时，要向贫困地区倾斜。在连片特困地区和国家扶贫开发工作重点县开展易地扶贫搬迁，允许将城乡建设用地增减挂钩指标在省域范围内使用。在有条件的贫困地区，优先安排国土资源管理制度改革试点，支持开展历史遗留工矿废弃地复垦利用、城镇低效用地再开发和低丘缓坡荒滩等未利用地开发利用试点"。

其中"利用城乡建设用地增减挂钩政策支持易地扶贫搬迁"具体来说，即贫困区县在易地扶贫搬迁中因集中建设新居和复垦旧居土地，可腾出相当数量的建设用地指标，并出售给省内发达区县以获取资金。

尽管有政策支持，但易地扶贫搬迁要先建新居，再拆旧居，然后复垦，最终才能形成可供交易的土地指标。"政策红利"的释放需要农户承受"时间差"，这又可能让农户陷入困境。

根据四川省政府发布的《四川省"十三五"脱贫攻坚规划》[②]显示，"十三五"期间四川将易地扶贫搬迁 116 万人。"如此大的规模，资金成了最大的困难。"四川省扶贫移民局的政策规定对贫困户的财政支持不得低于平均建房成本的

---

① http://www.xinhuanet.com/politics/2015-12/07/c_1117383987.htm.

② http://www.sc.gov.cn/10462/10464/13298/13301/2017/1/11/10410696.shtml.

60%。[①②]这样的支持力度对当地财政是一个很大的考验。以地处秦巴山连片特困地区的巴中市为例，根据《四川省“十三五”脱贫攻坚规划》，到 2020 年，该市完成易地扶贫搬迁需耗资数百亿元，而 2015 年全市的财政收入仅 39 亿元。即使算上中央和省级财政的支持，也无法筹集到搬迁所需的全部资金。而地处山区的泸州市古蔺、叙永二县以及广元苍溪县，其经济条件、财政收入很难支撑大规模的、即时的村民易地搬迁。

二、金融帮扶，扶贫债券来解题

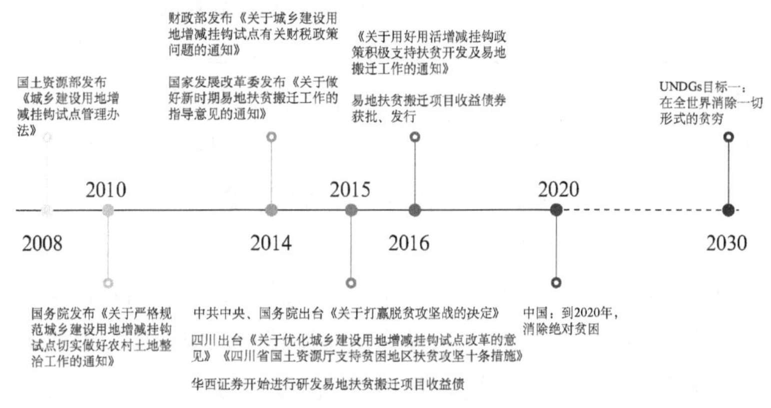

▲易地扶贫搬迁项目收益债券实现路线图

1. 解读政策，深入调研

根据国家发展改革委等五部委联合下发的《“十三五”时期易地扶贫搬迁工作方案》，计划五年内对近 1 000 万建档立卡贫困人口实施易地扶贫搬迁，加上一定比例的随迁人口，易地扶贫搬迁存在不小的资金缺口。泸州市委、市政府将易地扶贫搬迁作为全市脱贫攻坚决策部署的头号工程，提出借力资本市场打赢扶贫攻坚战的思路，华西证券积极响应，深入泸州实地调研。

在调研中发现，为解决搬迁资金难题，中共中央、国务院在《关于打赢脱贫攻坚战的决定》中有“在连片特困地区和国家扶贫开发工作重点县开展易地扶贫搬迁，允许将城乡建设用地增减挂钩指标在省域范围内使用”及四川省《关于优

---

① 四川省“十三五”时期易地扶贫搬迁政策答疑。对高原藏区、大小凉山彝区按不低于平均建房成本 80%给予补助，对秦巴山片区、乌蒙山片区按不低于平均建房成本 70%给予补助，对其他地区按不低于平均建房成本 60%给予补助。

② 以及中国政府网：http://www.gov.cn/xinwen/2017-01/05/content_5156640.htm.

化城乡建设用地增减挂钩试点改革的意见》等政策规定。这些政策使发债筹资为搬迁户建好房，用土地增减挂钩的收益分批偿还本息成为可能。

2008 年，国土资源部发布《城乡建设用地增减挂钩试点管理办法》，明确了城乡建设用地增减挂钩政策的可行性。明确了“项目区内建设地块总面积必须小于拆旧地块面积，项目区内拆旧地整理出的耕地大于建新占用的耕地的面积，可用于建设占用耕地平衡。挂钩周转指标用于控制项目区的建新地块的土地规模，同时必须做完拆旧地块而整理的复垦耕地面积的标准。且不能作为该年度新增用地计划指标使用”的核心原则。但该文件限定了项目区不得跨市、县行政区。

2010 年 12 月，国务院发布《关于严格规范城乡建设用地增减挂钩试点切实做好农村土地整治工作的通知》（国发〔2010〕47 号），强化了城乡建设用地增减挂钩政策要求，严禁超出挂钩周转指标。所在省（区、市）要严格按照国家要求的挂钩周转指标标准，组织进行审批试点，严禁违反挂钩周转指标设立挂钩项目区，严禁项目区跨县级区域进行设置，严禁周转进行循环使用。

2014 年 1 月，财政部发布《关于城乡建设用地增减挂钩试点有关财税政策问题的通知》（财综〔2014〕7 号），从财政收支政策上明确了“增减挂钩地区试行土地节余指标交易流转的，其土地节余指标交易流转收入应当作为土地出让收入的一部分，全额缴入国库，实行‘收支两条线’管理”；明确指标交易流转收入可优先用于集中安置点建设。

2014 年 9 月，国家发展改革委发布《关于做好新时期易地扶贫搬迁工作的指导意见的通知》（发改地区〔2014〕2174 号），明确“易地扶贫搬迁工程的实施范围是中西部地区（不含新疆和西藏），重点是连片特困地区”，明确搬迁对象是“居住在环境恶劣、生态脆弱、不具备基本生产和发展条件、‘一方水土养不活一方人’的深山区、石山区、荒漠区、高寒区、地方病多发区等的农村贫困人口”，“中央财政对于易地扶贫搬迁工程人均补助不超过 6 000 元，地方政府配套安排一定规模补助资金（其中省级政府安排配套资金原则上不低于中央补助规模的 30%）”。规定投资计划管理流程是“省级发展改革部门对市县上报的拟建易地扶贫搬迁项目审查后，汇总形成易地扶贫搬迁工程年度投资计划草案，报送国家发展改革委。”

2015 年 7 月，四川省政府出台《关于优化城乡建设用地增减挂钩试点改革的意见》，提出“允许符合条件的地方在省域范围内设置挂钩项目区。为扎实推进精准扶贫，对纳入《中国农村扶贫开发纲要（2011—2020 年）》连片特困地区中的秦巴山区、乌蒙山区等区域，纳入国家相关规划的生态移民搬迁地区，以及其他经国土资源部批准的地区，在保障本县域范围内农民安置和生产发展用地的前提下，部分结余指标可优先在市域范围内挂钩使用，也可在省域范围内挂钩使用”。

2015 年 8 月，四川省国土资源厅出台《四川省国土资源厅支持贫困地区扶贫攻坚十条措施》，提出“发挥试点政策对扶贫攻坚的支持作用。加大城乡建设用地增减挂钩试点支持力度，将巴山新居、彝家新寨、藏区新居、生态移民搬迁和幸福美丽新村建设等纳入城乡建设用地增减挂钩试点范围并优先安排”。

2. 科学设计，创新产品

在易地扶贫搬迁项目收益债券成为易地扶贫搬迁的最优解之前，从政策框架的出台，到实地调研、协商与整合，离不开从中央到地方政府的扶贫决心，也离不开华西证券以专业、敬业、高效、担当的精神打赢攻坚扶贫战的决心与信心。

2015 年 9 月，华西证券组织专业团队开始进行研发，并与泸州市委、市政府等相关部门不断论证易地扶贫搬迁项目收益债的发行可能，改进产品设计方案。

2015 年 12 月，中共中央、国务院出台《关于打赢脱贫攻坚战的决定》，该决定提出“利用城乡建设用地增减挂钩政策支持易地扶贫搬迁”。

2016 年 3 月，国土资源部（现为自然资源部）出台《关于用好用活增减挂钩政策积极支持扶贫开发及易地搬迁工作的通知》①，通知包括强调增减挂钩支持扶贫开发及易地扶贫搬迁的重要意义，规定增减挂钩指标安排向贫困地区倾斜等一系列措施。

2016 年 3 月，华西证券经过深入调研并研究相关政策，最终发掘了扶贫资金需求与城乡建设用地增减挂钩相关政策的结合点，通过与各级政府部门的协商，平衡各方诉求，最终将金融创意细化为产品方案，泸州市易地扶贫搬迁项目收益债券获国家发展改革委核准批复，②成功获批全国首创的易地扶贫搬迁项目收益债券。同期还有华西证券申报的同类债券项目苍溪县兴苍建设有限公司获批非公开发行 10 亿元 10 年期债券。③

按照规划，泸州市易地扶贫搬迁建设项目总投资 60.5 亿元，其中自筹资金 40.5 亿元，占项目总投资的 66%，剩下 20 亿元通过发行债券解决。2016 年 9 月 12 日，

① 国土资源部网站：http://www.live.mlr.gov.cn/wszb/2016/zjggzc/zhibozhaiyao/201603/t20160301_1397812.htm.
② 国家发改委批复：http://www.ndrc.gov.cn/zcfb/zcfbqt/201604/t20160406_797616.html.
③ 国家发改委批复：http://www.ndrc.gov.cn/zcfb/zcfbqt/201604/t20160406_797615.html.

泸州市易地扶贫搬迁项目收益（16泸扶贫项目NPB）债券第一期5亿元成功发行，由泸州市农村开发建设投资公司作为发债主体，成为全国首个易地扶贫搬迁项目收益债券。此次中标利率4.30%，创10年期同类债券最低中标利率纪录，全场认购倍数达到6.79倍。为国家级贫困县叙永县、古蔺县易地扶贫搬迁项目，筹集首批5亿元资金，后续两地还将获得15亿元10年期的资金支持，惠及2.86万户11.21万人。易地扶贫搬迁项目收益债券首期发行火爆，市场反应状况良好，表明了其良好的适用性。华西证券通过对已有政策资源的整合，引入资本市场资金活水，圆满解决了在不增加地方政府债务的前提下，妥善完成扶贫攻坚任务的资金难题，“华西证券扶贫模式”由此诞生。

3. 扶贫债券运作原理

（1）关于项目收益债。

项目收益债券是企业债券的一种，一般由项目实施主体（企业）或其实际控制人（企业实际控制人）通过公开或者非公开形式发行，可募集一定金额的资金，该资金用于特定项目的投资与建设。项目收益债券的本、息偿还完全或主要来源于上述特定项目建成后运营收益。这些特定项目一般包括但不限于市政、交通、公用事业、教育、医疗等与城镇化建设相关的、能产生持续稳定经营性现金流的项目及电力、水务、垃圾处理、高速公路、铁路、机场、港口、隧道桥梁等大型基建项目。

根据国家发展改革委于2015年发布的《项目收益债券管理暂行办法》①，项目收益债券由国家发改委负责发行审批，发行主体和项目实施主体是中华人民共和国境内注册的具有法人资格的企业或特殊目的载体，项目实施主体负责募投项目的投资、建设及运营，根据约定享有项目的收益权，也是保证债券还本付息的第一责任人。项目收益债券募集的资金，只能用于该项目的建设和运营，不得置换项目资本金或偿还与项目有关的其他债务，也不得用于其他用途。

在中国，项目收益债券运作原理与美国的市政收益债券类似。具体来说，项目收益债券具有三大特征：

1）发行主体方面，以承担各类固定资产投资项目的项目公司为主；

2）在募集资金投向方面，主要投向市政基础设施建设以及国家产业政策支持行业的项目建设；

---

① 发改委办公厅文件：http://bgt.ndrc.gov.cn/zcfb/201508/t20150805_744477.html.

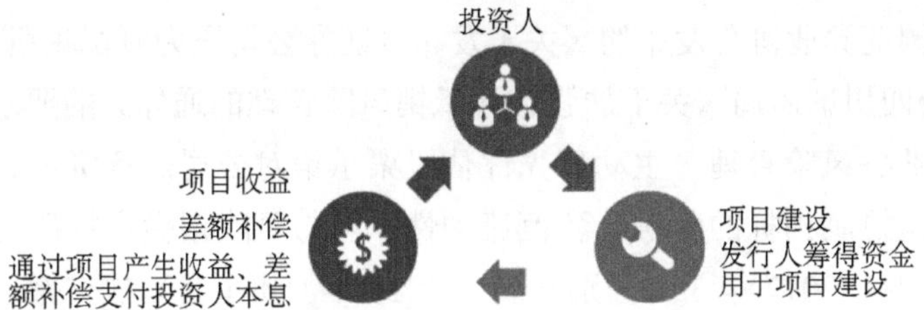

3）在偿债资金来源方面，以项目产生的现金流作为债券还本付息的第一来源，同时还设有适当的内外部增信（credit enhancement，债券增信的手段多样，其中第三方担保、抵质押担保、债券保险、债券信托、信用准备金等最为常见）。

在泸州市易地扶贫搬迁项目收益债券发行之前，国家发展改革委批准发行的所有项目收益债券均未有用于扶贫的用途。

（2）关于易地扶贫搬迁项目收益债券。

中央部署的各渠道资金需逐步到位，无法满足易地扶贫搬迁全面快速推进的要求。在这样的情况下，发行专项债券“以空间换时间”，是一个很好的创新和尝试。

——西南财经大学经济学院博士生导师　刘璐

华西证券所设计的易地扶贫搬迁项目收益债券主要依靠实施扶贫搬迁项目产生的土地指标流转收益，集合国家专项财政资金、政策银行资金和资本市场资金完成易地扶贫搬迁任务。其与一般的项目收益债券不同的地方在于：

- 项目为易地扶贫搬迁，所筹措的资金用于集中建设安置房、公路等配套教育、医疗等基础设施，并对搬迁人口辅以初级职业技能培训以及分散安置人口的拆迁补贴等。
- 偿还方式为城乡建设用地增减挂钩指标流转收益、财政专项补助收益和财政补贴收入。其中城乡建设用地增减挂钩指标流转收益为主要的资金偿还来源。此次发售债券所涉及的易地搬迁项目，其腾出的建设用地指标已经同成都市双流区政府和泸州市高新技术产业开发区签订交易协议。

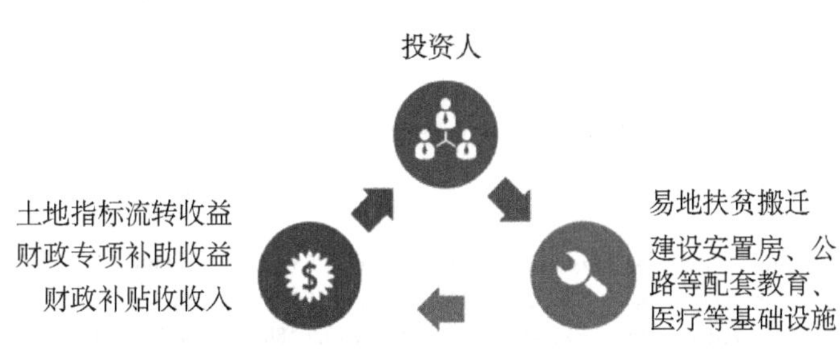

根据中国证券业协会发布的《关于发布〈证券公司压力测试指引（试行）〉的通知》，以及四川证监局《关于加强证券承销风险管理的通知》的要求，为切实加强保荐承销业务风险管理，主动事先评估股票承销对公司财务资金状况，特别是净资本等风险控制指标的影响，防范流动性风险与风险指标合规风险，华西证券于 2016 年 9 月、2017 年 3 月分别开展了 2016 年泸州市易地扶贫搬迁项目收益债券（第一期）和 2016 年泸州市易地扶贫搬迁项目收益债券（第二期）承销专项压力测试，测试结果均表明该债券承销风险可测、可控、可承受。

2018 年 4 月，泸州市易地扶贫搬迁项目收益债券成功完成发行①，所募集资金将全部用于泸州市古蔺、叙永 2 县 35 个镇、215 个村、28 623 户、112 101 人的易地扶贫搬迁项目的基础建设、运营及设备购置等工作。

三、易地搬迁，迎来美好新生活

1. 绩效

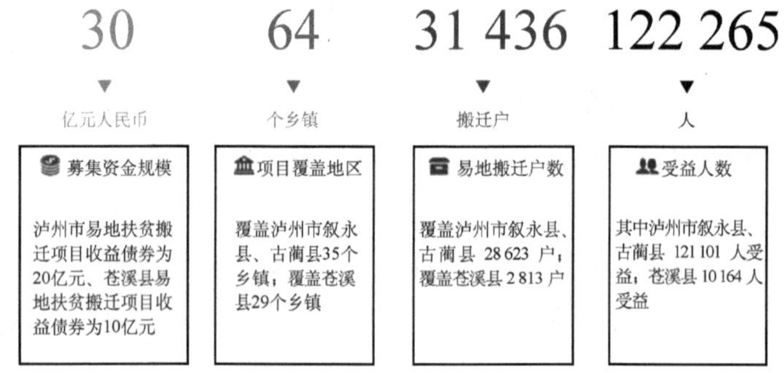

▲已发行的泸州市易地扶贫搬迁项目收益债券②与获批通过的广元苍溪县易地扶贫搬迁项目收益债券③绩效一览

2. 影响

用好易地扶贫搬迁贷款、扶贫小额信贷、贫困村互助资金等政策，争取易地扶贫搬迁专项优惠贷款和全国首批易地扶贫搬迁项目收益债券等金融支持。同

① 国资委网站：http://www.sasac.gov.cn/n2588025/n2588119/c8851718/content.html.

② 国资委网站：http://www.sasac.gov.cn/n2588025/n2588119/c8851718/content.html.

③ 四川统计局：http://www.sc.stats.gov.cn/tjxx/tzxmjz/201807/t20180725_264138.html.

时，引导工商资本、民营资本、社会资本参与脱贫攻坚，并积极争取中央、省财政支持，整合各类涉农资金，加大市、县区财政投入力度，优先集中用于贫困村、贫困户发展……实践表明：打好金融资金、社会资本、财政资金组合拳，是破解大扶贫穷财政难题的核心问题。

——中共四川省广元市委书记　王菲[①]

如果没有发行债券，整个搬迁项目不可能这么快落实。

——泸州市发改委调研员　杜亚非

“投资人最关心的是这个债券值不值钱？泸州发行的首期 5 亿元债券，获得 6.79 倍认购……发售时受追捧，正是因为这只债券风险较小，收益可以预期”[②]

——华西证券固定收益部川内业务部总经理　喻熹

（1）创新整合“扶贫政策债”，以市场化手段提高扶贫效率。

将国家现有已颁布的分散在扶贫移民、以工代赈、住建、国土资源、农业、水利、财政、民政等各类扶贫政策有机整合起来，形成集中力量实现精准扶贫。易地扶贫搬迁项目收益债券将“碎片化”扶贫政策集合使用，设计成市场化产品，提高了扶贫效率，既是国内企业债券市场上第一次“政策扶贫债”的尝试，也为整合“政策扶贫”力量提供有益的样本。

（2）创新扶贫资金聚集管理，确保资金使用高效与合规。

用市场的力量来保障项目合规运行。根据华西证券的产品设计，尽管该项目债券用于扶贫目的，但项目依然充分处于政策的监督之下，在实施中，各类资金实行封闭运行与市场上一般的项目债券无异，项目全程接受法律监督、群众监督和舆论监督，确保了项目实施的公开、公平、公正，让每一分钱都用到实处。这为扶贫资金的合规管理提供有益的思路。

（3）创新多方共赢格局，成为跨区域合作的优异范本。

易地扶贫搬迁项目收益债券的核心是通过将贫困待搬迁地区的土地增减挂钩流转交易至相对发达的区域使用，土地指标交易价格完全取决于市场。由于经济

① 王菲署名文章《人民日报》2017 年 2 月 23 日第 13 版：http://paper.people.com.cn/rmrb/html/2017-02/23/nw.D110000renmrb_20170223_1-13.htm.

② 四川政府网站转引四川日报文章：http://www.sc.gov.cn/10462/10464/10797/2016/9/18/10395917.shtml.

发达地区具有足够的经济实力用于土地指标交易，且购买土地指标所产生的费用远低于其自身通过整理土地获得建设用地指标所需成本，因此发达地区购买土地指标需求旺盛。这一供需关系也保证了债券发行后投资者可获得稳定的投资回报。

在华西证券所设计的易地扶贫搬迁项目收益债券中，促成成都市双流区、泸州市高新技术产业开发区与贫困县的合作显得尤为重要，同样又得益于监管部门对扶贫政策的创造性解读以及牵头和首肯。事实表明，政府各级部门、监管部门对于易地扶贫搬迁项目收益债券这一新物事的开放态度能使合作双方都受益，这无疑是跨行政区域开放合作的优异范本。

（4）创新资源置换，形成了可推广的“政策红利”扶贫模式。

诸多的贫困县在为易地扶贫搬迁项目筹措资金，主要来源又多为国家财政补贴，大多为公益性质投入，易于出现难以为继的情形。而国家在“土地指标流转”方面的“政策红利”不单为贫困县带来扶贫项目资金，也为经济较发达的区、市、县带来其紧缺的宅基地指标，并将贫困县原宅基地土地退耕还林。这一“置换”方案，解决了项目收入来源、宅基地指标省内合理配置、土地退耕还林三大难题，实现了“三赢”，值得各地政府在扶贫工作中效仿。2015 年底出台的《中共中央国务院关于打赢脱贫攻坚战的决定》，给出了政策红利：“利用增减挂钩政策支持易地扶贫搬迁”。这表明，贫困区县在易地扶贫搬迁中因集中建设新居和复垦旧居土地，可腾出相当数量的建设用地指标，并出售给省内发达区县以获取资金。根据这一政策，2016 年 3 月，巴中市与成都市高新区进行了首笔增减挂钩指标交易，总金额达 13 亿元。[①]

以金融工具作为扶贫手段在四川已开展多时，农村小额信贷、土地权益质押等在省内已很常见。对于贫困地区产业发展，也可进一步探索以发行产业债等方式，为脱贫提供更多的资金支持

——西南财经大学西财智库 CEO　汤继强

（5）资本市场通过市场化力量对接扶贫攻坚，具备可持续性。

易地扶贫搬迁项目收益债券充分发挥了债券资金的杠杆及资本效应变“输血式扶贫”为“造血式扶贫”，不仅加速了扶贫开发工作推进进度，更是资本市场社会责任感的表现。

---

① 中国新闻网：http://finance.chinanews.com/cj/2016/10-19/8036053.shtml.

由于易地扶贫搬迁项目收益债不需要特批，完全按照市场化的规则去设计发行，适用于所有符合政策的地区，可在全国范围内复制和推广，是当前地方政府解决扶贫攻坚资金问题的最优选择，为全省乃至全国利用资本市场对接、助推扶贫攻坚树立了典范。

（6）提升综合服务能力，推动自身的可持续发展。

“16 泸扶贫收益债”的成功发行不仅是对华西证券投资银行业务的一次考验，更是该公司企业金融综合服务能力的一次提升。

一方面，华西证券固收团队经过深入调研并研究相关政策，最终发掘了扶贫资金需求与城乡建设用地增减挂钩相关政策的结合点，另一方面，通过与各级政府部门的协商，平衡各方诉求，华西证券最终将金融创意细化为产品方案，并最终获得资本市场认可，使自身的综合服务能力得到较大提升。

目前，华西证券企业综合金融服务板块已逐步拓展了股权融资、债券融资、并购重组、直投、新三板等多业务领域，已基本具备了满足企业客户多品种、多层次需求的服务能力。

中国证券业协会发布的 2015 年度证券公司净资产收益率排名显示，华西证券当年以 28.21%的净资产收益率位列 125 家券商第 25 位，投资业务净收入位列第 57 位（合并口径）。2016 年半年度报告显示，该公司当期实现营业收入 12.30 亿元，其传统核心优势业务——证券经纪业务净收入达 8.15 亿元，重点提升业务——投资银行业务手续费净收入为 0.76 亿元。

故事：从 1 小时到 5 分钟（本故事截取自网络新闻，如涉及版权问题请与作者联系）

泸州市古蔺县大寨苗族乡富民村处于风光秀丽的乌蒙山区，7 岁的苗族女孩王美在离家 5 千米外的富民村小学上二年级。尽管王银清在家门口就能远远地看见女儿王美上学的学校，但 7 岁的王美背着书包需走上 2 千米左右的乡道、翻过两个山头、再跨过一条小溪。这段山路，以成年人的步速走完也要 1 小时。

2019 年初王银清一家将搬迁至山脚下的新家。按照规定，新家所在的“富民村新村易地扶贫搬迁聚居点工程”，需在 2018 年 12 月 31 日前完工交付使用。搬新家之后，过去两年每天走 1 个多小时山路上学的王美，在 2019 年春季学期上学只需走 5 分钟。[①]

① 案例来自看看新闻网：http://www.kankanews.com/a/2016-10-21/0037733536.shtml.

古蔺县和叙永县的扶贫项目投资高达60亿元，其中债券发行额度20亿元，其他资金来自国家专项扶贫资金，市县两级财政的支出，以及国有企业的贡献。

按照古蔺县公布的标准，王银清家获得了10.8万元的住房补贴。王银清一家现时所住的木制瓦房建于1981年，100平方米的一层瓦房住了他及兄长两家共十口人。他的新家则是砖瓦房。按人均25平方米的标准，王银清一家六口将能分到150平方米的安置房。

四、未来展望

在泸州市易地扶贫搬迁项目收益债券成功发行后，华西证券与四川省巴中市、凉山州、贵州省毕节市、安顺市普定县、重庆市彭水县等多地达成合作意向，通过发行易地搬迁扶贫债券的方式为其筹集大规模低成本的扶贫开发资金。另外，华西证券准备将易地扶贫搬迁项目收益债券这一创新产品全面推广到包括四川、贵州、云南、陕西等在内的贫困地区较为集中省份，并与有关部门积极探索制定基于省级平台的一揽子解决方案，加快推广泸州、广元模式，并在全国范围内推广四川创新金融扶贫经验，更好更快地发挥易地搬迁扶贫债券在扶贫攻坚中的独特作用，加快资本市场助力扶贫攻坚进度，提高扶贫攻坚效率，为实现中央扶贫攻坚的战略做出应有的贡献。

宜 信

宜农贷，金融科技助力精准扶贫

案例点评：汤敏，国务院参事，友成企业家扶贫基金会副理事长

最近我到广西考察精准扶贫与乡村振兴的衔接问题。我高兴地看到，在扶贫攻坚中一大批宜农宜贫的产业正在贫困地区迅速发展。在党和政府的大力推动下，乡村振兴运动也在农村地区逐渐推开。产业发展更凸显了农村金融的重要性。尽管近年来已经有了一些进步，但目前农村金融还是规模太小，产品单一，越来越成为制约农村产业大规模发展的“瓶颈”。

在这一背景下，宜信公司开展的宜农贷等解决农村金融的试验就显得更为难能可贵。他们的试验再次雄辩地证明了，如果工作到位，制度健全，广大农民是有信誉的。他们能管好钱、用好钱、还好钱。宜农贷与一般的国内小额贷款项目不同的是，他们通过低门槛、透明化，个性化的方式，把城市中有闲余资金又热心公益事业的人士大规模地动员起来，参与了扶贫爱心的金融实验。截至 2018 年底，宜农贷平台上已经聚集起了爱心助农人士 17 万名，资助农户 2.7 万户，资助金额高达 3 亿元人民币。

不仅如此。公司还开展了“宜农场”，“保贝”儿童意外伤害险等扶贫支农的新实验。宜信公司的经验证明，实现企业的社会责任可以有多种形式。发挥企业的业务专长，创新社会发展模式，是正在从全面小康向富裕社会迈进的中国社会非常需要的。

一、宜农贷的成立初心

消除贫困是联合国 2030 年可持续发展目标的首要目标。按国务院扶贫办最新扶贫线标准（人均年收入低于 2 300 元），中国仍有 1.28 亿人生活在贫困线之下。

中国贫困地区的农民，尤其是农村妇女，难以满足抵押贷款条件，无法享受传统金融机构的服务。小额信贷是国际公认的最有效且可持续的减贫方式，可以帮助中国的贫困农户获得发展机会、逐步脱贫致富。

宜信公司创始人唐宁早年在美国留学的时候，曾到孟加拉国格莱珉银行进行暑期实践，深入学习尤努斯教授的小额信贷助农理论，并与当地信贷员一起往返农村，给当地贫困妇女发放贷款。

2006 年，唐宁从华尔街回来，在北京创办了宜信，宜信是一家从事普惠金融和财富管理的金融科技企业。在企业成立的初期，唐宁等几位企业高管接触了成立于美国的 KIVA——世界上第一个提供在线小额贷款服务的非营利性组织。

2009 年 2 月，宜信成立“春风计划”项目，希望能够帮助国内农村小额信贷的发展。项目组织到国内一些公益性小额信贷机构做了一系列的考察。首家考察的机构是陕西省西乡县妇女发展协会。这些公益性小额信贷机构大多是早年在国际援助项目资助下成立的，但国际援助项目很多都只在机构初创期提供支持，机构发展一段时间以后，往往面临着融资渠道紧缩、管理成本增加、组织发展受限等问题。以宜农贷首家考察的机构西乡县妇女发展协会（以下简称协会）为例，协会所在陕西省汉中市西乡县为国家级贫困县，2005 年由国际计划分批捐赠共 164.4 万成立。

宜信在 2009 年考察该协会时，已经运营三年的协会历史坏账率为 0，操作自负盈亏率也达到了 125.94%。但因政策原因，协会无法吸收互助金，且融资渠道少，本金不足以支持更大规模的客户需求。全县约 9 万名贫困妇女，协会仅覆盖了其中 2 000 名。

与此同时，协会的贷款维持年化率 9.6%的水平，远低于当地民间借贷的平均利率。而且因为客户所处偏远，200 余万的贷款余额由 10 个员工进行管理，贷款成本非常高。为了维持合理的产品价格和成本，协会可以接受的融资成本是 5%以下。

小额信贷不是“一锤子”买卖，客户从开始借款到生活得到改善，一般得需要 3～5 年的时间，如果大批次的资金突然进入又突然撤出，借款农户可能因为后续资金无法供给，连前期的投入都无法收回，徒增负债。所以当时“春风计划”的项目目标，是要找到一种可持续扶助公益性小额信贷的方式，既要保证资金成本足够低，也要考虑资金来源的稳定性。

那时，中国农村的小额信贷体制还并不是十分健全和完善，在中国农村做扶贫小额信贷的机构有数百家，但是他们当中真正优秀的不过只有几十家。虽然他们背后大多有着政府机构、研究机构或国际组织的支持，但是资金“瓶颈”仍是他们发展中面临的一个重大问题。

经过精心调研，宜信发现，以自己的力量深入农村，直接将贷款资金送到农民的手中，在现阶段是不现实的。因为这样做不但意味着巨大的人力成本，更存在着潜在的巨大风险。只有与农村现有的小额信贷助农机构合作，通过他们的协助获取农村的借款人资源，才是可行的。

2009 年 7 月，借鉴了 KIVA 运营模式和技术的宜农贷助农项目正式成立。通过网站，出借人可以选择不同地域、借款期限、还款方式、借款用途的借款人，出借门槛低至 100 元，并收取 2%象征性的爱心回报。

同年 7 月，宜信公司创始人兼 CEO 唐宁，带着众多媒体，专家顾问，再次来到陕西省西乡县，在办公室进行了宜农贷与西乡县妇女发展协会战略合作的签约仪式。至此，西乡县妇女发展协会也成为宜农贷的第一家合作伙伴，宜农贷也成为协会一个重要的资金来源。

二、宜农贷的发展历程

宜农贷是宜信公司针对农村贫困妇女发起的公益助农项目，也是解决中国“三农”问题进行创新的探索和实践。通过互联网，让城市中有闲余资金、热心公益事业的人士，能够有机会以个人身份，低门槛、透明化、个性化的出借（最低 100 元）方式持续地参与到精准扶贫事业中，给偏远地区信用良好、有资金需求的低收入农户实现创业、发展的机会。

扶贫先扶志，作为一种“可持续扶贫”的创新公益模式，宜农贷以出借而非捐赠的方式实现“造血”式扶贫，不仅实现了精神扶贫和物质扶贫的双重收获，而且实现了公益性和商业性的完美结合。出借人及宜信均不以营利为目的，仅收取 2%的利息和 1%的服务费，使受益方自己承担起创造价值改变生活的责任。

2012 年 3 月，宜农贷爱心出借资金突破 1 000 万元，扶贫接力活动启动。宜农贷携手联合国青年大会中方组委会共同开展“扶贫接力行动”，通过一系列活动带领青少年志愿者亲自体验以缓解贫困为目标的公益项目，让全国 2 000 多名大学生和中学生在活动中了解中国贫困农村和贫困农村妇女的生活现状，并推动他们一起去改变这一现状，增强青少年的社会责任感。

2014年11月，宜农贷成立5周年，宜农贷爱心出借资金突破1亿元。合作机构达22家，为全国11省份的13 496位农户提供了资金帮扶。

2015年9月25日，联合国可持续发展峰会在纽约总部召开，联合国193个成员国将在峰会上正式通过17个可持续发展目标。可持续发展目标旨在从2015年到2030年间以综合方式彻底解决社会、经济和环境三个维度的发展问题，转向可持续发展道路。

其中首要目标就是在世界各地消除一切形式的贫困，提出到2030年，确保所有男女，特别是穷人和弱势群体，享有平等获取经济资源的权利，获取自然资源、适当的新技术和包括小额信贷在内的金融服务。

也是在2015年，宜农贷由于为农村减贫事业做出了突出贡献，入选了央行《中国农村金融服务报告（2014）》。同年，为了增强出借用户对宜农贷项目及宜农贷合作伙伴公益实践的理解，宜农贷设立了公益价值标签，系统性地展示宜农贷合作伙伴在提供小额信贷服务中所推动的公益活动，体现其对当地社区的积极影响。

自2009年至2018年12月底，宜农贷平台上爱心助农人士超17万名，资助农户超2.7万户，资助金额超3亿元。

截至2018年12月，宜农贷共与15个省市的25家农民合作组织进行合作，包含公益性小额信贷机构以及农民专业合作社。

三、金融科技的创新实践

1. 借而非捐的农村扶贫新模式

宜农贷用小额信贷的方式解决农村贫困问题。小额信贷是一种以城乡低收入阶层为服务对象、无须抵押担保的金融服务方式，旨在通过金融服务为低收入农户或微型企业提供自我就业和自我发展的机会，促进其走向自立和发展。宜农贷致力为广大低收入农户提供普惠的金融服务（借款金额从3 000元到2万元），让他们有尊严地成为摆脱贫困的先行者。

2. 互联网技术让公益体验简单、透明、公开

宜农贷自诞生之初，就借助互联网平台，连接社会爱心人士与边远地区的贫困人群，让公益个性化、大众化，动员更多社会力量，解决社会问题。爱心出借

人只要登录网站或者微信，可以在电脑和手机上清晰地看到借款农户的相关信息及出借资金的流向，只要一键点击出借马上完成，出借门槛为 100 元，即便是学生也可以轻松参与。作为公益区块链技术的先行者，2017 年 5 月，宜农贷搭建完成基于区块链底层技术的可信任自运作机制，通过区块链将平台上每一笔款项的完整生命周期记录下来，用户可实时查看自己的爱心出借动向，让整个公益过程全部透明化。

四、十年精准扶贫的成效

1. 10 年共帮扶 2.7 万多位农户，农户家庭年收入平均增长额 16 850 元

宜农贷的帮助对象是西部贫困地区的贫困妇女，她们的家庭年收入一般不到 5 000 元，有勤劳致富改变生活的意愿，只是缺乏资金和技术，10 年来，一共有 2.7 万多位农村妇女获得宜农贷的支持。

青海省贵德县河东乡沙柳湾村是李家峡水电站的库区移民安置村。我们的借款农户华毛措就生活在这里。三年前她患了突发性腰椎间盘突出症，卧床在家整整休养了一年，一年里在丈夫的细心照料和药物的配合治疗下她的身体也基本恢复了正常，但她今后再也无法从事重的体力劳动，只能在家料理家务。

大病初愈的她在家琢磨着要做点儿什么，就在这时贵德县乡村发展协会的小额信贷项目信贷员走进了她们村子，2016 年初她借到了第一笔款，开始了她的养猪梦，1 万元的借款，当年就给她带了 4 000 元的收入。

2016 年，宜农贷对合作的 17 个农村地区的农户进行调研，参考 AIMS，采用 PSM-DID 计量模型及描述性统计的方法，分析公益性小额信贷对农村女性的影响。调研数据发现：公益性小额信贷能够有效帮助农户提高家庭收入，公益性小额信贷可使客户家庭年收入较借款前增加约 30%，平均增长额约 16 850 元。累计借款金额的增加会提升公益性小额信贷客户家庭年收入水平，农户每多借 100 元，家庭年收入平均增加 27 元。

2. 谷雨战略，授人以渔，开展县域综合金融服务

2013 年 9 月宜农贷分别与兰考县胡寨哥哥农牧专业合作社、兰考县南马庄生态农产品专业合作社两家合作社开展了合作。2015 年 4 月 20 日宜信与兰考县政府正式达成合作意向，以“科技兴农，合作致富”为理念，利用互联网技术及宜信公

司多产品全方位的服务模式，尝试县域综合金融服务，并签订合作协议。同时邀请中国社会科学院农村发展研究所孙同全教授对此项目进行深入调研，探索创新扶贫，扶持农民专业合作组织可持续发展的有效方式。

2015 年 1 月 20 日，宜信公司在北京发布“农村互联网金融——谷雨战略”。在经过长时间的全国调研，确定将“谷雨战略”落地的首个服务试点设立在河南省兰考县。2015 年 6 月，宜农贷培训并组织兰考县 20 家农民专业合作社成立了兰考县谷雨农业专业合作社联合社，联社成为兰考县合作社对内开展县域综合金融服务，对外开拓市场，对接资源的桥梁。

兰考县谷雨农业专业合作社联合社由兰考县20家农民专业合作社联合社在自愿的基础上共同出资组建的互助性经济组织，目前与宜农贷有资金合作的有 3 家，分别是南马庄生态农产品专业合作社、胡寨哥哥农牧专业合作社和百信种植专业合作社。联合社以合作社社员为服务对象，帮助成员开展经济活动，协调成员之间的关系，为成员提供产前、产中和产后服务，在产品销售、宣传策划、质量标准、技术服务等方面进行统一指导和协调。20 家农民专业合作社，其中国家级示范社 1 家，省级示范社 1 家，市级示范社 2 家，县级示范社 3 家，覆盖社员 3 000 余户，生产经营产品包括大米、黑杂粮、食用菌、瓜果蔬菜、红薯、黄秋葵、食用玫瑰等种植和加工以及猪、羊、鱼等养殖产品。

截至 2018 年 12 月，宜信公司共为兰考县对接了 1 012 笔共 2 020.4 万元贫困妇女公益性小额信贷，提供了近 500 万元农机融资租赁服务和近 1 300 份农户及农村儿童保险产品，并累计为兰考谷雨联社成员销售优质农副产品超过 200 万元。

在信息化能力建设方面，宜信宜农贷免费为兰考 783 家合作社提供爱社员云平台使用权，已有近百家合作社通过爱社员进行合作社日常管理。当前宜信公司在兰考县累计投入资金超过 2 000 万元。

五、赋能乡村，带动乡村振兴

1. 多元服务，链接城乡，打造公益助农闭环

宜农场是宜农贷发起的、旨在帮助借款农户推广和销售优质农产品、手工艺品的助农项目。一方面通过互联网帮助宜农户拓宽产品销路，教授农户掌握电商营销技术，另一方面也能让爱心出借人体验到农户脱贫增收的成果。

2016 年起，宜农场共上线众筹 6 种产品，4 次特别定制，总销售额超过 250

万元。现在售产品有：南马庄生态杂粮礼盒；丹寨富硒茶叶礼盒；云南保山艾兰咖啡；红枣枸杞礼盒。

宜农场（原宜农良品计划）第一期“来自大山和手掌的温度”上线，2 000 份由宜农贷借款的贵州茶农生产的富硒茶开始展销。几年前，王高群贴的还是“贫困标签”，后来她虚心向其他人学习种茶知识和技能，进行茶树种植。在宜农贷申请 2 万元借款后，她扩大了经营规模，茶园逐步走向正轨。王高群现在的愿望是五湖四海的人都可以喝到她制作的富硒茶，尤其是曾在宜农贷网站上支持她的出借人。以往宜农贷的出借人除了收到农户还款之外很难得到有关于农户信息的反馈，现在我们通过推荐借款农户生产的农产，让更多人通过味觉和视觉感受小额信贷给农户带来生活和生产的变化。

2. 引入保险，开展培训，为农户提供综合能力建设

意外伤害已成为世界各国 0～14 岁少年儿童的第一“杀手”，其中，农村儿童意外死亡率是城市的 6 倍多。2014 年至今，宜农贷通过“保”贝计划我们为近两万名乡村的孩子送出总保额超过 2.7 亿元的意外伤害保险，为他们的成长保驾护航。

宜农贷的目标是帮助农户脱离贫困。小额信贷是对抗贫困的有效工具，但扶贫是一项综合性工程，消除贫困需要更完善的社会保障。更多的教育机会、更好的医疗条件以及更充分的技能培训都会帮助农户提升自我发展的能力，减少其在困难和危机中的脆弱性，从而实现可持续的脱贫致富。

普惠金融与传统金融不同的地方就在于它为服务对象提供能力建设服务。宜农贷和合作伙伴在小额信贷之外，开展各种有益于当地农民及社区的公益活动，诸如提供公益医疗、开展农业培训、发放助学金等，以期帮助贫困农户更好地实现自力更生。宜农贷相信，一旦贫困农户有更多机会开阔视野、发挥潜能、实践想法，她们将有尊严地成为摆脱贫困的先行者，成为乡村发展的带头人。

宜信公司创始人唐宁认为，“宜农贷”创造了一种多赢的模式，借款人、宜信（借贷平台）、小额信贷助农机构和贫困农户都能从中获得利益。“它让穷人有尊严地接受帮助，并依靠自己的力量摆脱贫困。”

中国社会科学院农村发展研究所副研究员孙同全认为宜农贷的模式很有价值，“农村资金匮乏的重要原因是资金长期持续严重外流，宜农贷为把城市的资金引流回农村找到了一条可行的方式，宜农贷这些年的努力为贫困地区的公益性小额信贷组织和农民合作社的发展壮大起到了积极的推动作用，增强了这些贫困地区的可持续发展能力。”

宜农贷自成立以来，作为一种“可持续扶贫”的创新公益模式，致力了打破出借人和借款人时间、空间、信任等壁垒，让渴求透明公益的出借人爱心能得到释放，也让有资金需求的借款人得到满足，从而解决因为金融资源分配不均衡而导致的贫困问题。但对比起农村巨大的金融需求缺口，宜农贷的出借资金仍远远未足。加强出借人教育、宣传公益助农理念、吸引更多的人进入公益助农的团队、让城市资金回流农村，这是宜农贷一直在做的事情，也是宜农贷未来要应对的挑战。

面对国际上的期待和国内的要求，宜信也努力通过金融创新的方式，推动践行 “优质教育”“性别平等”“体面工作和经济增长”以及“可持续城市和社区”等可持续目标。持续坚守精准扶贫、金融启蒙和青年发展的战略社会责任领域，并在绿色金融和慈善信托领域进行有益尝试。

牧　原

推进产业扶贫，让财富回归本源

案例点评：刘宝成　对外经贸大学教授，国际经济伦理研究中心主任

农村地区的贫困可以归结为两大根源，一是缺乏市场意识，二是缺乏组织和经营能力。牧原集团找到了两个市场，一是为自己的牧业装备产品找到了销售市场，二是为其扶持的养猪产业找到了稳定的市场。这两端的市场为牧原集团在农村地区的大举业务扩张奠定了坚实的基础。其次，牧原集团运营其强大的协调和组织能力，通过独创的“5+”和“3+N”模式真正落实了全要素的整合，并充分体现了各个利益相关方的诉求和利益，通过新型的合作社模式实现了“拆去围墙建平台”的战略构想。对于经济上脆弱的农户来说，由于视野的限制，收益保障是他们普遍关心的焦点，因此也是与之开展长期合作的突破口。牧原集团一方面为广大农户提供了就业保障，另一方面利用扶贫贷款和租金的利差，在保证向农户支付租金的前提下，实现了自身的可持续运营。

“承担社会责任不一定是要等到企业成熟了、人老了再去做，而是要随心而做，不分大小，该做即做。”这是牧原集团董事长秦英林对于扶贫的深刻见解，正是在这种信念的驱动下，牧原在创业之初就确立了“创造价值，服务社会；内方外正，推进社会进步”的核心价值观。而这份胸怀天下、回报社会的赤诚之心，也随着对企业文化的耕耘和对人才的培植，成为牧原人身上共同的品质。

从开始创业到现在旗下拥有市值逾千亿元的上市公司和多元化的产业格局，牧原的规模不断壮大、效益不断提升，但不变的是对价值创造的坚守，对服务社会的热忱，以及对让贫困群众过上好日子的一份希冀。正是在这样一份信念和胸怀的感召下，牧原在20多年的时间里，持之以恒地开展扶贫工作，让脱贫致富的改变在许许多多的乡村发生。而在进入全面脱贫攻坚阶段的今天，牧原与地方政府、金融机构等充分协作，创新产业扶贫模式，依托牧原特色的一体化养殖产业，为扶贫攻坚注入发展动能，让仍未摆脱贫困的群众得到切切实实的生活改善。

消除贫困始终是人类发展的共同目标，也是全球发展面临的共同挑战。中国政府向全世界做出了庄严承诺，到2020年将实现农村贫困人口全部脱贫、全面建成小康社会。联合国制定的17项可持续发展目标也将消除贫困排在首位，目标到2030年在世界各地消除一切形式的贫穷。

而在当前，扶贫工作的两大难点在于：如何实现扶贫措施精准、全面覆盖，确保最后一批贫困人口脱贫；如何建立可持续扶贫模式，防止扶贫再返贫。这也是中国在扶贫攻坚阶段实现贫困人口最终脱贫、持续脱贫，所必须解决的问题。

一、探索“5+”模式，打造扶贫事业的内乡样本

河南作为中原农业大省，是全国扶贫攻坚的主战场之一。在牧原集团事业的发源地——河南省内乡县，一场“政府企业强强联手，产业扶贫直通农户”的精准扶贫战役全面打响。自2016年起，牧原携手内乡县政府和国家开发银行河南分行等金融机构，探索实施了“县委政府+金融机构+龙头企业+贫困户+合作社”的“5+”资产收益扶贫模式，结合产业优势和金融资源，解决了贫困家庭难以筹措再生产资金的困境，针对性地解决了现阶段扶贫攻坚的难点，实现了贫困户、政府和企业的多方共赢，开创了内乡县扶贫攻坚的新局面。

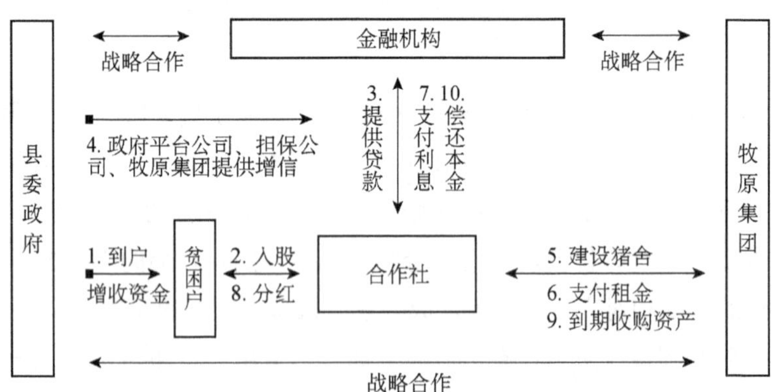

聚爱合作社是内乡县政府与牧原合作，在扶贫模式上的一个重大创新，也是“5+”资产收益扶贫模式的纽带与载体。合作社成立后，由贫困户社员从国家开发

银行、农村信用社获得利率较低的扶贫专项贷款，并委托合作社统一使用。合作社将贷款资金集中起来，按照牧原对标准化养猪设施的要求，建设标准化规模养猪场。猪舍建成后，牧原租赁猪舍并支付租金。按照这种方式，牧原所支付租金与合作社贷款利息之间的差额部分，即成为合作社的收益。有了这笔“妥妥的”收益，合作社就可以每年按季度定期给每个贫困户每年分配净收益 3 200 元。

2016 年 9 月 20 日，内乡县聚爱农牧专业合作社暨国开行扶贫贷款合同签字仪式成功举行，牧原与内乡县委政府、人民银行、国开行河南分行、共同探索实施的“5+”资产收益扶贫模式率先在内乡落地

2016 年 12 月 24 日，内乡“5+”扶贫模式为首批入社的 1 735 户贫困户进行第一笔“入股分红”共计 138.8 万元

2017 年 12 月 11 日，内乡县举行 2017 年贫困户资产收益全覆盖分红新闻发布会，发布了内乡县聚爱农牧专业合作社 2017 年第四季度向 15 263 户贫困户发放资产收益分红 1 221.04 万元的消息

二、“5+”模式特点：全覆盖，可持续，能共赢

牧原集团与内乡县政府共同推出的“5+”资产收益扶贫模式，具有四个突出

的特点，一是对贫困户而言，实现了扶贫措施的“全覆盖”，二是对从事扶贫工作的企业而言，实现了扶贫工作的“可持续”；三是对参与其中的各方而言，实现了共赢的效果；四是对当前的脱贫攻坚事业而言，提供了可复制、可推广的成功经验。

1. 企业与政府协同，确保扶贫全覆盖

所谓“全覆盖”，是指对于贫困户的全覆盖。在今天这样的扶贫攻坚阶段，“全覆盖”特指扶贫措施要能够覆盖到最后一批尚未脱贫的特殊贫困人口。这些人口，或者因病、或者因残、或者由于其他原因，家庭缺乏劳动力。在前一阶段扶贫工作中，其贫困问题尚未得到解决。正因如此，他们成为当前扶贫攻坚阶段需要重点照顾的特殊对象，他们的贫困问题能否解决，决定着扶贫攻坚这场大决战是否能够取得最终的胜利。

由于这些特殊贫困人口自身条件的限制，其自我救助的能力普遍偏弱，传统的扶贫措施，特别是那些以“授人以渔”为特点的生产性扶贫措施，对于他们而言，效果通常很有限。对这些缺乏劳动力的特殊贫困家庭而言，需要依赖无风险的“兜底性”措施，也即企业和政府要为他们提供无风险的收入，或者说，要直接“授人以鱼”。只有这样，他们才有脱贫的可能。

在该模式中，内乡县政府充分利用了政府的信用和组织能力，将贫困户组织起来，成立了聚爱合作社，使政策性扶贫贷款有了一个集中使用的载体，具备了参与牧原大规模、产业化养殖活动的可能；牧原则充分发挥了自身产业化养殖抗风险能力强、盈利水平高的优势，通过自己的经营活动，使集中起来的各类扶贫资源得到了最高效的利用，既为社会创造了价值，也使贫困户能够持续从中受益、实现脱贫。

2. 业务与扶贫融合，扶贫动能可持续

牧原创新的产业化扶贫模式，不仅强调“以产业的发展作为扶贫的支撑”，在扶贫工作中充分运用企业先进的生产方式和管理能力来创造价值、抗击风险；而且特别强调将扶贫工作与企业的业务发展有机融合在一起，通过发挥牧原股份盈利带动作用，将扶贫工作贯穿到企业发展的每一个具体环节，使牧原的扶贫事业获得可持续的动能。举例来说，牧原通过租赁养殖场，将聚爱合作社的扶贫功能贯彻其中；在生产和排放环节当中，通过免费提供沼液、收购贫困户种植的粮食等措施，将各项与种植户有关的扶贫措施贯彻其中；在养殖场周边基础设施建设等环节当中，将修桥铺路等贫困社区改造和新农村建设措施贯彻其中。

所有这些，都使牧原的各项扶贫措施紧密地嵌入生产、管理和其他业务流程之中，使牧原的扶贫工作不再是一种耗费、一种投入，而变成为一种日常的业务活动。牧原这种把扶贫当作日常经营活动的做法，形成了企业的内生性扶贫机制，换句话说，牧原作为一个企业，是一个永续经营的主体，其扶贫工作也就具备了可持续的特点。

3. 产业链上下延伸，多方参与能共赢

除上述“全覆盖”的特征与“可持续”的能力，牧原“5+”模式还有一个突出的特点，那就是：调动多方参与、力求实现共赢。

牧原在扶贫工作中，摒弃主观臆断和闭门造车，特别注重运用市场思维和市场机制。在扶贫措施的设计上，牧原一方面强调通过产业链向上下游的延伸，与贫困户之间建立起广泛的利益联结，从而让贫困户能够随着牧原自身产业的发展而在不同的环节和领域获得收入的提升和生活的改善；另一方面，牧原注重调动贫困户的积极性，强调提高贫困户的参与度及获得感，激发广大贫困户脱贫发展的内在活力与内生动力。

相较于常态的扶贫模式，牧原提出“拆去围墙建平台”，将贫困乡村及农户融入到牧原的大平台之中，实现了新的更大规模、更高层次的产业集聚与资源集聚，这就为贫困户在各个环节创造出了“参与其中、脱贫致富”的机会；与此同时，牧原业务流程与扶贫措施的有机融合，也使企业利益与贫困户的利益实现了紧密结合，更多的贫困户因此能够共同分享企业发展所带来的红利。

所有这些，使牧原的扶贫工作真正达到了“企业扶持”与“内生动力”相结合、“治贫治心”与“扶贫扶智”相结合、“业务发展”与“农民利益”相结合。

三、加快复制推广，惠及全国更多贫困群众

基于牧原集团“5+”模式在内乡县的成功经验，牧原还积极将创新的扶贫思路和成功的经验模式带到了更多的业务所在地，通过与各地政府、金融机构的密切协作，提升扶贫工作成效，让更多的贫困户享受到牧原扶贫事业带来的帮助。

截至2018年末，先后共有100多个贫困县到内乡考察学习。同时，在大型商业银行、央企扶贫基金、保险企业等金融机构的推动下，“5+”资产收益扶贫模式迅速推广复制到全国多地。截至2018年末，该模式已推广至黑龙江林甸、安徽颍上等12省39个县，精准发力带动12万户建档立卡贫困户32万贫困人口逐步实现脱贫。

携手央企扶贫基金，造福更多贫困群众

为认真贯彻落实《中共中央、国务院关于打赢脱贫攻坚战的决定》，国务院国资委、财政部、国务院扶贫办引导中央企业出资成立了中央企业贫困地区产业投资基金（简称央企扶贫基金）。2018年7月13日，央企扶贫基金重大示范项目签约仪式在京举行。牧原牵手央企扶贫基金，和包括内乡、范县、平舆、上蔡、滑县等在内的7省22个贫困县签订了现代畜牧养殖项目投资合作协议，利用“5+”扶贫模式助力贫困地区经济发展，带动贫困群众精准脱贫。

四、共建联合国“减贫与可持续发展示范区”

2017年11月14日，内乡县政府与牧原集团走进联合国开发计划署（UNDP）驻华代表处，总结挖掘内乡“5+”扶贫模式的经验和方法，探讨地区脱贫攻坚与联合国《2030年可持续发展议程》中17项可持续发展目标（SDGs）的结合点和合作点，推动内乡建设可持续发展目标示范区。为地区发展导入更科学、更全面的可持续发展评估指标和指导体系，催化内乡脱贫攻坚和17个可持续发展目标的深度融合，推动内乡在未来脱贫摘帽的基础上实现社会、经济、环境的全面和综合发展，进而创新出更有国际影响力和可持续发展目标的“内乡模式”。

在此后的近一年时间里，UNDP、中国国际经济技术交流中心等机构多次带领专家组再次深入内乡、牧原集团调研座谈，进一步了解内乡县建设联合国减贫和可持续发展示范区项目的实际情况和需求，深入探讨内乡县可持续发展示范项目的实施方案和工作计划。

2018年12月12日，内乡联合国减贫与可持续发展示范区项目评审会议在北京联合国大使馆召开，会议确定了2019年1月正式在内乡实施为期三年的减贫与可持续发展示范区项目。

UNDP、中国国际经济技术交流中心、内乡县政府、
牧原集团在京举行立项研讨会

UNDP、中国国际经济技术交流中心到内乡牧原十七分场调研

联合国开发计划署驻华代表处副国别主任戴文德在项目评审会上表示，内乡可持续发展示范区项目的最根本愿景是将可持续发展议程在内乡实施并稳定化。减贫是 17 个可持续发展目标中的首要目标，内乡及牧原在这方面取得了巨大成就，作为全国第一个实施联合国减贫与可持续发展示范区项目的县域，结合实际进行本土化，对内乡县而言也非常具有挑战性和创新性。

五、推进模式升级，胸怀大任助力全面脱贫

2018 年 3 月 15 日，国务院扶贫开发领导小组办公室主任刘永富在北京会见参加“两会”的全国人大代表、2017 年全国脱贫攻坚奖获得者、牧原集团党委书记兼董事长秦英林，高度肯定内乡“5+”资产收益扶贫模式，并鼓励牧原在做好“5+”模式的基础上，探索打造牧原扶贫模式升级版。

刘永富主任指导牧原“5+”扶贫模式丰富为“3+N”扶贫模式

“5+”升级“3+N”，产业扶贫大有可为

刘永富在会见牧原集团董事长秦英林时强调，产业扶贫是扶贫的重点，要推动建立扶贫长效机制，既要在发展产业的同时搞好扶贫，又要在搞扶贫的同时发展好产业，全力推动标准化、规模化的养猪扶贫产业向纵深发展，带动脱贫攻坚目标胜利实现。他期望牧原进一步地发挥企业优势，面向新时代，寻求新作为，尽快把县级层面的扶贫全覆盖做到市一级层面的扶贫全覆盖，实现牧原大格局扶贫全覆盖，造福更多的百姓。

“3+N”中的“3”，即在当地政府的主导下，吸纳建档立卡贫困户作为社员，成立扶贫专业合作社，通过资产收益、转移就业、劳务外包三种方式来获得收益。“N”，指结合当地的实际情况，灵活采用订单扶贫、消费扶贫、金融扶贫、教育扶贫等精准扶贫模式解决贫困户的脱贫问题。

资产收益

- 牧原与当地政府合作，优先租赁贫困户土地并定期支付租金。截至2018年末，已累计租赁土地资产26.4万亩，每年支付租金约2亿元。

转移就业

- 牧原积极为贫困户开辟绿色就业通道，吸纳贫困户劳动力到公司工作。截至2018年末，牧原在各子公司开展转移就业招聘会135场，吸纳建档立卡贫困户972人就业。

劳务外包

- 牧原根据生产经营需要，把产业链上简易工程、安全保卫、保洁、餐饮保障等劳务承包给扶贫合作社。扶贫合作社根据牧原的需求组织运营，获取业务承包收益，过程中优先吸纳符合条件的建档立卡贫困户参与就业，让贫困户通过劳动获得收入，助力贫困群众脱贫致富。

牧原结合当地的实际情况，灵活采用金融扶贫、订单扶贫、消费扶贫、光伏扶贫等精准扶贫模式解决贫困户的脱贫问题。

金融扶贫

- 牧原启动 30 亿元扶贫专项公司债，用于贫困地区发展养猪产业。
- 通过产业引导和龙头企业发展带动扶贫，增强贫困地区的造血能力，带动地方经济发展。

订单扶贫

- 牧原与想念公司合作，与贫困户签订小麦高价收购合同，提供良种、肥料等生产物资及播种、收割服务。同时，通过定向采购、增加订单等方式，鼓励支持相关配套企业在农村建设扶贫车间，带动合作伙伴共同参与扶贫事业，营造扶贫生态。
- 截至 2018 年末，已建设 20 个扶贫车间，吸纳贫困户 522 人就业。

消费扶贫

- 牧原通过采购贫困户滞销农副产品，增加农民收入，助力贫困户脱贫。2018 年，牧原共投入 419.95 万元，采购爱心干菜、扶贫土豆、爱心黄金梨、扶贫大礼包等，通过“以购代捐”，切实帮助 3 000 余户贫困群众解决农副产品滞销问题。

光伏扶贫

- 牧原无偿将养殖场猪舍屋顶及空地交给政府开发光伏扶贫项目，建设分布式电站，发电的收入全部用于贫困户脱贫。
- 截至 2018 年末，该扶贫项目已在河南内乡、江苏铜山、湖北老河口等地落地实施，建设总规模达 31.04 兆瓦，覆盖约 9 700 户贫困户，平均每户年净收益 3 000 元。

1. 资产收益——“整市推进，全面覆盖”

2018 年 4 月 19 日，南阳市委常委会议通过了《南阳市牧原“3+N”扶贫模式全市推进实施方案》。截至 2018 年末，牧原先后与南阳 13 个县（区）签署“3+N”扶贫协议，在南阳整市推进，实现市一级层面的扶贫全覆盖，将带动南阳 10 万户建档立卡贫困户、30 万贫困人口实现脱贫。

刘永富主任指导牧原“5+”扶贫模式丰富为“3+N”扶贫模式

2. 转移就业——“一人就业，全家脱贫”

就业是民生需要，更是脱贫攻坚的重要举措。牧原合理优化产业布局，构建循环产业链，对于贫困地区居民增收本身就极具带动效应。同时，牧原针对建档立卡的贫困户举行专场招聘会，通过精准发力，帮助前来就业的贫困户实现精准脱贫。

截至2018年末，牧原累计在全国55个贫困县完成投资230亿元，优先吸纳、培训贫困户劳力就业，直接带动贫困县用工2万余人；各子公司开展转移就业招聘会135场，吸纳建档立卡贫困户972人就业。

凡具有正常劳动能力的建档立卡贫困群体，牧原按照正常员工安排就业，缴纳五险一金，年收入5万元左右。针对非完全劳动能力的建档立卡贫困群体，特别设置一批公益性岗位，如门卫、保洁、绿化等。同时，对于建档立卡贫困户大学生，牧原还开设了绿色通道，优先安排就业。

举办就业扶贫专场招聘会

2018年11月28日，内乡县扶贫办携手牧原集团、河南电视台《脱贫大决战》栏目组，三方共同在内乡县县衙广场举办就业扶贫专场招聘会。据统计，来自全县各乡镇近600名有劳动能力、有应聘意愿的贫困户参加了招聘会。此次招聘会为贫困户提供了高级养殖技术工人、司机、保洁、电焊等多种岗位，旨在通过就业帮扶，吸纳贫困家庭劳动力积极就业，提供稳定的收入来源，帮助他们早日脱贫致富。

3. 劳务外包——“转变思路，扶贫扶志”

牧原根据生产经营需要，把产业链上零星工程、液态肥还田、安全保卫、保洁、绿化、餐饮保障等劳务承包给扶贫合作社。扶贫合作社根据牧原的需求组织运营，获取业务承包收益，过程中要优先安排符合条件的建档立卡贫困户参与就业。扶贫合作社获得收益部分可以留存作为村集体收入，增强基层党组织服务群众能力；部分用于乡村为贫困户设立公益性岗位工资支出和社保缴纳，让贫困户通过参与劳动获得收入。在实践中，政府通过设立乡村护林员、道路清洁维护员、乡村交通劝导员、农村残疾人联络员、河道巡查护理员等公益岗位，让贫困户通过劳动获得收入，改变了“等靠要”思想，激发了脱贫致富的内生动力。

六、推进产业延伸，为社区持续创造价值

经过 26 年的发展，牧原集团已形成了集科研、饲料加工、生猪育种、种猪扩繁、商品猪饲养为一体的完整封闭式生猪产业链，拥有 74 个全资子公司和 16 个参股公司。

牧原的成功与其构筑的良好的社区关系密不可分。作为一家生猪养殖企业，牧原的社区贡献不仅在于其对扶贫事业的持续投入，更在于其将社区视为产业链的重要组成部分，通过产业链上下游的延伸，让牧原成为社区发展的带动者，而社区也得以成为牧原成长的沃土。

1. 坚持农户收粮

牧原所在的地区是传统的产粮区，当地生产的谷物适用于饲料生产。为了帮助当地农户发展，牧原除了与大型粮商合作外，还向广大农民进行饲料粮收购。除了向售粮的农户提供和大型粮商同等的收购价格外，牧原还定期了解农户需求和反馈，为农户开设售粮专用通道，简化支付流程，实现现金支付实时到手。

2. 发展循环经济

经过多年来的探索和实践，牧原还探索出了一条成熟的以“养殖—沼肥—种植”为一体的循环经济发展道路：将猪场粪污、生产污水，通过厌氧发酵进行无害化处理，产生的沼气用于发电、伙房做饭；沼液储存在沼液储存池中，用于在作物需要的时候进行还田；经固体分离后的猪粪和沼渣一起在各养殖场进行堆沤发酵，制作有机肥料。通过资源化和循环利用，实现农牧结合，化污为肥。

同时，牧原还在规模化养殖企业中创新打造了“沼液还田”模式。通过在各个养殖场周围免费为农民们在田边地头建起永久性可供浇施沼液用的管网，将通过分级收集、厌氧发酵等处理过后的沼液转化为可供还田灌溉的肥料，使转化后的资源得到高效利用，对周边农田起到了“改善土壤，提高产量”的效果。

3. 带动产业集群

在牧原的带动和支持下，作为牧原发源地的河南省内乡县在 2009 年就建了产业集聚区，逐步形成了河南最大的生猪产业集群，形成了集科研、饲料加工、生猪育种、商品猪饲养、屠宰加工、有机肥生产、生态农业于一体的完善产业链，带动内乡众多农民加入养猪及相关产业，使内乡成为国家生猪生产大县。

2016 年，牧原支持当地政府在内乡县产业集聚区投资建设了农牧装备制造孵化园。牧原的研发机构也同步入驻，依托牧原迅速扩张产能所释放的牧业装备产品市场，为农牧企业提供上游的装备配套，支持农牧装备制造孵化园逐步成为全国性的大中小型牧业企业设备制造基地，形成农牧装备制造业和农牧服务业两种产业业态集聚奠定基础，提升产业集聚区的延伸性。

4. 支持设施改善

多年来，牧原为当地社区捐资修建道路、安装路灯等公共设施，帮助当地居民改善社区生活环境。2018 年，牧原出资 2 248.1 万元用于困难群众帮扶、民生基础设施建设等领域，推进社区发展和社会进步。其中，捐资 625.9 万元，建设“爱心超市”11 个，为 20 个社区修缮道路 22.13 千米，解决了 60 272 名群众的出行难题；实施乡村亮化工程，安装路灯 615 盏，解决了村民夜间外出不便的问题；捐资 280 万元，帮助 4 省 17 县（区）的 45 个社区改善村集体办公条件，优化社区环境；捐资 44.97 万元助力全国 8 个省 14 个社区的农民文化艺术节、社区运动会、庙会、社区先进人物表彰等活动。

5. 深化金融合作

顺应国家资本市场扶贫的发展大势，证监会倡导，牧原主导，联合金融街控股股份有限公司、河南羚锐制药股份有限公司、长江期货有限公司等部分上市公司、金融机构、社会资本，创新扶贫方式，设立总规模为 50 亿元的中证焦桐扶贫产业基金。

该基金将面向 832 个国家扶贫开发工作重点县和集中连片特殊困难地区县，专注于投资全国贫困地区的企业以及能为贫困县提供产业协同的企业，通过产业引导和龙头企业发展带动扶贫，增强贫困地区的造血能力，带动地方经济发展。

近年来，牧原集团先后荣获了多个扶贫领域的专业奖项，赢得了社会各界的广泛认可。

- 2017 年 10 月，国务院扶贫开发领导小组授予牧原集团董事长秦英林“全国脱贫攻坚奉献奖”
- 2017 年 11 月，牧原扶贫模式被金融界评委“2017 年中国上市公司精准扶贫优秀案例”

● 2017 年 12 月，牧原“5+”全覆盖扶贫模式被中国民生发展论坛组委会评为“2017 民生示范工程”

● 2018 年 12 月，牧原扶贫模式入选由国务院扶贫办社会扶贫司与中国社会科学院工业经济研究所编制的《企业扶贫蓝皮书（2018）》，获“企业扶贫优秀案例”

● 2018 年 3 月，牧原扶贫模式入选国务院扶贫办社会扶贫司评选的“2018 年全国精准扶贫 50 佳案例”奖

“十三五”期间，牧原集团计划进一步发挥农业企业已形成的产业扶贫优势，在贫困地区再投入 200 亿元，帮助 20 万贫困户、60 万贫困人口脱贫，让企业的脱贫成效得到群众认可、经得起历史检验，为全面建成小康社会、实现乡村振兴以及人民对美好生活的向往做出更大贡献！

捷　成

用“晨星计划”照亮贫困基层社区防盲救盲之路

案例点评：郭沛源　商道纵横共同创办人兼总经理

联合国可持续发展目标覆盖范围广泛，不管什么类型的企业，都能从17个目标中找到与自身业务关联紧密的一个或多个目标。对捷成这样专注市场营销、分销及投资的集团企业，更是如此。所以，在案例的第一部分，我们能看到捷成业务与SDGs的不少目标都有关联。如SDGs 13气候行动，捷成就致力减少运营上对气候变化的影响，每年执行碳审计和审核，投资环保项目实现碳中和。

不过，在本案例中，捷成选择了一个与主营业务关联并不是那么密切的公益项目“晨星计划”。在这个已经执行了多年的计划中，捷成携手奥比斯为中国农村的眼疾患者带去福音、点燃光明。这一计划和捷成业务不太相关，但与SDGs 3良好健康与福祉有着高度契合。

这似乎与我们常说的创造共享价值理论不太一样。那本案例的看点是什么呢？我认为案例第二段的描述很有意思，捷成家族第四代传人引述曾祖父的话，说“传承家族事业比传承财富更有意义”，并认为这是他们践行社会责任的理念根源。简言之，包括公益慈善在内的可持续发展行为是这家企业内在需求。这与我们常常从外部压力开始谈论企业社会责任与可持续发展截然不同。如今，中国有不少家族企业已经开始到了二代传承的关键时期，读一下这个案例很有益处。

一、捷成与SDGs

1. 捷成响应SDGs的战略思考

作为大中华区专注于市场营销、分销及投资的集团企业，捷成长期关注大中华地区瞬息万变的营商环境与生活方式，凭借多年来建立的市场影响力、对本地市场的深刻解读以及领先行业的专业化知识，致力为来自世界各地的商业伙伴创造价值，提供中国内地、香港、澳门和台湾等地区本地市场开拓的有效途径。

在捷成集团现任主席、家族第四代传人捷成汉先生看来，企业家不应该只是生意人，也要做有远见、有慷慨之心，以及对社会抱有责任感的人。“曾祖父曾教导我们，传承家族事业比传承财富更有意义。”捷成的企业责任理念便深植于此。在 120 余年的发展历程中，捷成一直寻求着社会价值和商业价值的共同提升；在家族企业致力基业长青的道路上，捷成认为“可持续发展”不纯粹是一个社会公益理念，更是一个根本需求。

成为负责任的企业公民是捷成集团的战略目标之一，也是实现企业可持续增长的关键要素。以“点滴奉献，丰富人生”为指引，捷成通过企业社会责任计划，将经济、社会和环境等方面的考量纳入企业的战略和运作中，建立社会责任管理体系，推动社会责任项目落实，对内，激发了员工的积极参与，对外，收获了社会的广泛认可。

2015 年，联合国发布《2030 年可持续发展目标》，旨在从 2015 年到 2030 年间以综合方式彻底解决社会、经济和环境三个维度的发展问题。SDGs 是联合国目前在可持续发展问题上的唯一指导性意见，受到了各国政府和公众的广泛关注和认同。2016 年，中国政府发布《中国落实 2030 年可持续发展议程国别方案》，提出中国未来 14 年的可持续发展发展目标将与联合国 SDGs 保持一致。

捷成在 120 余年的经营历史中深刻认识到，一方面，企业的基业长青需要可持续的发展方式，而企业的可持续发展离不开与社会的可持续发展相融合；另一方面，商业需要顾及社会利益，而商业也在社会创新、参与解决社会问题方面有得天独厚的优势。SDGs 则为企业在实现自身可持续发展的同时通过解决社会问题来促进社会的可持续发展提供了指引。

同时，捷成也认识到，响应 SDGs 将带来深刻的潜在价值。第一，中国政府致力落实 SDGs 的行动，将消除一些妨碍消费潜值解放的障碍、推动消费升级，进而反过来为专注于优质可持续产品领域的捷成带来商业机遇；第二，尽早将 SDGs 纳入发展策略有助于捷成开发出更具可持续性的业务线和服务方案，进而增加在同行中的竞争优势；第三，SDGs 所列出的 17 个目标和为实现这些目标制定的 169 个指标本身也为捷成与利益相关方取得良性互动、参与解决社会问题提供了一份详细的地标图。

2. 捷成响应 SDGs 的整体状况

捷成目前已积极利用 SDGs 来指导自身各项可持续发展工作的实施，将各项社会责任行动与 SDGs 对标。捷成还将 SDGs 引入集团年度社会责任报告作为参考体系，并将为响应 SDGs 而开展的项目、活动在报告中做详细梳理。

SDGs	响应方式
SDG 3 良好健康与福祉	致力促进各年龄段人群的福祉，携手公益组织，开展了防盲救盲项目“晨星计划”、关注自闭症儿童项目“生活就是艺术”
SDG 4 优质教育	持续关注下一代的教育与发展，长期在香港科技大学、南开大学设立奖学金，并通过参与香港地区“学校起动”计划为学习条件稍逊的中学生提供各种机会
SDG 5 性别平等	在捷成的员工团队中有接近半数为女性员工，捷成一直重视维护在薪酬福利及雇佣招聘等方面的员工性别平等，并对在职母亲等有特别需求的女性员工提供集乳室等必要的帮助
SDG 6 清洁饮水和卫生设施	一方面积极向客户推广精选的新型高效节水产品，另一方面组织并鼓励员工参与相关慈善筹款活动，为有需要的地区提供建造洁净饮水设施的资金支持
SDG 7 经济适用的清洁能源	致力为用户提供先进的燃气和清洁柴油发动机技术、可再生能源系统和可再生高级油，推广可持续清洁能源的使用
SDG 8 体面工作和经济增长	积极为员工创造良好的工作环境，不断完善薪酬福利和内部沟通体系，为员工提供职业培训和身心健康项目，保障员工工作与生活平衡的同时使员工获得自我进步的机会
SDG 9 产业、创新和基础设施	致力推动工业 4.0 转型，积极将资源使用效率高的环保产品、先进的环保解决方案引入中国
SDG 10 减少不平等	坚持为员工打造多元与包容的工作环境，尊重来自不同地域、拥有不同文化背景的员工，并坚持使用中英文双语发布相关规定及通知
SDG 11 可持续城市和社区	努力减少运营上对城市和社区的负面环境影响，提升物流车辆排放标准和办公室废物管理水平
SDG 12 负责任的消费和生产	不仅积极与环保节能的绿色产品生产商合作，销售推广绿色产品与新型绿色技术，还在物流和办公等方面引入环保设备、采用环保措施，同时也注意培育员工的环保理念
SDG 13 气候行动	努力减少运营上对气候变化的影响，每年都严格执行碳审计并交由第三方机构审核、投资环保项目实现碳中和
SDG 14 水下生物	积极组织与海洋保护有关的员工教育活动，保护水下生物
SDG 15 陆地生物	通过节约用纸、减少塑料制品和一次性用品等方式，保护陆地生态环境

二、“晨星计划”

1. 捷成公益简介

作为负责任的企业公民，捷成持续支持与集团价值一致的公益活动，以促进业务运营地区的社会发展。近年来，捷成对社会公益的关注主要聚焦三个方向：关注自闭症儿童的“生活就是艺术”、关注下一代发展的捐助教育行动，以及建立基层可持续眼科医疗体系的“晨星计划”。

其中，“生活就是艺术”是捷成于 2014 年发起的重点关注自闭症儿童的公益项目，希望通过艺术体验活动等方式，帮助自闭症儿童走出自己的世界，打破与公众之间的隔阂，以一种更加积极的方式拥抱生活，并提高与外界沟通交流的能力；捐助教育则是捷成通过不断为教育事业捐资献策来帮助年轻一代成就未来、取得成功，主要包括长期在香港科技大学、南开大学设立奖学金，集团主席捷成担任香港科技大学顾问委员会主席，集团董事总经理海宁担任吉林大学和吉林财经大学客座教授;“晨星计划”则是捷成于 2011 年携手国际慈善机构——奥比斯(ORBIS)在中国开展的防盲救盲项目，主要关注中国医疗服务条件匮乏的农村贫困地区，希望通过飞机医院的建设、对各级医院医生的手把手培训及在偏远地区进行眼科筛查和转诊等方式，助力部分相对落后地区的县乡级医院改善医疗服务，并建立起符合当地需求的基层可持续眼科医疗体系。

2. 项目背景

改革开放以来，中国卫生与健康事业快速发展，医疗卫生服务体系不断完善，基本公共卫生服务均等化水平稳步提高，人民健康水平也得到了显著提高。但由于工业化、城镇化、人口老龄化，以及疾病谱、生态环境、生活方式的不断变化，中国仍然面临多重疾病威胁并存、多种健康影响因素交织的复杂局面。习近平总书记就曾强调：“没有全民健康，就没有全面小康。要把人民健康放在优先发展的战略地位，以普及健康生活、优化健康服务、完善健康保障、建设健康环境、发展健康产业为重点，加快推进健康中国建设。”

中国农村地区，尤其是偏远的农村地区，则是健康中国建设的重点和难点。一方面，这些地区医疗卫生服务体系不完善，基本公共卫生服务水平相对落后，使居民缺少疾病预防知识和手段、患者难以接触到医疗资源；另一方面，这些地区居民普遍收入较低，承担不起高昂的医疗费用，也容易产生因病致贫问题，阻碍健康水平的提升。

以眼科医疗为例。眼健康是国民健康的重要组成部分，包括盲在内的视觉损伤，严重影响人民群众的身体健康和生活质量，例如，使少年儿童和青壮年直接丧失受教育和获得职业技能的机会以致职业发展受限，或是使老人丧失自理能力以致在农村空巢化背景下生存状态堪忧，是涉及民生的重大公共卫生问题和社会问题。因此，眼病防治对于提升患者生活质量、为受助人提供后续赋能的机会而言，就显得尤为重要。目前，我国眼病防治工作依然任务艰巨。国家卫生计生委员会 2016 年发布的《"十三五"全国眼健康规划（2016—2020 年）》就指出，"我国仍然是世界上盲和视觉损伤患者数量最多的国家之一，年龄相关性眼病患病率提高，青少年屈光不正等问题日益突出，农村贫困人口白内障致盲的问题尚未完全解决；眼科医疗资源总量不足、质量不高、分布不均的问题依然存在，基层眼保健工作仍需加强；群众爱眼护眼的健康生活理念还需继续强化。"这些问题在农村地区尤为明显尤其显著——低受教育程度使得农村居民缺乏眼科知识、容易忽视眼科疾病，低收入使农村居民难以接触到长期有效的眼科保健与治疗，低经济发展水平使当地眼科医疗资源总量不足、质量不高的问题更加突出。

作为一家长期关注大中华地区并专注于市场营销、分销及投资的集团企业，捷成在持续的社会责任实践当中，一直致力于寻找到自身商业价值与社会价值的连接点——直接向消费者提供优质商品的经营模式，将受益于提升大众健康福祉的公益行动。同时，在利用 SDGs 指导自身各项可持续发展工作的过程中，捷成发现，这一连接点与 SDGs，尤其是"SDG 3：良好健康与福祉"，有着高度的契合。"SDG 3：良好健康与福祉"提出，确保健康的生活方式，促进各年龄段人群的福祉对可持续发展至关重要。目前，世界在改善公共卫生，增加预期寿命和减少导致母婴死亡的常见病方面已取得长足的进步。但是，还需要加倍努力，以根除一系列疾病，解决多种顽固和新出现的健康问题。

秉持提升大众健康水平、推进健康中国建设的初心，从自身商业价值与社会价值的连接点出发，遵循 SDGs 所提倡的理念，捷成以农村地区眼科医疗为着力点，携手奥比斯在中国启动"晨星计划"，帮助农村地区的眼科医生将最为珍贵的礼物——视力，带给当地眼疾患者。"晨星计划"不仅特别关注农村地区的孩童失明问题，同时也致力于帮助年长者，避免由于医疗资源不足、缺乏眼科健康知识和经济困难而引起不可治愈的失明案例。

3. 第一个五年，“晨星计划”帮助贫困眼疾患者“点燃光明”

2011—2015 年，项目主要通过奥比斯眼科飞机医院的建设、自上而下逐层对各级医院医生的手把手培训、深入到偏远地区的眼科筛查等方式来开展“晨星计划”第一期，建立针对当地人口的基层眼科服务可持续发展体系。

“晨星计划”已于 2015 年底圆满完成第一个五年计划，并在大部分项目既定目标上超额完成。第一个五年计划总投入共计人民币 515 万元。其中人民币 365 万元根据奥比斯在中国内地防盲救盲的实际需求和规划投入甘肃、黑龙江、广东、云南、山东项目以及奥比斯全新的 MD10 眼科飞机医院项目；剩余的人民币 150 万元于 2016—2018 使用于协助奥比斯与沈阳何氏眼科医院一同开展“国家级防盲培训中心项目”以及其他地区的手术补助等其他部分。

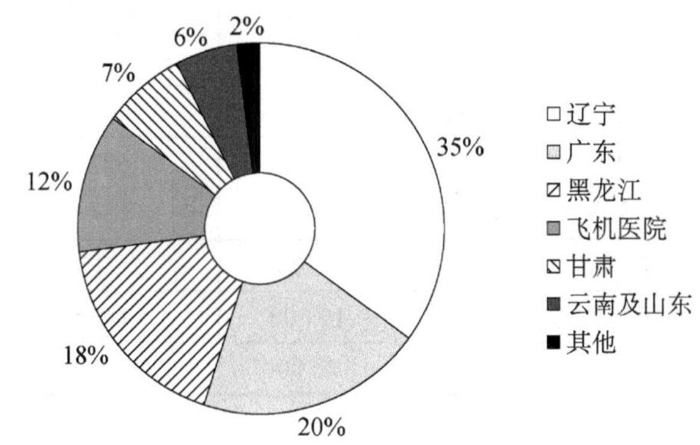

“晨星计划”第一期善款使用分布（地区）

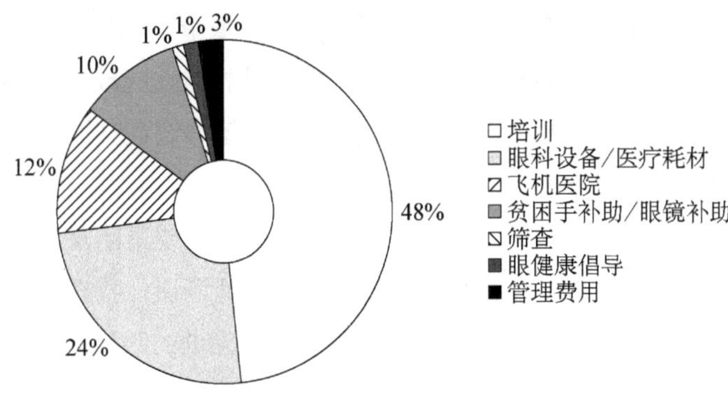

“晨星计划”第一期善款使用分布（内容）

自 2014 年 12 月起，“晨星计划”在沈阳何氏眼科医院开展“国家级防盲培训中心项目”。该项目与奥比斯以往传统项目不同，捷成与奥比斯一起对“晨星计划”

进行项目构架升级，以加强沈阳何氏眼科医院的培训体系、提供中国防盲协会强调的高质量眼科治疗人才、提升农村地区眼科医疗质量为目标，专注于可持续发展及对项目当地的长远影响。截至 2015 年底，项目已在沈阳何氏眼科医院建立起了一个针对县级眼科团队的培训及能力建设模式，以及理论教学与手把手实践相结合的驻院培训项目。捷成希望，通过项目的成功示范，此模式能够得到国家卫生部及眼科医学会的认可，从而在全国范围内得以推广。

作为公司最重要的企业社会责任项目之一，“晨星计划”第一期在捷成的持续资助和支持下取得了良好社会反响和知名度，有 120 多万名中国农村眼疾患者从中受益。

资助内容	目标设定	实际产出（截至 2016 年底）	实际产出（项目结束之时）
设备捐赠数目	N/A	146	146
国际奖学金受训医生及医疗工作人员人数	12	6	10
受训医生及医务工作人员人数	600	677	793
手术补助人数	120	154	154
免费眼镜发放数	1 200	1 215	1 220
接受视力筛查人数	12 000	59 015	92 768
接受爱眼知识宣传人数	120 000	134 900	134 900

“通过与奥比斯合作，我们为成千上万的家庭带来了正面的影响，因为对家庭而言，失明可能成为经济条件的决定因素。我们很荣幸能与奥比斯合作，为我们居住的社区作出贡献。随着‘晨星计划’的成功推进，捷成始终不忘初心，致力于丰富人们的生活。透过防盲救盲项目，捷成希望为偏远贫困地区的儿童和老人提供眼科治疗及教育普及。”

——捷成集团董事总经理　海宁

“非常感谢‘晨星计划’让我有机会参与验光师培训！我在西藏从来没参加过这样专业的培训。虽然西藏医疗条件有限，没有先进的眼科医疗设备，但我通过这次培训，学到了如何在没有先进仪器的条件下，通过各种实验法来检查近视、远视、散光等眼科疾病。”

——来自西藏日喀则的眼科医生　拉姆卡

4. 第二个五年，“晨星计划”搭建贫困基层社区“光明网络”

根据2014年中国成人眼病流行病学调查结果显示，我国盲和中、重度视觉损伤人数高达2 000多万人，未矫正的屈光不正和未手术的白内障仍是导致视力损伤的最主要原因。我国能够独立开展白内障手术的医师约11 300名，2014年全国完成白内障复明手术约190万例，每名白内障手术医师约168例手术，远远低于国际平均水平。这一现象的主要原因在于，70%的贫困患病人群居住在乡镇或农村，他们无法获得高质量、可负担、可及的医疗卫生服务。因此，如何在县级以下的基层建立可持续的眼病防治体系就成为中国防盲治盲工作的最大问题及挑战。《“十三五”全国眼健康规划（2016—2020年）》也提出，要争取“到2020年，县级综合医院普遍开展眼科医疗服务，90%以上的县有医疗机构能够独立开展白内障复明手术；全国CSR①达到2 000以上，农村贫困白内障患者得到有效救治。”

“晨星计划”第一期在取得巨大成果和影响的同时，也使捷成认识到，要从根本上改善贫困地区眼疾发病率、眼疾患者医疗状况，就必须从解决个案上升到提供预防及解决的方法，助力贫困地区搭建可持续的眼疾医疗体系。因此，捷成继续携手奥比斯开展更为紧密和广阔的合作，扩大项目的覆盖面，实施“晨星计划”第二期。2016—2020年，捷成投入人民币共计740万元，资助国家卫生计生委医院管理研究所（NIHA）与奥比斯共同启动首个“国家级基层综合眼病防治网络建设模式探索”项目。

项目从东、中、西部选择6家县医院（甘肃省临潭县第一人民医院、安徽省金寨县人民医院、陕西省商南县人民医院、江西省宜丰县人民医院、江西省于都县人民医院及广东省潮州韩溪眼科医院）作为试点，旨在帮助全国2 411家具备眼科医疗能力的县级医院建立一个全新的、可持续的、可复制的中国农村地区县级医院眼科发展模式，计划为20 000名白内障患者提供医疗手术，为其中600名贫困患者进行手术补助；派送12万副屈光眼镜给有需要的眼疾患者；为60万名当地居民免费进行眼科筛查；为100万位当地居民提供眼科保健知识教育。预计到2020年，县级医院所处地区的眼科医疗能力将得到全面提高，病人量及手术量增长一倍，实现盈利及可持续发展；乡卫生院“光明小屋”将填补乡村眼保健空白，为农村居民提供基本眼科服务、开展眼科筛查及宣教、承担病人转诊的职责；改善后的眼科医疗服务可吸引病人持续到县级医院就医，从而建立一个可持续的眼

① Cataract Surgical Rate（CSR），即每百万人口每年的白内障手术率。

保健体系，最终希望在 6 家县医院覆盖的 350 万当地人口中，眼病患者能够被及早发现并及时接受治疗，避免可预防的失明。

国家级基层综合眼病防治网络建设模式包含三个方面：

1）通过对县级医院、乡村光明小屋的医疗设备配置及医护人员培训，实现眼科医疗标准化；

2）通过医院管理人员及团队培训，实现医院管理能力提高、支持团队的建立及管理体系化；

3）通过乡村“光明小屋”及眼保健网络的建立，担任筛查、转诊及大众眼保健宣传教育等职责，实现病人量及手术率提高，最终在该县医院覆盖范围内实现眼疾病人早发现早治疗，医院眼科本身有经济效益实现可持续发展。

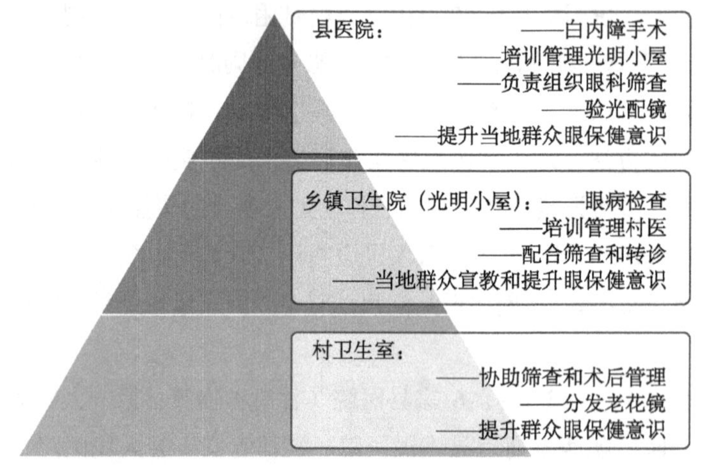

“国家级基层综合眼病防治网络建设模式探索”项目：三级眼保健服务

在国家卫生计生委医院管理研究所的明确指引、奥比斯的大力支持、捷成的持续资助下，项目进展顺利，试点地区的“乡村级眼保健服务”实现了从无到有，基层眼保健模式有了基本雏形，基层医生眼科服务能力得到了提高。

产出	2017 年	2018 年
县级医生接受培训	28	31
乡镇级医生接受培训	1 196	135
眼保健筛查	314 035	276 514
白内障手术	5 570	4 951
眼健康宣传资料发放	82 500	32 928

续表

产出	2017 年	2018 年
眼保健知识宣教	191 500	282 587
光明小屋	12	18

以潮州韩溪眼科医院为例，2016 年，潮州地区 CSR 为 750 例，远远落后于广东省水平 1 590 例和全国水平 2 070 例[①]，防盲救盲工作非常紧迫。2017 年，潮州韩溪眼科医院作为“国家级基层综合眼病防治网络建设模式探索”项目的试点医院，承办了潮州市千人白内障复明工程，着力搭建起一个开展社区眼病筛查、宣教、转诊、眼健康管理的平台，到各镇卫生院为全市居民免费进行眼科检查，对符合手术条件的白内障患者进行白内障复明手术。在基层综合眼病防治网络三级眼保健服务体系下，潮州韩溪眼科医院评估了当地卫生院或者卫生站眼科治疗状况，为符合条件的 5 家卫生院、19 家卫生站配置相关仪器，实现联合筛查、宣教、互相转诊，并组织定期培训以及学术交流活动，提高诊治水平。2017 年，潮州韩溪眼科医院在门诊、眼保健筛查、白内障筛查、白内障手术等方面均实现了较大的提升；通过全市白内障筛查义诊宣教，潮州市的 CSR 预估可达到广东省水平，缩小与全国水平的差距。[②]

眼科治疗状况	2016 年	2017 年
门诊量（例）	1 249	2 280
眼保健筛查量（例）	8 285	14 135
白内障筛查量（例）	3 001	6 016
白内障手术量（例）	828	2 929

“随着‘晨星计划’一期五年项目取得的巨大成果和影响，捷成集团希望与奥比斯携手共进，让更多的眼疾患者恢复视力，享受健康和多姿多彩的生活。”

——捷成集团董事总经理　海宁

“奥比斯与捷成的合作基于互相之间的深刻了解，以及双方对于以可持续方式为有需要人群提供帮助的信念。‘晨星计划’不仅以高质量的培训为当地眼疾病患提供可靠的医疗救治，也有力地支持了奥比斯中国项目的开展。我希望有更

① 《2016 年中国白内障复明手术报送情况排名》，国家卫生健康委医院管理研究所。

② 2017 年，广东省 CSR 为 1 492，全国 CSR 为 2 205：《2017 年中国白内障复明手术报送情况排名》，国家卫生健康委医院管理研究所。

多像捷成这样的企业支持奥比斯，让我们有更多能力为更多需要帮助的眼疾患者谋福祉。”

——国际奥比斯北亚区总监　司马桥

5. 传递光明的希望之旅，集结爱心的志愿之光

在捐款筹款的同时，捷成也积极组织鼓励员工作为志愿者参与“晨星计划”。项目开展期间，捷成每年都会组织员工组团到项目点探访当地接受培训的医疗工作者，参与眼科筛查、知识宣讲，并与受助人面对面交流，亲身感受防盲救盲事业的不易、偏远地区患者和医生所面临的困境、以及“晨星计划”为当地带来的变化，为项目的可持续开展尽自己的力量。

2012 年 11 月，“晨星计划”第二次实地考察前往甘肃省平凉市，为当地孩子们普及护眼知识，捐赠卫生、学习用品，并陪伴受益人马麦言接受斜视治疗手术。马麦言出生时眼睛就有严重的斜视，因为家庭贫困，一直没有得到治疗，一年级时只上了几天学就再也不愿去学校，辍学在家。她说“看不见黑板，而且小朋友们都笑我眼睛斜，都不跟我玩。”回忆起伤心事，她悄悄落下了眼泪。通过“晨星计划”，马麦言在奥比斯合作医院——甘肃省康复中心医院接受了手术，还很勇敢地选择了局部麻醉，这样对身体的伤害较小，也节约手术费用留给其他孩子。手术后第二天，志愿者来到病房探访马麦言，拆下纱布的那一刻，她激动地流下了热泪，说道：“等眼睛恢复好了，我就回学校读书！”

2014 年 12 月，“晨星计划”第六次实地考察前往广东省四会市，为迳口小学的学生检查视力、捐赠物资，并以有趣的“蒙眼午餐”形式开展眼睛保健讲座。此外，还深入到迳口镇迳口村，协助医生为居民做视力筛查，探访曾文豪老爷爷等受益人。曾文豪老爷爷独居村中，多年来视力模糊，兼有肝病，常年激素类药物治疗的副作用更加剧了眼疾问题，被确诊为右眼青光眼急性期。在“晨星计划”的帮助下，曾爷爷免费进行了手术，避免了眼底继发性损害而导致视盲。术后，医院继续监测曾爷爷双眼，发现其左眼患青光眼临床前期，便再次免费为他进行预防性手术。术后，曾爷爷视力恢复良好，生活能够自理，减轻了负担和压力。

截至 2018 年 6 月，捷成共组织了 12 次实地考察，总计 56 天的时间里，超过 130 名捷成员工志愿者足迹踏遍云南、广东、甘肃、山东、辽宁、黑龙江、江西及安徽等省份的项目点，超过 1 000 名捷成员工通过员工入职培训、员工志愿者探访分享会及其他各式活动了解“晨星计划”的内容及活动情况。

为加强与奥比斯的合作，更好地协助奥比斯在全国各区域的救盲工作，捷成志愿者团队除了实地考察活动，还通过拍摄照片和视频，捕捉、记录在“驻院培训计划”中具有代表性的场景和画面，如国际志愿医生的培训课程、现场手术观摩、医疗学术讲座等活动，为临床救治提供了宝贵的参考资料。同时，通过采访，记录参与活动的国内外医护人员及受益的眼疾患者的感受和故事。

“和奥比斯其他的防盲合作伙伴相比，捷成集团特别重视其员工的参与。”

——国际奥比斯中国发展部副总监　余道炜

“今次的体会很深，每一位志愿者都很努力去支持这个活动。其中令我感受最深的是在学校，小朋友对学习都很有热情，对未来有希望，这些事都令我感触良多。”

——捷成集团人事处，“晨星计划”志愿者　张苑君

“‘晨星计划’不但可以让有眼疾的儿童得到康复，更重要的是可以帮助他们开拓视野，让他们有机会了解外面的世界。”

——捷成汽车，“晨星计划”志愿者　张勇

---

6. 项目意义

作为以 SDGs 为指引的防盲救盲公益项目，“晨星计划”所要助力解决的是各年龄段农村贫困居民的健康与福祉这一可持续发展问题。与单纯的捐款捐物不同，“晨星计划”以打造可持续项目为目标，从第一期到第二期，更是由可持续项目升级为了可持续模式。主要表现在以下三个方面：

一是设备的购置和建设。医疗设备的缺乏是制约农村地区眼疾医疗发展的重要因素，也是“晨星计划”致力解决的问题之一。以奥比斯黑龙江项目齐齐哈尔分中心为例，该中心所有医疗设备均由“晨星计划”全额资助购置和建设，项目将建立黑龙江省可持续提供白内障手术和儿童屈光不正治疗的服务模式，通过演示手术治愈成人白内障以及儿童准确配镜的标准，为从业人士提供借鉴。

二是医疗人才的培养。医疗人才的匮乏是制约农村地区眼疾医疗发展的另一重要因素，而“晨星计划”则通过资助当地医生接受培训来解决这一问题。甘肃省康复中心医院的魏建兰主任专门负责小儿眼科的技术指导和儿童眼疾的筛查工

作，尽管曾专门进修斜视弱视专业，但她对疑难病例的诊断还是经验不足，特别是手术技能还未能完全掌握。2011 年，魏主任作为“手把手”的学员参加了一周的国际奥比斯院基培训项目，接受台湾著名小儿眼科专家傅宙经教授的培训。在傅教授的指导下，她每天使用新技术独立操作治疗一些病例，使自己的专业技能得到了迅速的提高。

三是基层眼健康防治网络的搭建。受家庭经济和教育、医疗资源的限制，农村地区的儿童往往缺乏正确的眼保健知识，眼疾患者也往往不能及时发现、及时就医，而“晨星计划”则通过“国家级基层综合眼病防治网络建设模式探索”项目打造的三级眼保健服务来解决这一问题。在基层综合眼病防治网络建设的 6 个试点医院中，已经逐步形成了金寨、于都医共体模式和潮州全面筛查模式等基层眼保健模式，并将继续丰富完善。

三、未来展望

SDGs 是联合国目前在可持续发展问题上的唯一指导性意见，也与中国未来的可持续发展目标相符合。作为深耕中国市场 120 余年的国际分销商和深植社会责任基因的家族企业，捷成对于可持续发展的必要性和价值、响应 SDGs 的必要性和价值都有着深刻而全面的认识。

目前，捷成已积极利用 SDGs 来指导自身各项可持续发展工作的实施。未来，捷成将在这一方向上继续深入，一方面将 SDGs 的理念更深入、紧密地融入各项社会责任活动中，另一方面将更全面地按照 SDGs 的指引开展可持续发展项目。在环境保护方面，捷成从 2018 年底开始在公司内部推出“捷绿行动”，从节约水和能源、应对气候变化、保护陆地生物等方面入手，实现办公环境的可持续发展、循环双向发展；在公益事业方面，捷成将在现有项目框架基础上，持续关注居民健康和下一代教育，并着重推广“晨星计划”，继续推动“国家级基层综合眼病防治网络建设模式探索”项目的落地实施，助力国家防盲、救盲事业；在公司治理方面，捷成将持续保持员工多元、平等，营造良好的工作氛围，与员工一道，走向成功。

沪 江

“互+计划”，改善教育公平

案例点评：汤敏，国务院参事，友成企业家扶贫基金会副理事长

乡村教育是中国教育中的短板，贫困地区的乡村教育又是短板中的短板。企业与社会公益机构能为改变贫困地区的乡村教育做点什么？沪江公司在这方面做出了榜样。多年来他们在“互+计划”，“美丽乡村大课堂”与“青椒计划”中做了大量的工作，为解决乡村教育作出了很大的贡献。

我所在的友成基金会与沪江公司长期合作，共同推进了“青椒计划”等乡村教育扶贫项目。在合作中，我目睹了以沪江首席教育官吴虹老师与她的团队的创新、敬业和奉献精神。根据乡村学校的需求，他们每个月都出点新东西，我们每次见面都带来新的惊喜。沪江 CEO 伏彩瑞先生更是身先士卒，在激烈的市场竞争中，克服了重重困难，全力支持了沪江的这个极具影响力的公益计划。

我国的乡村教育正在从“有学上”向“上好学”转变。“互+计划”“青椒计划”的最大贡献在于，用互联网把最优质的教育资源以很低的成本、很高的质量送到贫困地区学校中，让乡村孩子们也能跟城市优秀学生一样地学习。他们不仅把语文、数学等主科资源送下去，还把乡村学校最缺乏的音乐、美术等课程送下去。沪江以及沪江众多的合作伙伴们的经验证明了，用互联网思维可以改善教育公平这个人类社会最老大难的问题。

看见未来　互联网时代乡村教育的突围与创新

2018 年 10 月 28 日，一场以“看见未来·互联网时代乡村教育的突围与创新”为主题的教育论坛在华东师范大学召开。论坛上，国务院参事、友成企业家扶贫基金会副理事长汤敏，沪江创始人、董事长兼CEO伏彩瑞，华东师范大学开放教育学院研发部主任魏非等政府、互联网、教育领域资深人士，共同就互联网如何为乡村教育服务展开了深度的探讨。“互联网”与“乡村”，两个在若干年前颇具违和感的词语，是什么让他们巧妙地融合在一起？这要从地处四川宜宾大山深处的白云小学说起。

2015年10月22日，沪江首席教育官吴虹老师与她的团队走进了白云小学。这所学校只有10个学生，全部都是留守儿童；这里只有2位老师，而他们所教的科目只有语文和数学，没有英语，更别说艺术和音乐。这番情景，让在场各位惊讶不已。白云小学虽然校舍简陋，但是教室里面却有一台可以连接互联网的电脑。于是，沪江团队在电脑上安装了沪江旗下实时互动教育平台工具CCtalk，邀请了南京栖霞区实验小学的语文老师，给孩子们远程上了一节绘本课。起初，孩子们有些拘束，但很快便在简单对话中与老师熟络起来，并积极互动，课堂氛围十分活跃。（见下图[①]）

白云小学是中国农村小规模学校的缩影。据《中国农村发展报告2016》，截至2015年，中国有近12.7万所不足100人的小规模学校，[②]教育资源和师资力量的短缺，是这些学校长期以来面临的问题。可见，对优质教育的大量需求与教育供给不足之间的矛盾，是当下乡村教育面临的主要矛盾。乡村教育是中国教育的短板，是教育发展“不充分、不平衡”，矛盾最为突出的关键节点。如何以教育信息化推动教育现代化成为解决乡村教育问题的突破点。于是，在2015年10月28日，沪江创始人、董事长兼CEO伏彩瑞在沪江战略“学无界 大势见”发布会上启动了“互联网+教育”公益项目——“互+计划”，旨在通过互联网学习方式改变传统教育，促进优质教育资源均衡发展。

① 图片来源：https://st.hujiang.com/topic/166922365249/.

② 《中国农村教育发展报告2016》：http://www.sohu.com/a/122980544_508626.

一、公平而优质的教育

1. 从国际视野到国家战略：中国践行“教育 2030”

教育能够显著地改善人类的生存状态，是实现社会公平最有效的途径，对教育公平的强烈渴望已成为人类追求的永恒理念。发达国家早在 20 世纪就已完成教育普及的任务，但区域之间、学校之间、社会群体之间仍然存在教育资源不均衡发展的问题。这个问题让贫穷代际传递，使不利处境恶性循环。因此，“确保公平、优质的教育”被提上了国际议程。

2015 年 9 月，联合国《2030 年可持续发展议程》所设定的 17 项可持续发展目标中，教育目标被单列为第四项，即 SDGs 4——优质教育，也称为“教育 2030”。“教育 2030”目标的完整表述是“确保包容、公平的优质教育，促进全民享有终身学习机会”。相比 2000 年“千年发展目标”中提出的“实现普及初等教育”，“教育 2030”则凸显了优质教育资源的重要性。2015 年 11 月，联合国教科文组织发布了《教育 2030 年行动框架》，为实施“教育 2030 新议程”提供指导，确保全球未来 15 年的教育目标能够转化为实践。与此同时，经济合作与发展组织（OECD）也在《2015 教育概览》中呼吁：“各国政府必须应对持续的教育不公平现象，确保人人都能从优质教育中受益。”

发达国家对教育公平的实践，已经从教育起点上的教育机会平等，发展到教育过程中的教育资源平等。在我国，教育公平也一直被放在优先发展的战略位置上，在基本实现“普及九年制义务教育”目标后，我国教育也面临由“穷国办大教育”转向“大国办强教育”的转变。

在《教育 2030 行动框架》的指导下，我国全力推动教育改革和发展，加快缩小城乡教育差距，努力实现城乡基本公共教育服务均等化，保障弱势群体平等接受义务教育的权利，全面提高教育质量，促进教育公平。计划到 2020 年，实现县内义务教育均衡发展，完善城乡义务教育经费保障机制。①自 2015 年起，我国相继颁布了《乡村教师支持计划（2015—2020 年）》、《深度贫困地区教育脱贫攻坚实施计划（2018—2020 年）》、《教师教育振兴行动计划（2018—2022 年）》等一系列政策文件，从政策上、制度上为贫困地区的优质教育发展提供了保障。目前，我

---

① 《中国落实 2030 年可持续发展议程国别方案》p19.

国教育部正在研究制定《中国教育现代化 2030》,[①]旨在对接 2030 可持续发展目标,并且与《教育 2030 行动框架》在相同的逻辑起点上起步。这是我国政府对世界做出的承诺,也是对中国教育的全面规划和战略部署。

2. 企业使命:沪江“互+计划”

随着优质教育资源重要性在人们心中的逐渐深化,以及优质数字教育资源种类的日益丰富,我国教育信息化也日渐普及。自 2000 年国家出台教育信息化发展政策,全国教育信息化经费支出已经超过 2500 亿元(以 2016 年测算为例)[②]。在“互联网+”的背景下,信息技术和教育领域的融合发展俨然已成趋势,传统教育模式正在被互联网打散重组,互联网敲开了教育原本封闭的大门,使“人人皆学、处处能学、时时可学”成为可能。

沪江,作为中国互联网教育的先行者,自成立之初就明确了自己的使命:用互联网让教育更简单、更公平、更快乐。沪江创始人、董事长兼 CEO 伏彩瑞认为,当前很多国家都存在教育资源不均衡的问题,而沪江已经用互联网探索出了一条教育创新之路,能够为其他国家的教育创新和均衡发展提供借鉴。面对中国东、西部地区巨大的城乡教育鸿沟,伏彩瑞一直在思考,沪江这个致力于改变中国教育的互联网教育公司,如何联动互联网技术优势、资源和核心竞争力,为中国乡村教育带来实质性的变革?

沪江把教育公平的国家战略融入企业发展的战略目标中,“互+计划”以互联网技术变革推动教育公平落地,为中国乡村教育的底部攻坚探索出一条“低成本、低门槛、可复制、可持续”的教育创新之路。”互+计划”开创了一个全新的互联网支教模式,一方面,乡村学校获得了优质的教育资源,另一方面,乡村学校也不断地探索着符合自身发展的“互联网+教育”模式。在此基础上,”互+计划”为各地区“创建义务教育优质均衡发展区”提供支持保障体系,激活区域乡村教育自主发展的内驱力,从根本上填补区域之间、城乡之间、阶层之间的鸿沟。

我们看到,全世界很多国家都面临同样的教育资源不均衡问题。“互+计划”,是我们致力于教育公平的公益计划。以”互+计划”为桥梁,一边连接着成千上万所乡村学校,而另一边则是各个城市甚至全球的教育名师。我们只是想改变

---

① 搜狐新闻:http://www.sohu.com/a/206333138_99921398;http://www.sohu.com/a/128030547_387185.

② 《教育信息化产业发展前景预测与投资机会分析报告》:https://www.sohu.com/a/164971720_114835.

教育，共存，共创，共同学习，共同为全球教育科技创新而努力，通过互联网让教育变得更简单，更公平，更快乐！

——沪江创始人、董事长兼 CEO 伏彩瑞[①]

二、“互+计划”，贡献 2030 可持续发展

1. 优质教育资源共建共享

我国大部分位于国家级贫困县、山区县的乡村学校，起着兜底教育公平的重要作用。截至 2015 年，乡村学校和教学点占全国总数的 70.6%，其中，百人以下的小规模学校占比 44.7%，不足 10 人的乡村校点多达 3.39 万个。[②]这些“麻雀学校”长期面临着专职教师匮乏、教育资源短缺，无法开足开齐音、体、美等课程等困境。是否存在一种教育方式，能超越时间、空间的限制，促进优质教育资源流动，大规模实现城乡教育优质均衡发展？“互+计划”用互联网支教给出了一个肯定的答案。

2016 年 3 月，“互+计划”首次发布了“美丽乡村网络公益课程”。次月，“互+计划”与夏加儿美术教育合作，让网络艺术课堂首次走进乡村课堂。“互+计划”不断引入丰富的社会资源，将教育资源连接起来，形成优质的网络公益课程。本学期，10 家授课单位每周提供 20 节公益课程，解决了乡村学校素质类课程“有没有”的问题。除此之外，“互+计划”还鼓励乡村学校自主开发符合当地实情的创意课程，通过网络共享至所在学区、省市、甚至全国。种类丰富、形式新颖的高品质网络素质类课程，构成了一张全国通用大课表，借助 CCtalk，乡村学校可免费、便捷地自由选择合适本校的网络公益课程，在统一时段接入直播。网师通过摄像头与学生们进行线上互动，乡村教师在教室里担任线下助教，他们共同构成跨越时空的网络“双师课堂”。[③]

---

① 伏彩瑞在 WISE-2017·多哈世界教育创新峰会演讲：http://edu.163.com/17/1117/20/D3FIF8LU00297VGM.html.

② 《中国农村教育发展报告 2016》：http://www.sohu.com/a/122980544_508626.

③ “双师教育”的理念首先由国务院参事、友成企业家扶贫基金会副理事长汤敏博士提出，是一种旨在促进教育均衡的、公益性的、创新型的教学方式。“双师教学”由“线上”老师和“线下”老师相互配合，共同完成教学任务。“双师教学”项目尝试用远程的方式解决乡村学校师资不足，优秀资源匮乏等问题，从而探索城市优质教学资源补充乡村的可操作性。

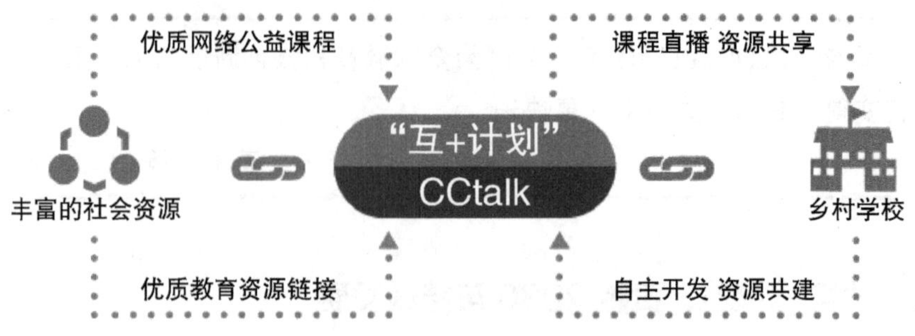

"互+计划"优质课程资源共建共享模式图

"美丽乡村网络公益课程"丰富的课程资源、简单的学习模式、高效的双师合作、活跃的社群分享、巨大的展示空间，让村小师生登上了更大的舞台。区别于传统支教与物质资助的方式、不同于针对个别学校和个别学生的支持帮扶，"美丽乡村网络公益课程"为解决乡村学校素质教育资源不足的问题提供了新的思路，真正让乡村学校与可持续的优质教育资源相连接。2018 年秋季学期，"美丽乡村网络公益课程"汇集了多种乡村小学亟须的课程，通过 CCtalk 实时互动平台每周送去 28 节网络公益课程①。迄今为止，"美丽乡村网络公益课程"共惠及了 5 000 所村小，让 100 万孩子获得了永久支教。②

作为儿童阅读推广人、"彩虹花晨读"发起者，时朝莉老师坚定地把网络阅读课程呈现给乡村的孩子们，让更多的孩子受益。她惊喜地发现：不用跋山涉水，不需走到云南、贵州的山区，也能和孩子们直接接触；同样是 20 分钟，她的时间效能被无限放大。

作为支持中央网信办"双百"教育扶贫项目之一，"互+计划"的网络双师课堂模式已成为助力教育精准扶贫的有效举措。"互+计划"始终以互联网为依托，将优质的教育资源不断整合，并精准地输送到教育资源稀缺的乡村学校，让乡村的学生也能享受最优质的教育，让教育公平触手可及。

2. 乡村教师社群式培训

虽然乡村学校的教育资源通过互联网得到了补充，但是乡村教育的师资力量仍亟待提升。据统计，在全国正处于义务教育阶段的学生中，乡村学生占三分之二，③

---

① 互+公号《2018 互加美丽乡村最新课表出炉》：https://mp.weixin.qq.com/s/qD0XwXaVXDXlFP1cQhcnZw.

② 三年九个关键词，见证中国乡村教育的探索、奋进与变革：https://mp.weixin.qq.com/s/rc1h9KiLO7Egvpcd_qSHGA.

③《中国农村教育发展报告 2017》：http://www.jyb.cn/zcg/xwy/wzxw/201712/t20171223_900288.html.

然而，在 1 630 万中国教师中，[①]乡村教师仅有 330 万人，[②]只占全国教师总数的五分之一。这些乡村教师默默地在中国教育的最基层耕耘，为基础教育的发展做出了重要的贡献，是支撑乡村教育发展的中坚力量。然而，受城乡发展不平衡、交通不便等多种因素影响，偏远地区的乡村青年教师在入职初期就缺乏规范化、系统化、科学化的教师培训。尽管教育部、财政部从 2010 年开始共同实施了“国培计划”，但是由于名额有限、成本较高，“国培计划”很难全部满足广大乡村青年教师对职业能力提升的需求。

随着互联网时代的到来，国家对教育信息化基础建设加大了投入，互联网教育为乡村教师的职业培训提供了一个解决思路。2016 年 3 月，“互+计划”首次开展了网络教师培训系列课程，揭开乡村教师网络社群化成长的序幕。[③]2017 年 9 月，友成企业家扶贫基金会、北京师范大学、“互+计划”等 30 多家教育类公益组织、教育类企业、高校及学术研究机构联合发起乡村青年教师社会支持公益计划（以下简称“青椒计划”），在教育部教师工作司的指导下，针对乡村青年教师目前面临的问题和乡村教育公益领域的现状，借鉴国际上“集合影响力”的理念，共同解决乡村青年教师在工作、生活中面临的诸多问题和挑战，提升教学质量，稳定教师队伍，促进乡村教育的发展。

“互+计划”作为平台运营方，充分发挥互联网分享与赋能的特性，把一群具有共同兴趣和任务需求的乡村青年教师聚集在一起，开展目标性学习的教育活动，让乡村青年教师可以“随时、随地、反复、免费”学习课程内容。“青椒计划”突破了时间、空间、经费、人员等限制，为乡村青年教师免费提供师德成长课程、专业发展课程、社群化成长平台等资源。[④]区别于传统的、缺少互动的网络师训，“青椒计划”通过社群互动，不断地激发着乡村教师成长的内驱力，助力乡村教师成为乡村教育的推动者、变革者。

王菲是一名扎根乡村十年的语文老师，于 2016 年成为“互+计划”的导师，培训了来自全国各地上万名的乡村老师，让他们从观念上转变。2017 年 9 月 9 日，“青椒计划”正式启动。在师德课程第一讲中，王菲老师在线给万名乡村教师分享

① 教育部《中国教育概况——2017 年全国教育事业发展情况》：http://www.moe.gov.cn/jyb_sjzl/s5990/201810/t20181018_352057.html.

② 教育部《让教师成为人人羡慕的职业》：http://www.moe.gov.cn/jyb_xwfb/moe_2082/zl_2018n/2018_zl14/201802/t20180207_326976.html.

③ https://mp.weixin.qq.com/s/rc1h9KiLO7Egvpcd_qSHGA.

④ http://www.caigou.com.cn/news/20180131119.shtml.

她的成长故事，她感叹道："这种大规模、可持续的在线教师专业成长，让老师们足不出户就可以享受到最优质的专业成长，这更是传统教育中无法实现的。"

"互+计划"不断探索，走出了一条大规模、低成本、高参与度、可复制的乡村教师培训成长新路径。2018 年 6 月，第一期"青椒计划"落下帷幕。这一年中，"青椒计划"连接了全国 19 个省份、70 个区县、4 489 所学校的 34 071 名教师参与培训，汇集了 170 位导师在线授课，课程累计时长超过 20 000 分钟。除此之外，"青椒计划"还开展了 10 多次大规模的社群活动。[①]截至 2018 年 10 月，"青椒计划"已覆盖 20 个省，202 个区县，5 万乡村教师免费在线参与可持续培训，让乡村教师获得高品质课程资源，在社群化学习中成长。[②]

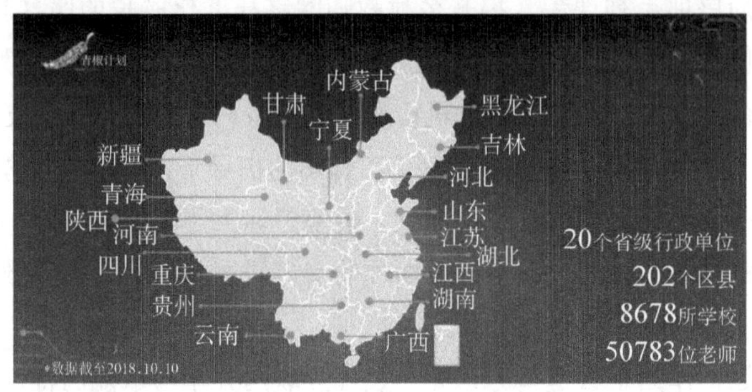

2017 年 9 月—2018 年 10 月"青椒计划"受益地区[③]

3. 区域合作共建

传统认知中，城市教育通常被标签化为现代的、优质的，乡村教育则被视为落后的、贫瘠的，从而简单地将城市教育资源输送到乡村。然而，城市学校的课程设计及课程内容，与乡村教师的教学思路和乡村学生的理解程度存在一定距离。因此，真正的优质教育均衡，并非用城市教育来取代乡村教育，而是因地制宜、因材施教，充分发挥乡村教育本土优势，用乡村自己的力量开足开齐课程，实现乡村教育的弯道超车。

互联网是破解乡村教育难题的金钥匙，是促使乡村学校自主变革的生命力。凭借一根网线，就能变幻出无穷创造。"互+计划"通过互联网打破了空间与条件的限制，将乡村教育的推动者、变革者聚集在一起，组成线上成长共同体，实现

① https://mp.weixin.qq.com/s/rc1h9KiLO7Egvpcd_qSHGA.

② https://mp.weixin.qq.com/s/kmXIv4Hys_bpweZzq31Axw.

③ 图片来源：https://mp.weixin.qq.com/s/kmXIv4Hys_bpweZzq31Axw.

了教育资源的最大化。通过区域联盟、抱团发展、优势互补、互利共赢，突破了传统乡村支教固有的合作模式，探索出了一条实现教育资源均衡发展的创新路径。

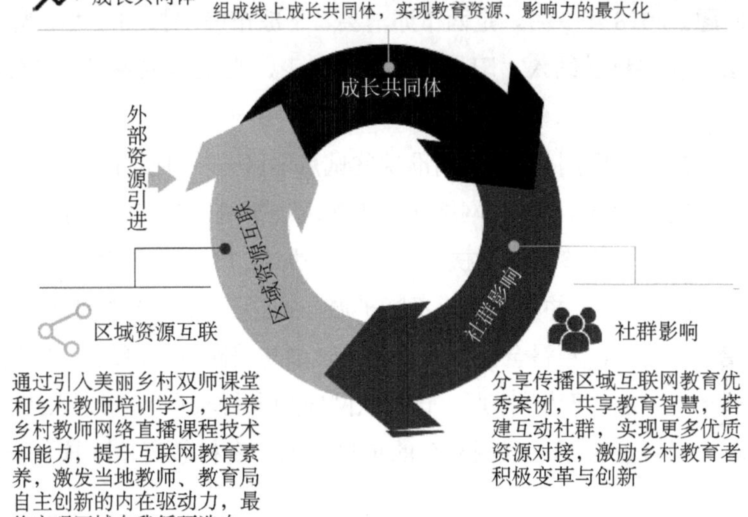

互+推动区域教育优质均衡模式

“互+计划”与河南三门峡、甘肃定西、江西宁都、新疆喀什等数十区域深度合作，为教师赋能、为学校聚力，见证了一个个各具特色的创新乡村互联网教育案例的萌芽与生长，开创了多项“第一”，真正实现网络扶智、精准扶贫。

（1）第一个借助互联网平台将区域教育资源放大到全国的示范——河南三门峡。

地处革命老区的河南三门峡，用“互联网+”理念放大了区域特色的优质教育资源。2017 年 9 月，三门峡教育“快乐手工”正式加入美丽乡村网络公益课堂，这是首个由市级教育局组织名师资源、辐射全国村小教学点的系列直播课程。经过一门课程一个学期的成功探索后，“快乐书法”“快乐音乐”在 2018 年 3 月正式与全国乡村课堂见面。[①]现在，学音乐、做手工、练书法不再只是城市孩子独享的大餐，由河南省三门峡市百名优秀教师团队共同开设的快乐手工、快乐书法、快乐音乐系列课程，带给全国乡村孩子前所未有的艺术享受。[②]

（2）第一个互联网赋能村小实现突围，带动区域共建的典范——阳光课堂联盟。

甘肃定西，以李家堡阳光课堂为核心，共建共享网络课程，成立了“共享阳

① 简书《三门峡教育：让快乐住进乡村孩子们心里》：https://www.jianshu.com/p/6d517a5af282.

② https://mp.weixin.qq.com/s/HUDHVI8muCqv_EHVbCH4-A.

光课堂联盟”，以 1 个学区的 1 所中心校带动 4 个学区的 28 个村小，成为中国首个乡村互联网教育实现村小突围的典范。迄今为止，由村小学的学科教师直播授课已经累计超过 400 节，有效地解决了乡村学校音乐、美术和心理健康等课程开齐开足的问题。2018 年 9 月，定西市通渭县、平凉市静宁县加入“阳光课堂”，并将通渭书法、静宁科学纳入“阳光课堂”大课表，真正实现乡村教育资源的共建共享。①

（3）第一批“互联网+”教育精准扶贫试点地区——江西宁都。

2016 年 11 月 29 日，“全国网络扶贫工作现场推进会”在江西宁都召开，“互+计划”与宁都县教育局签订网络扶智工作意向协议。宁都县教育局与“互+计划”携手打造“双师课堂”，并且将试点不断扩展与推进。2018 年 2 月 26 日，宁都县教育局下发官方文件，号召全县所有乡镇小学参与美丽乡村网络公益课程、5 000 名乡村教师全体参加“青椒计划”，让互联网成为乡村教育区域发展的助推器。宁都县这片革命老区燃起了互联网教育的星星之火，乡村教育精准扶贫正在迈向新时代。

（4）第一个网络大规模推普脱贫、共享优质国语教育的先锋——国语双师课堂。

2018 年 4 月起，在中国证监会办公厅扶贫办、深圳证券交易所支持下，“互+计划”在新疆喀什地区麦盖提县发起了“国语双师课堂”，通过网络将优质的语文课程输送至祖国的西北边陲，实现了优质国语教育资源向南疆的定制化、大规模、低成本的有效共享。6 月 4 日，项目进一步辐射和田市，互联网连接起了上海、南京、河南、甘肃、湖北、西藏等全国各地的力量。短短两个月，“国语双师课堂”累计开展了 30 节直播课程。9 月 25 日，在上海对口援疆指挥部、上海证券交易所基金会的支持下，喀什莎车、泽普、叶城、巴楚四县加入“国语双师课堂”（“小胡杨课堂”）并同步启动新教师网络培训计划。跨越 5 000 千米的共享教育，推动南疆国语教学质量提升，推普脱贫。

4. 从教育公益到社会创新

“互联网+”的时代，也被认为是颠覆性的时代。以互联网为核心的信息技术正在引发一场时代革命，深刻地改变着各行各业以及人与人连接的方式，带来了巨大的创新空间并激发着人的潜能。互联网推动下的“新公益”正在涌现，其共同特征是平台化，将各种资源连接并整合起来，聚沙成塔，释放社会创新的巨大能量。

① https://mp.weixin.qq.com/s/rc1h9KiLO7Egvpcd_qSHGA.

“互联网+”教育模式①

“互+计划”通过互联网技术与思维，打破了传统的线性公益思路，改变过去“撒胡椒面式”的直接资助方式，转而以合作作为杠杆，用“开放、平等、协作、快速、分享”的精神撬动政府、企业和社会的资源，实现教育资源的重组和整合利用，最大限度地发挥集合影响力。例如，2030 年可持续发展议程中第 17 个目标——建立良好伙伴关系所倡导的，“互+计划”不断地寻求不同领域的合作伙伴，通过合作共享资源，为教育扶贫提供了一个突破口。

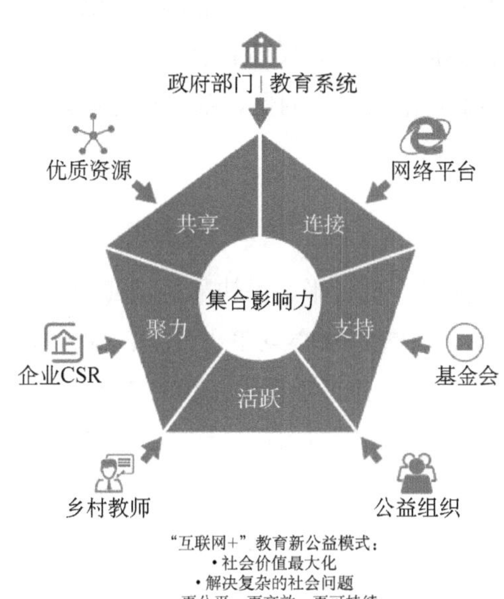

“互+计划”协力政府精准扶贫，以社会资源最大化高效能链接为核心动力，最终赋能于人，创新性地实践互联网支教新模式。“互+计划”分别与凯迪拉克、

① 图片来源：https://mp.weixin.qq.com/s/WsiMbgePJdaRDIFNfP790Q.

华为、兴全基金、华润怡宝等拥有广泛社会信任的企业开展各形式的乡村教育支持项目，以集合影响力共建企业社会责任，大规模、高效率、可持续地推进教育扶贫，从个人帮扶模式到社会帮扶模式，最终实现可持续发展。“互+计划”三年来持续推出了“美丽乡村网络公益课堂”，发起“南疆国语双师课堂”，与北京师范大学、友成企业家扶贫基金会等多家联合发起了“青椒计划”，与华为合作开展“华为村小平板实验班”，与兴全基金发起暑期乡村教师“兴成长计划”，与友成基金会以及凯迪拉克共同发起“小狮子计划”。[①]

2017 年 12 月，“互+计划”携手友成基金会以及凯迪拉克，共同发起助力乡村教师的公益项目——小狮子计划。自 2018 年起，“小狮子计划”将每年举行一次互联网优秀乡村教师评选，鼓励乡村教师学习、尝试、应用、推广互联网公益教育模式，提升教学能力，实现自我成长，勇敢改变自己，以此辐射更多乡村教师、乡村学校、当地教育部门，甚至更广泛的社会大众，让“互联网+教育”产生最大效益。截至目前，首届“小狮子计划”的 1 400 名优秀乡村教师共获得了 700 万元奖金。

“互+计划”开展实践的新公益，正在从以捐赠物资为导向的公益 1.0 时代转向以激活内驱力为导向的公益 2.0 时代，逐步完成从输血到造血的革新，并以集合影响力驱动教育公益向社会创新转型，实现社会各部门的协作与共享，用更少的资源去获得更大的社会效益，解决社会问题，赋能社会创新，推动社会善治。

三、影响力

用互联网让教育更简单、更公平、更快乐是沪江的教育梦。立足于专业互联网学习平台的独有技术、资源和核心竞争力，沪江通过旗下实时互动教育平台 CCtalk，为独立的知识传授者、分享者提供完善的在线教育工具和平台能力，为求知者提供丰富的知识内容和一起学习的社群环境。目前，CCtalk 横跨知识分享和在线教育两大领域，其中，“互+公益”作为一项单独的品类，旨在利用 CCtalk 实现优质教育资源共建共享，改变传统教与学的方式，助力国家精准扶贫，促进教育优质均衡发展。

从 2015 年 10 月 28 日启动至今，“互+计划”已经走过了整整三年，他的足迹已经遍及了黄土高原、帕米尔高原、四川盆地、云贵高原、河西走廊、秦岭、南岭以及中国最西部的边陲——新疆喀什、和田。从美丽乡村到美丽中国，从千里

① “互+计划”公众号：https://mp.weixin.qq.com/s/WgCV3mo3MhNXfVycZMyfRA.

奔波到跨越时空，人人为师的时代已经到来。与此同时，“互+计划”凭借在互联网教育以及公益慈善方面的突出表现，受到了中央网信办和社会各界的广泛关注和高度认可，连续两年获得了中国公益节颁发的“年度公益践行奖”，伏彩瑞先生更是被媒体和业界称为“中国互联网支教第一人”。

正如“互+”的含义，不论是通过互联网将优质教育资源整合，还是通过集合影响力将各界社会资源叠加，“互+计划”正在以互联网技术变革推动教育公平落地，为中国乡村教育底部攻坚探索出一条“低成本、低门槛、可复制、可持续”的教育扶贫之路。以“互联互通、开放共享”为原则，通过不断建立良好的伙伴关系（SDG 17），”互+计划”不仅将教育公平的国家战略融入沪江企业发展的战略目标中，更将“消除贫困”（SDG 1）和“优质教育”（SDG 4）的可持续发展目标植入到了打造优质教育生态系统的 DNA 中。

随着社会的不断进步，社会所留存的问题亦会更加触及其痛点，在此背景下，以单一部门解决问题的可能性也随之降低，而以集合影响力推动社会创新的模式将赋予更多跨界融合的契机。未来的创新，一定发端于对社会问题的关注，并极具包容性地将各界社会力量囊括其中。而互联网正以其普惠性赋予政府、企业、公益组织等社会部门更多创新合作的空间。“互+计划”，虽始于教育扶贫，却不止于教育扶贫，它更是教育的创新与探索，探索未来教育更好的形式，探索科技与教育更好的结合，探索企业与各界社会资源更好的协作。

波士顿科学

为生命创新

案例点评：郭沛源　商道纵横共同创办人兼总经理

营销大师菲利普·科特勒在专著《市场营销3.0》中指出，新时代的企业要营销价值观，与合作伙伴、员工、消费者、社区等利益相关方建立忠诚度极高的关系网络。企业社会责任往往是价值观的核心要素。

波士顿科学的案例正是科特勒这一理论的生动体现。波士顿科学做出“为生命创新”的承诺，与全球可持续发展目标密切相连，也与“健康中国2030”国家战略方向一致。案例中描述了波士顿科学通过与高校、医疗机构、医护人员、城乡居民开展各类社会责任项目，以实际行动践行“为生命创新”的承诺，并将这一信息有效地传递给利益相关方。这样的做法，比起仅通过广告展示口号的方式更有效、更容易被认同。

员工是传递企业价值观的大使，通过参与企业社会责任活动，员工不仅是信息的接收端，也是信息的输出端。在波士顿科学的案例中，员工深度参与了生命科学教育课程、义诊及基层医生专业培训等社会责任项目，这种做法也值得推广。

波士顿科学的创新之道[①]

波士顿，作为美国最古老、最有文化价值的城市之一，是美国高等教育和医疗保健的中心。20世纪70年代，在创新理念和实践精神的不断驱使下，有两位年轻人都在创新创业的浪潮下寻觅机会，他们正是波士顿科学的创始人 John

① 波士顿科学中国官网：http://www.bostonscientific.cn/about-us/about/history/. http://www.bostonscientific.cn/about-us/about/overview/.

Abele 和 Pete Nicholas。

波士顿科学于1979年6月正式诞生。成立之初，两位创始人就树立了明确的企业宗旨——为大众健康带来福祉，为患者提供更便利、更低成本、更少创伤的医疗解决方案，并引领行业各方面的发展。“为生命创新”成为波士顿科学的品牌承诺。

创新是波士顿科学发展的根基与信仰。公司在创立不到两年的时间里，就成功研发和推出了首个重要的心脏病学产品——外周聚乙烯扩张球囊。1990年，该产品被美国食品及药物管理局认定为最重要的九大监管核准产品之一，树立了行业标杆。40年来，波士顿科学始终致力于创新研发，是全球研发投入最大的医疗器械公司之一，2017年的研发投入达9.97亿美元，[①]并拥有超过13 000种改善生命质量的产品，[②]在全球范围内获得了超过19 000项授权专利[③]。

作为全球领先的医疗科技公司，波士顿科学坚信，无论科学进步到何种阶段，只有在它能够改善千百万人的生命和健康时，创新才有意义。提高全世界范围内病患的生命质量，是激励波士顿科学不断创新的源泉，也是公司责无旁贷的社会使命。基于这一使命，波士顿科学不断探索创新方式，以创造生命奇迹、提高医疗效率、鼓励行业突破为目标，持续地推动着医疗健康行业的创新发展。

1997年，波士顿科学进入中国。在中国创新发展浪潮和健康中国国家战略的背景下，波士顿科学传承创新精神，整合全球资源，在不断加大对中国市场基础设施、产品研发、专业教育以及人才培养等领域投入的同时，积极承担作为企业公民的社会责任，致力于成为最具创新活力、最贴近中国患者需求的医疗科技公司。波士顿科学，为生命创新，为健康中国奋斗。

一、“为生命创新”的企业使命

健康是人类的永恒追求，获取良好的健康是人类最基本的权利，健康与福祉对实现全球可持续发展至关重要，是一切发展的前提条件和重要指标。近年来，

① Boston Scientific 2017 Annual Report，p.18.

② 波士顿科学官网：http://www.bostonscientific.cn/about-us/.

③ Boston Scientific 2017 Annual Report，p.23.

虽然世界各国在提高人类健康的领域取得了长足进步，但在获取医疗保健方面仍然存在不平等。全球每年仍有600多万5岁以下的儿童夭折，而且在发展中地区，只有一半妇女能够获得所需的医疗保健。中国自改革开放以来，健康领域改革发展取得了显著的成就，人民健康水平和身体素质持续提高。但与此同时，工业化、城镇化、人口老龄化、疾病谱变化、生态环境及生活方式变化等，也给维护和促进健康带来了一系列新的挑战，健康服务供给总体不足与需求不断增长之间的矛盾依然突出。

2015年，联合国将“良好的健康与福祉”纳入了2030年可持续发展议程，目标确保人人都能在健康环境中平等地实现其潜能，让所有人都能获得最高水准的健康和医疗保健。与此同时，中国政府也高度重视健康问题，并于2016年10月发布了《“健康中国2030”规划纲要》（以下简称《纲要》），从国家战略层面统筹解决关系健康的长远问题，实现可持续发展目标的国际承诺。《纲要》提出“共建共享”的基本路径和“全民健康”的根本目标，立足从全人群和全生命周期两个着力点，解决健康公平和可持续发展问题，同时也对大健康产业中的企业提出了新的要求和期待。

在全球可持续发展目标和“健康中国2030”国家战略的引领下，波士顿科学的“为生命创新”被赋予了新的时代使命。凭借其丰富的资源和专业优势，以及对医疗创新的承诺和不断投入，公司在开拓中国市场、寻求业务发展的同时，以实现“全民健康”为目标，为中国健康领域带来了更为意义深远的影响，持续创造社会价值。

坚持“为生命创新”，不仅是社会对波士顿科学的期待，更是公司存续与发展的内驱力。波士顿科学在坚持产品创新、促进人类健康事业发展的同时，也在积极履行企业公民的使命，以彰显公司的社会责任。公司与不同的利益相关方进行互动与沟通，通过倾听相关方的声音，更深入地了解其运营给社会带来的影响，从而更好地对包括患者、员工、社区和地球在内的各个利益相关方带来积极的改善。波士顿科学整合全球资源，带领全体员工，携手合作伙伴，共同为改善人类健康而努力。

二、创无边，爱无界

波士顿科学在中国积极发展业务的同时，也将全球战略本土化，形成了兼具创新、协作、关爱的“创无边，爱无界”社会责任理念。公司坚持发展与责任同行，利用企业的专业知识、人力及财务资源，推进健康中国建设，惠及社会全人群。

波士顿科学积极与包括政府、医院、患者、员工、经销商、行业协会、合作方等在内的各方利益相关方通力合作，在生命科学健康和社会援助领域不断尝试，通过三大板块的创新实践，履行企业社会责任，实现价值共创，促进全民健康。公司充分联动所有的社会责任战略板块，从健康教育，医疗关爱到可持续发展，继续发挥品牌项目的传承，同时积极地寻求更广泛的合作伙伴，创造新的活力和影响力，让更广泛的人群能够从中受益。

- 健康教育——加强中国生命健康教育，提升全民对医学事业的关注与热爱
- 医疗关爱——助力医务人员专业发展，促进基层健康医疗可及，共建共享健康中国
- 可持续发展——携手员工共同践行可持续发展，履行企业社会责任

波士顿科学将医疗创新与健康关爱作为中国健康领域可持续发展的强大推动力，借助"消除贫穷""优质教育""推动创新""缩小差距""建设可持续社区""建立可持续的伙伴关系"等多个可持续发展目标的实现，来解决健康领域的挑战。公司持续支持中国医疗科技的创新，构建医疗健康的生态体系，让世界前沿的医疗产品、技术与服务惠及更多中国患者，有效地提升中国医疗创新的高效性和可及性。与此同时，公司还积极发挥其专业优势和资源强项，调动社会力量全方位关爱人类健康，从社会、行业和个人三个层面合力产生深远的社会影响力，共建共享健康中国。

波士顿科学将"为生命创新"的企业使命在中国进行了传承和延续，秉承"创无边，爱无界"社会责任理念，有效改善和促进全生命周期各个年龄段人群的健康状况，确保全民享有健康生活和福祉的基本权利。

1. 创无边，打造本地医疗生态圈

通过创新来实现可持续发展，这已日渐成为全球共识，联合国可持续发展目标也把创新放在了突出的位置。医疗科技创新是推进医学诊疗技术进步的主要动力，也是引领医学模式转变的关键力量，具有高度的战略性、带动性和成长性，是一个国家科技进步和全民健康保障的重要标志，在健康中国战略中的地位日益凸显。[①]波士顿科学整合公司资源，与中国医疗健康行业的合作伙伴携手同行，通

① 《"十三五"医疗器械科技创新专项规划》: http://www.most.gov.cn/mostinfo/xinxifenlei/fgzc/gfxwj/gfxwj2017/201706/t20170614_133530.htm.

过构建可持续的伙伴关系，有效地拓展本地医疗生态圈，满足日趋多元的中国医疗健康要求，更好地服务中国的患者，持续为社会创造价值。

（1）创新孵化，发展医疗产业①。

在前沿创新的道路上，波士顿科学积极寻找志同道合的科研伙伴精诚协作，推动国际一流研究成果在中国的孵化。2017 年 3 月，波士顿科学与清华大学技术转移研究院签署战略合作协议，在生命医疗领域开展深度合作，带动中国生命医疗产业的发展升级，满足中国市场的需求，为本土患者的健康与福祉谋福利。

依托清华大学在生命医疗领域卓越的科研成果与人才优势，以及波士顿科学在全球的创新医疗研发能力和市场渠道，双方发挥各自优势、强强联合，共同设立了“国际健康产业创新中心”，对接全球医疗创新技术与资源，围绕医疗器械开展国际前沿技术研究和应用研发，合力打造具有独特优势的创新医疗器械产业化平台，完成产业孵化。

同时，双方还共同发起了“国际健康产业创新基金”，重点投资生命医疗领域具有潜力的企业，促进高端自主医疗器械的技术创新、产品研发和企业孵化，推动国际一流研究成果在中国的转化，促进生命医疗领域高端人才的汇聚，催生一批跨国医疗相关企业，共同推动中国生命医疗产业的创新发展和全球化进程。

（2）跨界合作，助推行业突破②。

2018 年 8 月，波士顿科学医疗科技创新基地——T3 创库正式在北京启动。“T3”意味着 Technology，Transformation，Think Tank，分别代表了融创、融变、

① 清华大学新闻：http://news.tsinghua.edu.cn/publish/thunews/9649/2017/20170330185000449678964/20170330185000449678964_.html.

② 开放式创新先行者，T3 创库破局产学研困境：http://www.yidianzixun.com/article/O_00rA2bSl.

融智。T3 创库力图打造一个开放、多元、融合的创新平台，汇聚优秀的创业、投资、研发、市场及法规政策团队，整合跨界资源与智慧，共同启迪创意，孵化创新，将有价值的灵感孵化为新一代的医疗创新，让创新医疗解决方案造福更多医患。

清华大学技术转移研究院院长金勤献认为："在中国目前市场机制下，医疗器械产、学、研之间的壁垒尚未完全消除，多方协作的不畅通一定程度上阻碍了创新的大踏步前进。企业作为技术落地的核心，能够实现技术的利益最大化。波士顿科学作为领先的医疗科技企业，对行业有着深刻的理解和洞见，它更具备对创业项目的判断和前景预期，能更好地将创意落地，真正起到技术与医生之间的桥梁作用。清华大学和波士顿科学的战略合作打破了目前的产学研结合困境，值得很多企业借鉴和参考。"

除了国内的优秀合作伙伴，波士顿科学与海外大学以及研究机构的合作也取得了非凡的进展。其中，与美国知名高校明尼苏达大学的合作就成功整合了双方优质资源，打破边界，加速创新孵化，并将创新成果转化为促进健康中国的重要动力。

（3）携手共赢，助力医疗人才培养

在医疗科技日新月异的今天，能够第一时间与世界最新诊疗技术接轨成为每一位医务工作者的愿望，而专业教育正是这样一种强大的驱动力和桥梁。自进入中国之初，波士顿科学就立志成为本土医护人员最值得信赖的业务伙伴，通过各类专业教育项目的开展、全新技术的应用，以及专业培训体系的优化，帮助广大医护人员提升专业知识和技能，携手开拓医学科技的疆界。

为加强本土人才培养，并可持续地开发适应中国市场需求的创新技术，波士顿科学于 2013 年正式在上海成立创新培训学院与创新中心。并于 2015 年推出 EDUCARE 企业专业教育品牌，帮助医务工作者掌握前沿医疗技术，支持本土医疗行业整体水平提升[①]。以创新，合作，共赢为学院宗旨，波士顿科学为广大的医务人员搭建了一个兼具培训、体验、交流三大功能的专业教育平台。创新培训学院和创新中心的成立与发展，进一步证明了波士顿科学对促进中国医疗创新的长期承诺，也彰显了公司打造本地医疗创新生态圈的决心。

---

① 波科公众号：https://mp.weixin.qq.com/s/eGHBI5zADo0S8NuMWl7kug.

波士顿科学　上海创新中心

波士顿科学持续为中国健康事业的创新做贡献，凝聚全球顶尖医学、卫生领域的人才和智慧，以创新的模式，全力造福中国医患，为中国千万个家庭带来健康的福音，为生命而创新。

2. 爱无界，共建共享“健康中国”

作为推动中国健康领域可持续发展的两大动力，“医疗创新”以打造医疗生态圈为核心，从行业的角度扮演疾病“解决者”的角色，“健康促进”以确保健康的生活方式为主旨，从全民的角度发挥健康“守门人”的角色。2016 年，在上海举行的第九届全球健康促进大会上发表了《上海宣言》，并将健康促进正式纳入了 2030 联合国可持续发展议程，成为一个非凡的里程碑。《上海宣言》重申了健康是人人都应享有的权利，是日常生活的基本保障。

波士顿科学秉承“关爱无界”的理念，积极投身于社会公益事业，以持续的扶持实践“健康促进”的可持续发展使命。“关爱无界”不仅弘扬了波士顿科学核心的公益理念，也是公司作为企业公民履行对病患、医务工作者、员工和社会的责任出发点。波士顿科学用实际行动向全人群传递爱与关怀，共建共享健康中国。

（1）医疗关爱，赋能健康扶贫。

随着我国人口老龄化、生活方式的改变以及环境污染等问题，城乡居民的慢性病发病率逐年攀升。目前，我国确诊的慢性病患者超过 2.6 亿人，居民慢性病死亡占总死亡人数的比例高达 86.6%，造成的疾病负担占总负担的 70%以上，已成为影响国家经济社会发展的重大公共卫生问题。低收入人群因支付能力有限而贻误有效的慢性病管理，不仅病情加重，还造成了因病致贫、因病返贫的现象。①实

① 美通社：https://www.prnasia.com/story/230297-1.shtml.

施贫困地区健康促进，开展健康教育，提升健康素养，引导贫困地区群众养成良好卫生习惯和健康生活方式，为群众提供安全、可及、适宜的医疗服务，是实现“消除贫困”可持续发展目标、建设健康中国的有效途径。

波士顿科学携手员工志愿者团队以及健康医疗生态圈内各方合作伙伴，不断深入基层社区，不仅为基层百姓开展心血管疾病防治大型义诊、普及心血疾病诊断、预防、治疗、以及急救等相关科普知识，还通过企业专业教育优势，为基层医生带去前沿技术，加强其专业能力，从而提升基层医疗机构的能力建设，为健康扶贫源源不断地注入“心”力量。义诊与基层医生专业培训同步展开，真正地将精准扶贫工作落到行动中，落到基层百姓的心坎里。2018 年，公司携手员工及合作伙伴举行了 3 场大型义诊及专业教育培训活动，累积惠及了超过 700 名基层患者及数以百计的基层医务人员[①]。波士顿科学根植基层，通过医疗关爱，让医疗健康触手可及。

2018 年 8 月，在河南省马集乡卫生院举办心血管疾病防治大型义诊活动[②]

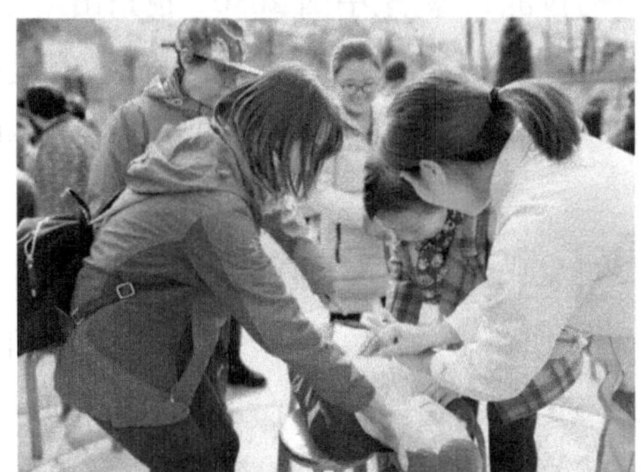

2018 年 11 月，在陕西渭南举办义诊以及心脏急救培训、心血管知识普及活动[③]

① 波士顿科学 2019 年 1 月 8 日提供素。

② 波士顿科学公号：https://mp.weixin.qq.com/s/pI5A841uvpvpuB739AyVxw.

③ 波士顿科学公号：https://mp.weixin.qq.com/s/1w4lDDmipqCZK3mKTVz03w.

2018 年 11 月，波士顿科学携手中国市长协会及北京白求恩公益基金会，在四川省攀枝花市共同签署了“基层医疗机构能力建设”合作备忘录，并举办了“创‘心’技术，汇爱无界”公益患者教育和义诊活动。[①]

签约仪式及义诊活动现场

医疗关爱，赋能健康扶贫。在签约仪式上，中国市长协会崔衡德秘书长指出“2020 年实现扶贫攻坚目标是各级政府最重要的工作之一，健康扶贫是脱贫环节的重中之重。非常高兴能够携手白求恩公益基金会以及波士顿科学公司发起此项目。我们希望通过这个项目帮助基层城市提高基层医疗机构服务能力，让更多贫困人口能够就近看得上病、看得好病、看得起病。”

（2）健康教育，提高全民健康素。

波士顿科学在关爱基层患者健康，倡导健康理念的同时，也在通过健康教育赋予公众提升健康素养的技能。“健康中国 2030”也指出，普及健康生活，加强健康教育，有助于公众塑造自主自律的健康行为。健康教育是拥有健康不可或缺的前提条件，人们应该以享受优质教育和终身学习为基础，不断地丰富和提升健康素养。

波士顿科学以“促进全民健康”为己任，以“优质教育”的可持续发展目标为出发点，自 2015 年起，便在中国启动了“爱无界”生命科学教育系列课程，致力于加强中国青少年的生命科学教育。课程打破了传统的课堂模式，以多元化的沉浸式教学方式将晦涩难懂的人体构造、疾病科普、急救知识等转化成通俗易懂的趣味学习内容，以寓教于乐方式对生命科学进行了深入的探索，在向广大青少年传授生命科学基础知识与技能的同时，激发其探索科学新知的积极性，储备未

① 波士顿科学公号：https://mp.weixin.qq.com/s/xXzIiraczIIk__LPCVvGgA.

来创新人才，更帮助他们树立起珍爱生命的价值观。截至2018年，波士顿科学的生命科学教育课程已覆盖全国600余所学校，惠及超过2万名学生[①]。

● 2016年4月，波士顿科学启动了为中国青少年量身定制的创新健康教育项目——“波动心生”，旨在向青少年科普人体基本构造、常见的心脏疾病与治疗、必要的急救技能等基础医学知识。

● 2018年4月，“小小医生”职业体验项目全新启动，通过“解密身体”“心肺复苏”“创伤包扎”及“小小医院”搭建等环节，加强青少年对医学事业的关注与热爱[②]。

● 2018年10月，携手沪江”互+计划”，将“爱无界”生命科学教育课程通过互联网平台，送至580余所山区学校。让偏远地区小规模学校也能享有优质教育资源和平等教育的机会，为国家教育精准扶贫贡献力量。[③]

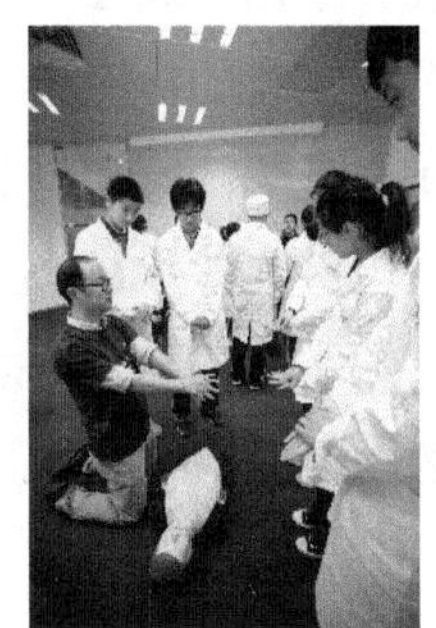

波动心生-心肺复苏互动操作[④]

志愿者进行网络直播课程[⑤]

作为“波动心生”项目的合作方，国际青年成就中国部（JA中国）致力于通过创新、实用的教育项目，把一流的企业人才带到学生面前，为学生树立积极的榜样。JA中国项目与业务发展高级总监吴琪君女士感叹道：“与波士顿科学的携手合作，搭建了一个与青少年面对面交流的开放式平台，通过传播专业、有效、个性化的生命科学科普课程，助力中国青少年健康成长。”

波士顿科学的生命科学教育，对提高全民健康素养，倡导树立科学健康观，促进健康公平，营造健康文化，推进中国健康可持续发展做出了不可磨灭的贡献。

---

① 波士顿科学2019年1月8日提供素。

② 波士顿科学公号：https://mp.weixin.qq.com/s/IPs3fOALR_6iffblHVrgpQ.

③ 波士顿科学公号：https://mp.weixin.qq.com/s/ZnhC7G5lPBI--WZpIdw9hg.

④ 波士顿科学公号：https://mp.weixin.qq.com/s/KT2IOnJkNwyMjavTacOjBA.

⑤ 波士顿科学公号：https://mp.weixin.qq.com/s/ZnhC7G5lPBI--WZpIdw9hg.

（3）植根中国，打造无边界志愿者。

无论是关爱基层病患，还是普及健康教育，波士顿科学深刻地认识到“人人享有健康”与“建设可持续社区”的可持续发展目标之间的紧密联系。公司以社区为平台，打破地域、部门的界限，将企业员工、经销商、医务人员及其他相关方聚集在一起，开创了“无边界志愿者”的公益理念。通过“人人有责，人人尽力“的新公益模式，波士顿科学组织志愿者走进社区，赋予人们增强维护自身健康的能力，打造以人为本的卫生系统生态圈。

早在2014年，波士顿科学就在中国成立了“心播客”志愿者协会，自成立伊始，就立志成为“爱心的播撒者”。志愿者协会秉承“关爱之心”的责任理念，整合专业知识和资源，通过加强社区参与，提升全人群的知识和技能，让健康的生活方式得到普及，形成热爱健康、追求健康、促进健康的社会氛围。通过一系列的志愿服务，波士顿科学志愿者服务精神已经深深地融入了公司文化的价值观，并深入了每位员工的心中。积极、专业的“心播客”志愿者们用自己的热情和专长，为社会大众提供持续的志愿帮扶。截至2018年，波士顿科学中国区共举办66场公益活动，1 528位员工志愿者参与其中，惠及人数达25 252人[①]。积极热情且具有专业技能的志愿者团队，成了波士顿科学在华践行企业社会责任的一大特色和亮点。

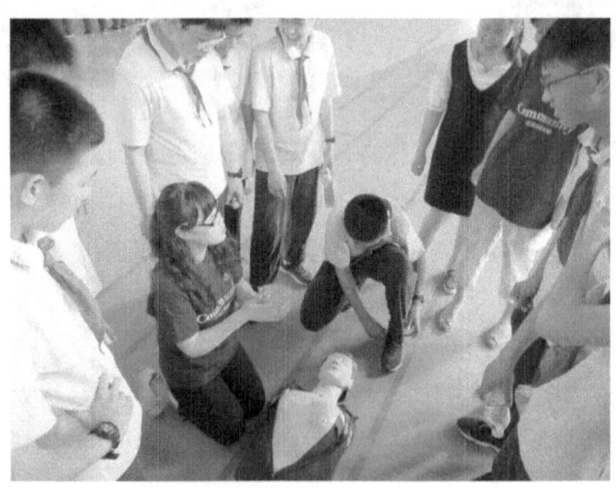

“心播客”志愿者在助力实现波士顿科学“爱无界”理念、传递温暖与健康的同时，也潜移默化地被志愿者精神所影响。一位志愿者代表感慨地说：“受助对象

① 波士顿科学2019年1月8日提供素。

感恩于我们，其实，作为志愿者的我们更加感恩于他们。每一趟公益旅程都是一场自我救赎和修行，在服务他人的同时学会珍惜，学会宽容，学会共同成长，志愿服务的精神对我们的日常生活与工作都有着积极的正面影响。”

三、创新推动可持续发展

1. 社会影响力

波士顿科学坚持业务创新与社会责任齐头并进，凭借对医疗健康行业的创新驱动和健康促进的跨界实践，得到社会和行业的高度认可和肯定。自 2014 年至今，公司已连续 4 年获得“健康中国——行业创新”表彰，充分彰显了波士顿科学在引领行业创新的卓越表现。在推动前沿创新的同时，波士顿科学不忘秉持“关爱之心”，践行对中国的承诺，做有温度的医疗创新。公司凭借生命科学教育项目在公益创新领域的杰出表现，连续 2 年荣获了“中国公益节公益创新奖”，与此同时，还因“心播客”志愿者服务的卓越贡献，获得了“中国企业公民优秀志愿服务团队”“企业社会责任典范奖”“中国臻善企业奖”“中国企业公民责任品牌 50 强”等殊荣。波士顿科学在中国不遗余力地履行着“为生命创新”的企业使命，这些荣誉进一步佐证了公司为健康中国奋斗的决心。

2. 为生命创新

（1）全面融汇，植根中国。

波士顿科学自 1997 年进入中国以来，始终坚持以专业和创新支持中国健康产业的发展，将企业社会责任战略与核心业务有机地融为一体，向着“创新、协作、关爱”的目标不断前进。波士顿科学在履行社会责任的同时，与利益相关方创造和分享价值，不断地推动着企业和社会的可持续发展。

2018 年 11 月，波士顿科学与中国市长协会和白求恩基金会共同签署了合作备忘录，正式开启“基层医疗机构能力建设公益项目”。未来，三方将合力夯实基层慢病治疗能力建设。该项目以加强城乡基层医疗机构能力建设为出发点，着力于对基层医疗服务能力较弱、患者发病率较高的区域，提供医疗服务能力培训，同时，项目还通过管理人员的培训，帮助基层医疗卫生机构完善慢性病管理和服务能力，保障医疗安全，提升医疗救治效率和可及性。[①]公司着眼于为基层患者提供

① 美通社：https://www.prnasia.com/story/230297-1.shtml.

适宜的治疗方案，助力国家实施分级诊疗制度。波士顿科学深耕本土，锐意进取，为健康扶贫赋能。

（2）有效创新，关爱生命。

波士顿科学相信，只有在能够改善生命时，创新才有意义。因此，公司积极践行“有效创新”。“有效创新”驱动着波士顿科学在中国市场本土化进程，公司期望以更多创新的前沿产品与技术、创新的本土化合作模式、以及创新的企业社会责任实践，更好地垂范医疗健康行业的多元创新发展，通过与中国医疗健康行业伙伴携手同行，支持中国医疗健康领域的有效创新，更贴近地满足医患需求，提升医疗行业的效率与活力，关爱生命，促进全民健康。

未来，在“创无边，爱无界”社会责任理念的指引下，波士顿科学将一如既往地做好企业公民，持续引领创新步伐，继续深耕本土市场，联动公司全球资源，与行业生态圈的伙伴们携手共进、形成合力，共同提升广大患者的生命质量，为健康中国的建设汇聚创新力量。波士顿科学为生命创新，无止境、不止步。

七彩林业

小小彩苗造就金山银山

案例点评：刘宝成　对外经贸大学教授，国际经济伦理研究中心主任

荀子在《劝学》中总结说："君子性非异也，善假于物也。"其实，不仅是个人的学养，企业能否在竞争中脱颖而出，是否"善假于物"具有决定性的作用。"善假于物"有两层含义，一是善于顺势而为，二是善于借势而成。

四川七彩林业开发公司顺应国家扶贫攻坚和生态文明建设两大潮流，从巴中山区的青山绿水当中找到了独特的成长空间。他们借助三大优势：一是当地的生态资源优势，二是政府和金融部门的资金扶持，三是自主开发的现代科技成果及有效的沟通能力。由此，他们得以整合流转土地，规模化培育开发彩色苗木，打造出了一条全新的彩林产业链。

难能可贵的是，该公司全面能够做到经济、社会和环境协同并进，将表面上看似彼此掣肘的目标统一到可持续发展的理念之下。正因为对这一理念的坚守，他们才能够赢得诸多利益相关者的认同和支持，最终为企业的蓬勃发展营造了良好的商业生态。

彩林产业拌靓美丽中国，一三产业联动助推脱贫攻坚。七彩林业独创的"彩色产业风景区"，是彩林产业与旅游业深度融合衍生出的复合产业集群，它充分利用彩色乔灌草花"单品为物、群品成景"的景观与游憩价值，依托七彩林业彩色景观设计、彩色景观打造和旅游产品开发能力，实现"农村变景点、园区变景区、农民变景民"的三大转变，切实增强广大群众和贫困户脱贫奔康的潜能。我们是精准扶贫的"排头兵"，我们是乡村振兴的先锋队，我们是美丽中国的生力军。

——七彩林业董事长　何文军

联合国可持续发展目标（Sustainable Development Goals）旨在从 2015 年到 2030 年间以综合方式彻底解决社会、经济和环境三个维度的发展问题，引导世界各国转向可持续发展道路。为指导和推动落实相关工作，中国政府于 2016 年 9 月 19 日发布了《中国落实 2030 年可持续发展议程国别方案》，详细阐述了中国落实 17 项可持续发展目标和 169 个具体目标的具体方案。

中国作为世界上最大的发展中国家，针对“在全世界消除一切形式的贫困”的可持续发展目标，制订了到 2020 年确保中国现行标准下 5 000 多万农村贫困人口全部脱贫的方案，并提出了“扶贫对象精准、项目安排精准、资金使用精准、措施到户精准、因村派人精准、脱贫成效精准”的要求。同时，党的十九大做出了实施乡村振兴战略的重大决策部署，把解决好农业、农村、农民“三农”问题作为全党工作的重中之重。

要实现农村发展、农业增效、农民增收，离不开优势产业的支撑。在精准扶贫要求下，产业扶贫已成为最具可持续性的发展之路。但在部分贫困地区，由于农民组织化程度低、产业化水平落后，难以通过产业发展实现“造血式”扶贫，也成为扶贫工作的难点之一。

2011 年，四川七彩林业开发有限公司在巴中市南江县注册成立，以“做给农民看、带着农民干、帮着农民赚、惠农可持续”的理念，依托当地特色彩色植物资源，专业从事彩色植物种植资源全产业链开发，大力培育绿色生态富民产业，以实现“农村变景点、园区变景区、农民变景民”的三大转变为发展战略，组建国内一流科研团队，率先突破多项彩色植物品种选育、种苗快繁等世界级难题，获得多项发明专利，获批建设四川省唯一彩色生态领域工程实验室，成为国家林业重点龙头企业、国家高新技术企业。经过六年的发展，成功探索出“彩色产业风景区”“彩色产业公园”“城市园艺管家”等创新业务模式，在核心技术、品种开发、产业规模处于行业领先水平，以实际行动推进建设美丽中国、实现乡村振兴。

为响应国家和政府“精准扶贫”的战略，七彩林业在全产业链开发的过程中，综合考虑各利益相关方的需求以及资源，以“顺应天时、借助地利、汇聚人和”的理念，不断探索创新，以彩色苗木产业为基础，逐步开启了科技扶贫、金融扶贫、旅游扶贫之门，用小彩苗这把钥匙，打开了巴中地区“绿水青山变金山银山”的大门，探索开拓了“四直两带”促增收模式，带动了多产融合发展的一三产业联动机制，以“1+5”的金融扶贫惠农模式统筹解决了资金、技术和销售的“三难问题”。最终，七彩林业以党建为引领，构建了林业扶贫、旅游扶贫、金融扶贫、科技扶贫等多种模式叠加的“产业扶贫组合拳”，培育产业发展新集群，促进贫困农户持续增收、产业新村逐步振兴，真正实现了农业强、农村美、农民富。

一、缘起——革命老区的困境

四川省巴中市地处秦巴山片区腹心地带，属革命老区、边远山区和集中连片贫困地区，所辖三县两区均为国家级扶贫开发工作重点县（区）。巴中的 GDP 总量在四川排行倒数第三，农业人口 303 万人，占巴中人口的 79%，共有贫困村 699 个、贫困人口 31.83 万，全域扶贫攻坚任务十分艰巨。南江县，隶属于四川省巴中市，位于川东北边缘，与陕西汉中接壤，全县绿化率达 98%，森林覆盖率达 68.6%，生态资源十分丰富。同时，南江县共有建档立卡贫困村 156 个、贫困人口 7.74 万。县域内农民生产生活条件恶劣，举家外出务工现象十分普遍，土地撂荒现象普遍存在，出现了“空心村”“空心社”的情况。

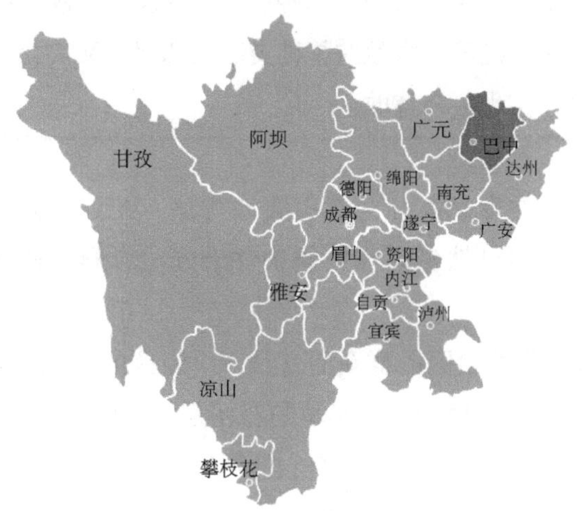

巴中市在四川省内的位置

南江县长滩村是其中典型的“空心村”之一。多年来，除了土地，长滩村别无长物。然而，传统农业种植收益低，村里大量的荒山荒坡并不能给村民带来多少收益，青壮劳动力基本选择离家打工，只留下老人和孩子。

而同属巴中地区的光雾山，其 580 平方千米土地上拥有极其丰富的彩色植物资源，植被覆盖率达 97%以上。植被多为山地常绿阔叶、落叶阔叶和山地暗针叶相间植被类型，具有垂直分带明显，植物区域组成复杂、种类繁多的特点。共有植物 1 590 种，其中属于国家重点保护的珍稀植物 12 种。这个特点引起四川七彩林业开发有限公司的注意。七彩林业董事长何文军第一次到光雾山的时候，就被眼前的风景所震撼了。但是在一路上，他却发现了这里的老百姓生活状况并不好。作为红军的后代，何文军对革命老区有种天然的感情，为此他一直在思考：如何利用“绿水青山”创造财富，真正带动老区的老百姓脱贫致富，过上富足的生活。

二、破局——打通“四直两带”农户增收渠道

七彩林业董事长何文军在国外留学时曾经看到英国植物学家亨利·威尔逊在 100 多年前采集于中国大巴山区的多种珍稀彩色植物，在国外已经发展成为成熟的彩色林业产业。

彩色林业产业是一种结合彩色苗木种植、销售及生态观光的产业形态，能在兼顾森林生态、社会、经济三大效益基础突出生态保护和美化环境并使之转化为经济甚至旅游资源，实现经济增收。

为此他带领植物学专家前往光雾山实地考察。经过调研走访，七彩林业相中了长滩村，长滩村的自然资源和气候条件十分适合彩色植物的培育，发展苗木产业。

但是彩色苗木对贫困山区的群众而言是一个新鲜的事物。项目一开始就遭到了村民的反对。“种这些没用的花花草草是在糟蹋土地!”，“农民就是靠土地生活，我们把土地交给企业，今后我们靠什么生活啊？”，“如果企业垮了，我们的土地怎么办？”在项目动员会上，大家纷纷提出了反对意见。面对村民的疑惑，公司研究政策、协同各级政府一起想办法、出方案,最终确定了土地流转方案，同时，七彩林业还利用发展成功案例为村民进对比分析，签订回购合同，把收入算清楚，消除村民的后顾之忧，让其放心发展。村民思想的转变为彩林苗圃的发展奠定了良好的基础。

土地集中后，如何让失地的农民在企业扎下根，与企业融为一体，实现农民增收，企业增效呢？面对这一课题，七彩林业选择迎难而上，通过打造利益共享

平台，将贫困村民作为平等的合作伙伴而不是简单的帮扶对象，进行利益共享设计，一步步践行“做给农民看、带着农民干，帮着农民赚、惠农可持续”的发展理念。

1. 土地流转增收

为了落实土地问题，七彩林业联合各级政府多次召开群众会议，牵头动员，耐心与村民沟通，最后确定土地自愿流转、权属不变，公司以每亩土地每年 300 千克黄谷的价格流转的方案。对于贫困村，公司确立了优先流转贫困农户的土地，优先吸收贫困农户参与发展的策略

截至 2017 年底，公司以巴中市为重点，在全省共流转土地 3.5 万亩（其中巴 2.94 万亩），基地覆盖巴中全市 6 县（区），26 个乡镇、71 个村（贫困村 19 个），辐射成都、自贡等市，参与农户 10 653 户，涉及贫困农户 1 696 户、贫困人口 5 598 人。其中流转贫困户土地近 5 000 亩，年支付土地租金达 1 800 多万元，户均土地流转收入约 1 700 元。

南江县正直镇龙山村地理位置偏僻，全村共 5 个社 424 户 1 658 人，有耕地面积 2 000 余亩。2012 年，该村流转土地仅 357 亩，如今农户自愿流转土地 1 400 余亩，土地流转收入近 100 万元。

2. 就地务工增收

“授人以鱼不如授人以渔”。七彩林业在培养乡土人才方面下足了功夫。

采取“培训+实践”的模式，让贫困户真正掌握一项生存技能，积极构建精准扶贫就业联动工作体系，把“产业+就业+创业”作为增强贫困户持续增收能力的源头活水。

七彩林业组织技术人员及农业专家定期举办劳动技能培训和种植技能培训，包括以彩色苗木繁育、嫁接、栽培管理、病虫害防治、林下种养殖等实用技术培训，开展技能培训 20 多场次，培训农户超过 20 000 人次，普及推广彩林嫁接、快繁栽培管理等实用技术 10 多项。一方面解决了公司到外地聘请技术工人、成本较高的问题，另一方面提升了当地农民的职业技能，增加了当地农民的收入，实现了农民增收、企业增效“双赢”局面。

公司成立之初，要到山东一带聘请嫁接技工，成本较高。后来采取免费培训等方式，教当地村民修枝、整形、嫁接等技术，培训合格人员由公司返聘回来务工，如今当地农户已经掌握了嫁接技术，并且组建了50多人以贫困户为主的嫁接技术队伍。每年近100万株的彩冠嫁接任务，全部由当地嫁接技术队伍承担。在2017年秋季嫁接和2018年春季嫁接中，龙山2社贫困户冯平，约3个月时间，完成嫁接 4万多枝，嫁接成活率近80%，获得嫁接劳务收入 2.3万元。

长滩核心园区5个村，自2014年以来，年务工收入超5 000元的农户达120多户，其中贫困户30户，占25%。年户平均劳务收入超10 000元的有38户，长滩村贫困户杨绍静、汪龙江等年均劳务收入超17 000元，永合村贫困户唐兆富、张继恩年均劳务收入近20 000元，最高年超25 000元。

公司年吸纳近100名当地村民进企就业，年临时用工量约30万人次，年均支付就业工资及务工劳务费约3 000万元，户均获得劳务费近2 800元。

南江核心园区贫困户劳务收入典型

姓名	园区	各年务工收入（元）				
		2014年	2015年	2016年	2017年	年均
何贵修	长滩园区	22 987.1	10 350.3	9 808.8	5 902.5	12 262.2
杨绍静	长滩园区	14 759.3	17 888.25	18 171.2	17 835	17 163.4
张永润	长滩园区	15 006.6	9 690.6	13 308.3	6 742.5	11 187.0
汪龙江	长滩园区	14 525.3	15 729.05	13 117.3	7 305	12 669.2
唐兆富	凤仪园区	24 594.8	25 131.0	17 910.0	7 496.3	18 783.0
杨敏华	凤仪园区	18 128.1	19 414.2	12 758.4	7 675.0	14 493.9
张继恩	凤仪园区	17 929.8	22 458.8	17 594.8	0.0	14 495.9
周通超	凤仪园区	19 756.4	13 500.0	10 110.0	3 472.5	11 709.7
姜从德	朱公园区	10 869.5	5 631.1	13 218	10 561	10 069.9

3. 彩林经营增收

土地流转后，七彩林业公司在租用土地上率先建设了核心示范基地6 000亩，作为样板示范。在此基础上创新发展模式，培育新型经营主体，在长滩村带领村民组织和建立了彩色苗木专业合作社及分社16个，采用“公司+专业合作社+农户”

的模式，与参与彩色苗木生产经营的专业合作社或专业大户、贫困农户签订苗木回购协议，统一供应农资，开展技术指导，确保其经营收益。

截至 2017 年底，公司共培育新型经营主体 484 个，领办专业合作社 31 个，其中南江彩叶苗木专业合作社获批“服务精准扶贫国家林下经济及绿色产业示范基地”和“四川省农民合作社省级示范社”。

南江县东榆镇的潘亮是七彩林业发展的一个创业青年，目前为公司带动下的一个合作社负责人。他负责经营 1 100 多亩的彩色苗木，共带动贫困户 52 户，平均每人年实现 4 700 元，每户年实现 1.6 万元的增收。

4. 林下套作增收

同时，七彩林业创新“返租倒包零租金”机制，以零租金或合作方式，将流转土地返包农户，鼓励农户在林下套作花生、大豆、土豆、蔬菜等农作物和发展林下养殖业，收入归农户所有。林下种植面积约占基地总面积的 20%，每亩增收约 250 元，年增收约 430 万元，户均增收约 400 元。

为确保贫困农户的利益，公司对一些不能自已销售的产品实行回购销售。

为帮助南江县赶场镇齐坪村 24 户贫困户发展林下经济，七彩林业为其无偿提供良种花生种 1 600 斤、专用肥料 6 000 斤，专用农药 360 袋，林下套种花生 60 亩。在技术人员的精心指导下，当年喜获丰收。同时为帮助解决花生销售问题，公司还对所有贫困农户不能自己销售的花生全部回购，确保了贫困农户的利益。贫困农户张绍家，套种花生 2 亩，除自食、自销外，公司帮助回购销售 829 斤，获得收入 3 000 多元。

5. 带动乡村旅游发展增收

以彩色苗产业发展中形成的独特彩色生态景观为引擎，七彩林业带领农户创新产业融合发展模式，推动了乡村旅游发展。正直镇长滩村以彩林景观为依托，成功通过国家乡村旅游 4A 景区认定，已连续举办 5 届大酥肉节和 3 届彩林节，每期节会游人都将近 5 万人次，2017 年第四届大酥肉节当期经济效益近 1 000 万元，村民张继贡接待游人承办宴席 200 多桌，销售大酥肉 1 000 多斤，当日营业收入超 10 万元。已建成的 10 多个产业风景区，年带动旅游及土特产销售等间接增收约 5 000 万元，仅长滩园区年旅游收入就超过 2 000 万元，户均增收 4 800 元。

七彩长滩风景区

“树树皆秋色，山山唯落晖。”5 月，来到巴中市南江县正直镇长滩村，这样的“秋色”随处可见，一条遍植红枫的长滩大道蜿蜒而上，妆点深红浅红、深绿浅绿、棕红橙黄的色彩，先期将长滩村的美丽铺垫得淋漓尽致。如今的长滩村雅号“七彩长滩”，彩色苗木产业在那里装扮山坡，也将乡村振兴的曙光照进了长滩村的小康梦。

2012 年开始，七彩林业利用彩林基地与“巴山新居”新村建设实现统规统建，形成“七彩长滩-醉美玉湖”。仅仅三年时间，原先是国家级贫困村的长滩村升级为“国家 4A 级特色乡村旅游景区”，已连续举办 5 届大酥肉节和 3 届彩林节，带动发展 4 家乡村旅游酒店，6 家便民超市，15 家农家乐，年接待游客 10 万人，实现旅游年收入 1 000 余万元。如今，来到巴中市南江县长滩村，漫山遍野的彩色飘带，让每一个初来的人都禁不住要为此处的美丽风景所感叹。

在发展过程中，农户通过土地流转、基地务工、林下经济、彩林经营等方式获得直接经济收益，利用特色彩林景观带动乡村旅游发展、土特产品销售实现间接增收，形成产村、产景、多产相融格局，开拓了“四直两带”的稳定增收渠道，成为贫困农户持续稳定增收的源头活水。

三、协作——打造一三产业联动扶贫模式

正如生态系统的互惠互利，保障生态产业的发展也需要一个互惠互利的系统工程。“农村最需要造血式扶贫。我们致力产业兴旺，把产业带到了农村。这不仅需要我们把企业做好做强，还需要多方面的配合。大家齐心协力，才能把精准脱贫、乡村振兴的大事办好。” 在七彩林业总经理王明理看来，农民参与、政府政策引导、金融资本、社会资本的配合不可缺失，在此理念指导下，七彩林业经过不断探索和创新，逐步形成了一套较为完善的可持续的“造血式”扶贫体系。

1. 金融“1+5”支农模式

农林业回报周期长，资金缺口量大，在彩色林业风景区推广中，七彩林业以扶贫脱贫为纽带，积极开创“政银企农”多方共赢的扶贫增收格局。第一，以新型经营主体为推手，强化政府主导、银行支撑、企业带动、农民参与的多方合作机制；第二，不断创新金融合作产品，针对不同贫困户特点私人订制金融产品，形成了面向普通贫困农户、贫困家庭和贫困村创业青年的多种方案；第三，计划与政府平台合作，发起“产业+创业”扶贫基金，进一步强化各方联动机制。

在七彩林业最需要资金的时候，政府、金融部门给予了强有力的支持。按照“政府引导、企业推动、金融支持、农户参与、市场运作”的原则，统筹解决了企业发展和贫困农户产业发展资金、生产技术、产品销售“三难问题”。在联结机制上，主要依托政府平台的信用担保和龙头企业的订单回购，增加贫困户的个人信用与履约能力，增强银行贷款动力。

2016 年 3 月，中国人民银行印发《关于开办扶贫再贷款业务的通知》，创设扶贫再贷款，专门用于引导地方法人金融机构扩大贫困地区信贷投放，支持带动贫困户就业的企业和建档立卡贫困户。在此政策指引下，中国人民银行巴中市中心支行以扶贫再贷款为引导，指导主办银行以此为基数放大贷款倍数，七彩林业基地农户承贷，七彩林业公司以土地流转收益权及二次流转权抵押、苗木质押实施担保，财政性产业发展项目资金贴息，政府按 60%的比例承担贷款损失责任，形成“扶贫再贷款+银行+公司+基地+农户+政府基金”的“1+5”支农模式。

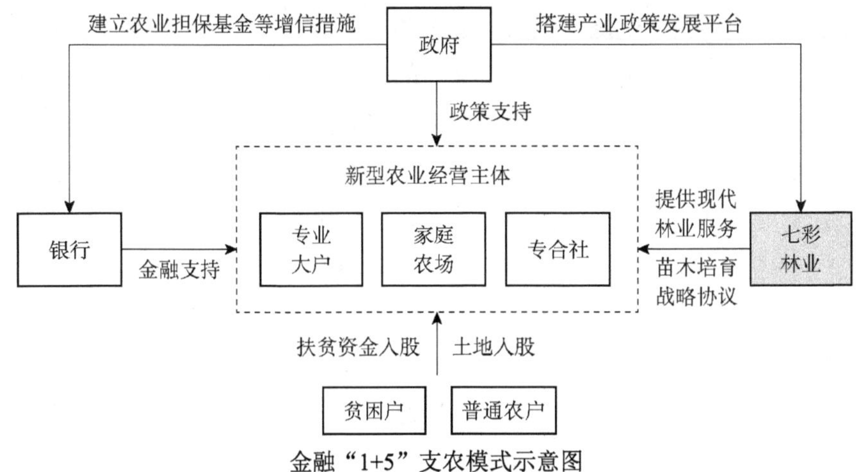

金融“1+5”支农模式示意图

截至 2017 年，七彩林业已通过与巴中国开村镇银行、南江农科村镇银行、中国农业银行的金融合作，帮助新型经营主体获得支农贷款总资金 1.5 亿元，带动专业大户 207 户，切实解决了贫困农户发展产业的资金需求。通过金融扶贫支持，南江县彩叶苗木合作社刘家榜分社，其彩色产业风景区经营规模为 1000 亩，带动贫困户 52 户人均年增收 4800 元，户均年增收近 2 万元。

2. 科技创新助力乡村发展

为了保障入股农户的效益，公司的长远发展和盈利是关键。七彩林业坚持科技创新，先后建立了中国首家彩色植物研究院和彩色景观设计院，建成年产 1000 万株的彩色植物组培工厂，建成四川省名特优新彩色苗木繁育工程实验室和四川省彩色林木工程技术中心，投入大量经费进行技术研究。同时，与中国农大、四川农大、中科院成都生物研究所、四川省林科院等国内知名高校、科研院所建立了良好合作关系，这些研究所的专家经常到村上给农户进行技术指导，帮助他们对树苗进行管理。经过 6 年多的沉淀，七彩林业目前已建立近 2000 余种的彩色景观植物品种资源库，产品体系以红色系、黄色系彩色乔木为主，覆盖彩色灌木、彩色藤本、彩色地被和观赏草，并已经突破红火树等核心产品的快繁技术研究，获得国家授权专利 31 项，为彩色植物规模化生产打下坚实的基础。

七彩林业实验室技术人员田冬梅介绍，彩林的培养主要分为配置室培养基配制、分装室培养基分装、灭菌室培养基高温灭菌、培养室初始培养、分化培养、生根培养、温室炼苗、洗涤室洗瓶、大田移栽等。在培育优良珍稀彩叶苗木品种的高科技接种培养室，吸纳了经过培训后的长滩村村民在其中务工。田冬梅说，在这里上班的农民都经过严格的科学培训，因为配药的浓度、无菌筛选、温湿度的把握、消毒处理等过程都必须具备一定的专业知识。

七彩林业还利用科技部的倡导发起了发展现代农业的众创空间——“星创天地”，立足秦巴山区，整合国内外优势彩色植物资源，推广科学技术，转化科研成果，孵化农村创新创业人才，打造七彩林业星创天地。七彩林业星创天地共孵化了 25 名创业代表，他们接受七彩林业星创天地平台的科学指导和技术培训，流转上千亩土地，带动发展彩色苗木产业，快速实现年收入上百万元的创业梦想。如今，七彩林业星创天地已成为“国家级星创天地”。

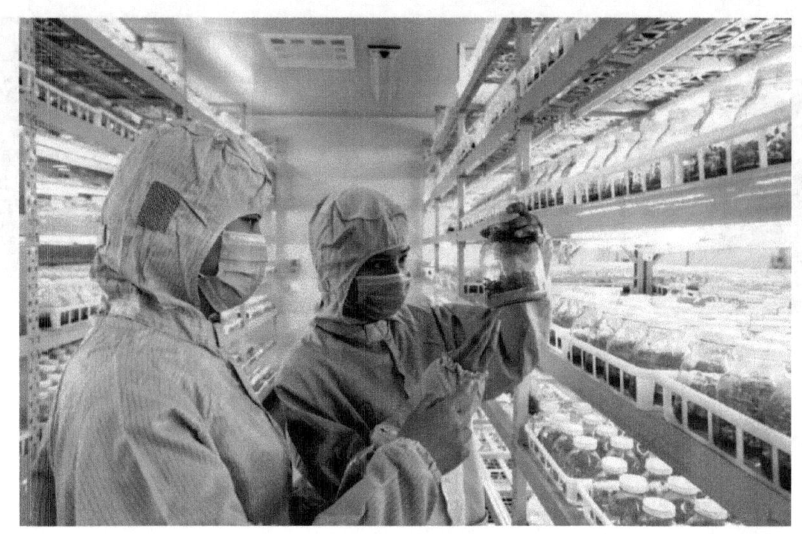

七彩林业实验室

3. 点线面融合全面造血

七彩林业创新性地推出了“彩色产业公园为点、多彩通道建设为线、彩色产业风景区为面”的建设模式，建成了“七彩长滩”“休闲槐树”“多彩青凤”“彩色茶林”、清江七彩世界、光雾山风景名胜区等特色鲜明的彩色产业及观光旅游风景名胜区，正在实施兴文彩色产业公园、柳州花海产业公园、通江五彩乡村生态旅游康养示范区、自贡莲花牛尾彩色生态公园等城乡彩色生态建设项目。2011 年，七彩林业走进槐树村，建设了彩色植物母本园，形成颇具特色的彩林景观。彩林景观的发展，快速地带动了乡村旅游的发展，使槐树村成为当地出名的“产、村、景”融合的乡村旅游目的地。带动发展便民超市 6 家、农家乐 5 家、乡村酒店 1 家。年接待游客 20 万人次以上，年旅游收入超 100 万元。巴中市平昌县青凤镇枫香村，2015 年开始发展彩色苗木，“彩叶苗木观光园”彩林景观风貌已形成，乡村旅游产业支柱地位已奠定。现枫香村已开业 2 家农家乐，参与彩林产业发展的 51 户贫困户的年人均收入提高到 4 280.5 元，相比原来翻了一番，成为平昌产业扶贫典范。

七彩林业充分利用秦巴山区生态优势，着力特色彩色植物资源开发，探索出以党建为引领、林业为基础、科技为核心、金融为杠杆、旅游为支撑、提升创业就业能力为宗旨的“产业扶贫组合拳”，促进了企业发展与群众增收深度融合，激活了山区特色资源潜能，增强了贫困农户持续稳定增收的造血功能。

彩色产业风景区

四、成效

1. 农民脱贫增收

四川七彩林业开发有限公司以当地特色彩色植物资源为依托，以“做给农民看、带着农民干”的方式，秉持“帮着农民赚、惠民可持续”的理念，引领贫困农户参与彩色苗木产业发展，通过“核心示范+合作推广”的方式，创新“企业+专业合作社+农户”的产业发展模式，带动、新型经营主体发展“一村一品”彩色产业风景区，引领贫困农户脱贫致富。截至2017年底，七彩林业以巴中为重点，带动全省3市、10个县（区、市）、31乡镇、81个村发展彩色苗木产业基地3.5万亩，带动1 696户建档立卡贫困户5 598人实现户均年增收1.6万元，人均年增收4 700多元。

农户年综合增收成效表

增收渠道		带动效果			
		数量	费用（万元）	户均（元）	标准（年）
直接增收	土地租金	3.5万亩	1 800	1 700	515元/亩
	务工收入	30万个	3 000	2 800	
	参与经营	515个	7 000	6 500	15万元/个
	林下经济	7 000亩	430	400	250元/亩
间接增收	带动旅游及土特产销售	515个新经济组织	5 000	4 600	
合　计			17 230	16 000	
人均年增收（元）				4 721	

“80 后”的创业故事

（节选自人民政协报《巴中七彩长滩行》报道）

“80 后”大学生汪潘没有想到自己的梦想这么快就落在了家乡的山坡上。2009 年，大学毕业之后的汪潘在上海、武汉闯荡，2013 年，家乡的魅力居然把他拉回了家乡长滩村。

从 2011 年开始，回老家过年的汪潘发现，村里大兴土木的事儿越来越多，路修起来了，政府资助的“巴山新居”村舍也建了起来。2012 年 6 月，四川七彩林业开发有限公司落户长滩村，公司的苗圃、厂房、实验室等很快就拔地而起。这一切，搅动了汪潘的心绪。

“七彩林业公司直接租用村里土地搞彩色苗木，苗圃的景色很美。越来越多的人到长滩村来游玩，我觉得很有前景，就回来了。”汪潘说。因为看好乡村旅游，回乡后的汪潘琢磨着淘宝店，琢磨着农家乐，人还没有完全定住心，汪潘迅速被村里看中，推着他参加各种政府培训。学习培训让汪潘眼前一亮，他对家乡的未来越来越有信心。2014 年，汪潘开起了长滩村的第一家青年农庄。在南方打工的父亲、妹妹也都回到了家乡，都在七彩林业苗圃基地找到了工作。一家人终于团聚，再也不用天南地北地奔波。汪潘说。“我们家族在长滩村的投资有 150 万元。长滩村的大酥肉节、彩叶节是我们的旺季，我们农庄请了两个帮工，开露天坝坝宴，人山人海的。去年纯利在 13 万元左右。”

2. 服务地方经济

面对南江县等贫困地区的脱贫任务，七彩林业作为国家林业重点龙头企业，积极配合《中共四川省委关于推进绿色发展建设美丽四川的决定》的要求，以及四川省委关于推进绿色发展、抓好供给侧结构性改革的部署和巴中委建设“五彩巴中”的决策，以政府、企业、农户“三方联动”的有效机制，帮助把当地良好的生态资源和土地资源转化为经济资源，使当地农业走上规模化、标准化、产业化的道路，促进了特色产业发展和当地脱贫攻坚工作的有效结合。

---

6 年时间里，政府、乡村、企业、金融部门齐心协力，帮助贫困的长滩村一跃成为 2017 年四川村社发展促进会等单位首次评选的四川百强名村之一。同时，南江县计划在 2018 年完成脱贫攻坚工作。

---

3. 促进自身发展

作为涉农涉林企业，七彩林业意识到七彩的根在农村，七彩在发展过程中紧扣可持续发展目标，以自身的优势响应政策融入扶贫开发大局，赢得各级党政和当地群众的支持。2017 年，为进一步加大扶贫工作力度并将其落到实处，七彩林业确立了“创办扶贫标杆企业”的目标，设立了由公司总经理为领导、各级部门专人负责的扶贫工作团队，并明确了调查摸底、目标确定、组织实施和成效总结的“四步走”策略，使各个工作阶段相互联系、紧密配合、扎实推进。

七彩林业不仅帮助公司所到地区脱贫致富，同时也缓解了一些自身发展的问题，促进了公司的可持续发展。

- 公司融资难的问题有所缓解。七彩林业所创建的“1+5”金融扶贫惠农模式，在帮助贫困农户解决参与彩色苗木产业发展投入不足问题的同时，也架起了银企沟通桥梁，为公司融资提供了便利；
- 公司获得了争取相关项目的机会。七彩把自身发展与扶贫开发有机融合，得到了各级党政的支持，争取到了相关科技、产业扶贫项目的实施。如全省彩色苗木重点工程实验室、南江县赶场镇齐坪村林下花生种植项目等，对公司深入研发、做大做强提供了更好的平台和资源支持。
- 拓宽了公司发展用地途径。通过公园苗圃化模式的推行，企业苗木培育用地途径已由过去单一地从农户那里流转所需土地拓展到可无偿使用政府规划公园景区建设用地培育苗木。
- 降低了公司产业运营成本。通过彩色苗木繁育技术推广培训，苗木插扦、彩冠嫁接等实用技术已为当地村民掌握，过去需高薪从省外聘请的嫁接技工，现在由当地村民够承担，培育了产业发展技术力量，降低了企业高规格苗木培育成本。
- 公司的品牌形象得到提升。七彩林业的扶贫成效已得到社会各界的肯定，先后获全国、省、市“万企帮万村”精准扶贫行动先进民营企业，四川省建设长江上游生态屏障先进集体等多项殊誉。其经验模式和做法已入编国家、省、市扶贫案例汇编，中央《紫光阁》杂志、全国政协报等进行了专题报道，央视农村栏目、巴中市、南江县电视台制作了专题片进行宣传。

五、展望

七彩林业“造血式”扶贫惠农的成效已得到社会各界的肯定。实践表明，合理利用当地特色资源，培育特色产业，是推动扶贫攻坚、增强贫困地区造血功能、确保贫困农户持续稳定增收的有效途径，是变特色资源优势为经济优势的重要举措。在未来，七彩林业将继续以可持续发展为企业战略，发挥彩色苗木产业核心优势，以秦巴山区为中心，扩展建设彩色产业风景区 20 万亩，建成 200 个产业兴旺的美丽新村，带动 1 万户建档立卡贫困户实现脱贫，进一步推进彩色产业风景区建设，带动更多的农户走实绿水青山就是金山银山的产业扶贫之路，全面实现产业覆盖区域农业强、农村美、农民富的目标，为乡村振兴发展做出积极的贡献。

后　记

恰逢案例集出版前夕，2019 年 10 月 24 日—25 日，以“落实 2030 年可持续发展议程：我们在行动”为主题的首届可持续发展论坛在北京召开，中国发布《中国落实 2030 年可持续发展议程进展报告（2019）》中文版（以下简称《报告》）。这是继 2017 年中国第一次发布可持续发展议程报告后第二次发布可持续发展议程进展报告。

通过这份《报告》，我们可以发现中国在落实 SDGs 方面的成果卓著。如中国在脱贫方面，改革开放 40 年实现 8 亿多人口摆脱贫困，为世界减贫贡献率超过 70%，为全球减贫事业提供了重要镜鉴。在其他可持续发展目标方面，如 2017 年，中国小学和初中教育完成率接近 100%；中国已基本实现全民医保覆盖；2000 年至 2017 年，全球新增绿化面积有 1/4 源自中国……

这份报告的一大贡献是总结提炼了中国在精准脱贫、创新发展、生态文明、乡村振兴、共建“一带一路”五个方面的实践经验，包括地方政府、村镇、企业和消费者的各种探索与实践，更加全面地展示了中国政府自上而下的动员和投入，以及全社会自下而上的创新与行动。尤其是在动员企业深度参与和落实方面，中国实践特别符合 SDGs 强调企业参与的要求。

本案例集，即选择了在中国具有代表性的企业，以解剖“麻雀”的方式，通过案例以点带面探索中国企业如何有效地融入全球可持续发展议程，以此为全球提供中国企业应对全球可持续发展承诺、落实可持续发展目标的中国方案。

案例集中每一家企业的实践，都体现出了他们在这方面的创新与中国特色。如七彩林业独创的“彩色产业风景区”，充分利用彩色乔灌草花“单品为物、群品成景”的景观与游憩价值，融彩林产业与旅游业为复合产业集群，实现“农村变景点、园区变景区、农民变景民”的三大转变，切实增强广大群众和贫困户脱贫奔康的潜能。唯品会将乡村女童教育赋能、乡村妇女发展、单亲妈妈综合赋能及困境妇女支持与发展“她经济”密切结合，融 SDGs 目标落实于企业的商业模式中。

作为一家长期力于携手客户制订及实施可持续发展解决方案的独立咨询机构，商道纵横注重开发企业可持续发展解决之道。本次编辑和出版这本案例集，即是顺应时代发展脉搏，为业界呈现中国企业落实 SDGs 优秀实践的“珍珠”。读者可通过对这些个案的品鉴，梳理出企业落实 SDGs 中国方案的特点和趋势。

本次编辑出版过程历时半年有余，采取企业报名和编委会筛选的方式，确定企业名单后再与企业反复沟通选题和框架，然后撰写、编辑、出版。在项目实施过程中，得到了中国环境出版集团编辑易萌老师的大力支持，为该案例集付梓做了大量沟通工作。另外，商道纵横中国可持续发展案例中心的黄洁与仲纯如在稿件校对的过程中也付出了很多的时间，在此表示诚挚感谢。

《企业 SDGs 优秀案例集》编委会

2019 年 11 月 13 日